술술 외워지는
한자 1800

한자능력검정시험 3~8급 대비서

술술 외워지는 한자 1800

김미화 글·그림

교육부 선정
교육용 1800자
완전정복!

중앙에듀북스

· 머리말 ·

"당신은 한자를 얼마나 알고 계십니까?"
이 질문에 자신 있게 대답할 사람이 얼마나 될까? 사실 나라에서 공식 선정한 교육용 기초한자 1800자도 자신 없는 사람이 대부분이다. 중고등학교 시절 한문 시간에 수업을 열심히 들은 기억이 조금이라도 있다면 그나마 다행이다.

대학 입시와 관련 없는 과목을 등한시하는 현실에서 한문 수업을 진지하게 듣는 경우는 참으로 드물다. 이것이 오늘의 현실이다. 그나마 학교를 졸업하고 사회생활을 시작하면 한자를 배울 기회나 시간이 좀처럼 생기지 않는다.

21세기는 글로벌 시대이다. 서양인들도 한국어나 중국어를 배우는 모습이 이제는 낯설지 않다. 더욱이 한자는 천년 이상의 세월 동안 우리의 의식과 생활 속에 깊숙이 스며들어 고유어와 생사고락(生死苦樂)을 함께해 왔다. 오늘날 우리가 한자를 결코 소홀히 할 수 없는 이유이다.

한자공부를 재미없어 하는 학생들을 가르치면서 줄곧 해온 생각이 있다.
'학생들이 한자를 좀 더 쉽고 즐겁게 익히는 방법은 없을까?'

이런 고민에서 출발한 이 책은 각 한자의 자원(字源)을 알 수 있는 다양한 형태의 그림을 곁들여 설명함으로써 머릿속에서 연상작용을 일으켜 한자를 쉽게 이해하고 오래 기억할 수 있도록 했다.

한자가 상형(象形)문자라는 것은 누구나 다 아는 사실이다. 이 책은 바로 그 점에 착안하여 각 한자를 그림→갑골문자, 전서→해서 순으로 배열해 한자의 자원을 시각적으로 익힘으로써 언제든지 쉽게 연상할 수 있도록 했다. 이러한 연상 방식의 한자학습은 한자를 공부하고 뒤돌아서자마자 '그 한자 뜻이 뭐였더라?' 하는 순간 망각 증세에 시달리지 않도록 해줄 것이다.

　본서에서는 한문교육용 기초한자 1800자와 한국어문회 3급에 포함되는 17자를 가장 보편적인 학설로 풀이하였다. 단, 17자는 본문 맨 뒤에 따로 설명하였다.
　배열의 원칙은 기존의 사전적 배열 방식에서 탈피해 주제별 배열을 택했다. 먼저 17가지 대주제로 분류하고 뒤에 소주제별로 대표한자를 카드 안에 넣어 관련 있는 한자들을 뒤에 배열하였다. 여기에 부수는 별도의 색으로 표시하고 필순과 총획수를 표시한 것은 독자들이 다시 사전을 뒤지는 번거로움을 없애기 위함이다.
　그리고 부록에 한자능력검정시험에 대비할 수 있도록 3~8급 급수별 배정한자와 3~8급 기출 문제 중심의 사자성어, 반대어를 수록했다.
　한자를 제대로 배우고 싶다면 서두르지 말고 천천히 즐기는 기분으로 해보자. 하루에 한두 자라도 꾸준히 익히다 보면 어려운 한자가 어느 순간 친숙하게 다가설 것이다.
　그동안 수고를 마다하지 않은 중앙에듀북스 직원들과 끝까지 믿고 기다려주신 김용주 사장님께 진심으로 감사를 드린다.
　끝으로 이 책이 누구나 한자를 즐기면서 쉽게 익히는 지침서가 될 수 있기를 바란다.

김미화

· 차례 ·

머리말	4
육서를 알아야 한자가 즐겁다	8
필순의 기본 원리와 이해	10
부수는 한자의 기본 설계도	12
그림으로 보는 부수 일람표	14
찾기 쉬운 한자 1817	18
일러두기	36

1	하늘	37
2	땅	50
3	동물	75
4	식물	118
5	신체 · 행동	144
6	이목구비	202
7	손	234
8	발	266

9	음식 · 재물	277
10	제사 · 신	302
11	생활도구	311
12	건축	345
13	교통	365
14	의류 · 직물	372
15	전쟁 · 무기	393
16	숫자	422
17	기타	429

부록

3~8급 배정한자 1817	442
3~8급 기출 중심 사자성어	463
3~8급 기출 중심 반대어	474
참고문헌	479

육서를 알아야 한자가 즐겁다

한자는 본래 의사전달을 위해 주변의 구체적인 사물의 모양을 본떠 그림으로 그리기 시작하면서 하나 둘 늘어났다. 시간이 흘러 사회 문화의 발달로 표현 욕구가 늘자 기존의 한자를 두세 개씩 조합해 만들어 쓰면서 기하급수적으로 늘어났다. 훗날 이 한자들을 여섯 가지로 분류하였는데 이를 육서라고 부른다. 육서(六書)는 음과 뜻을 쉽게 이해하기 위한 한 방편으로 공부해야 효과를 거둘 수 있다.

◆ 원시적인 그림에서 시작한 상형과 지사

① 상형(象形) : 구체적인 사물의 모양을 본떠서 만들었다.

 : 해 일(태양을 본뜸)

 : 계집 녀(앉아 있는 여자를 본뜸)

② 지사(指事) : 추상적인 생각이나 뜻을 점이나 선으로 나타낸다.

・→ 二 → 上 : 위 상(선 위에 물체를 표시함)

・→ 二 → 下 : 아래 하(선 아래에 물체를 표시함)

※ 상형과 지사는 모든 한자의 기본 글자로 부수(部首)가 대부분 여기에 속한다.

◆ 상형과 지사문자를 2, 3개 조합하여 만든 회의와 형성

③ 회의(會意) : 이미 만들어진 한자를 두 개 이상 결합하여 새로운 뜻을 나타낸다.

④ 형성(形聲) : 이미 만들어진 글자를 두 개 이상 결합하되 일부는 뜻(形)을 나타내고 일부는 음(聲)을 나타낸다.

〈1〉 뜻+음

조개=돈(뜻)　재주 재(음)　재물 재

〈2〉 음이 변한 경우

마음(뜻)　푸를 청→정(변음)　뜻 정

〈3〉 음으로 나온 한자가 뜻도 포함하는 경우

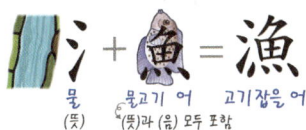
물　물고기 어　고기잡을 어
(뜻)　(뜻)과 (음) 모두 포함

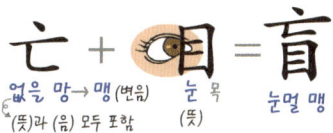
없을 망 → 맹(변음)　눈 목　눈멀 맹
(뜻)과 (음) 모두 포함　(뜻)

형성의 원리는 전체 한자의 70% 이상을 차지한다. 한자를 보고 '음과 뜻'을 맞추는 요령을 터득하는 것이 쉽게 외울 수 있는 지름길이다. 부수는 일반적으로 '뜻'을 나타낸다. 부수를 알아야 하는 이유가 여기에 있다.

◆ 이미 만들어진 한자를 활용하는 전주와 가차

⑤ 전주(轉注) : 이미 만들어진 글자를 가지고 그 뜻을 유추(類推)하여 다른 뜻으로 굴리고(轉) 끌어대어(注) 활용하는 방법이다.

〈1〉 음이 변하는 것 [이음이의자(異音異義字)]

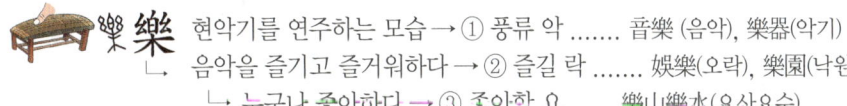
현악기를 연주하는 모습 → ① 풍류 악 ……… 音樂 (음악), 樂器(악기)
　　　　　　　　　　　음악을 즐기고 즐거워하다 → ② 즐길 락 ……… 娛樂(오락), 樂園(낙원)
　　　　　　　　　　　　　　└→ 누구나 좋아하다 → ③ 좋아할 요 ……… 樂山樂水(요산요수)

〈2〉 음이 변하지 않는 것 [동음이의자(同音異義字)]

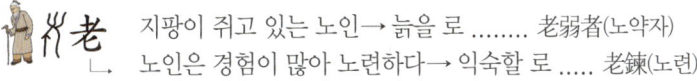
지팡이 쥐고 있는 노인 → 늙을 로 ……… 老弱者(노약자)
　　└→ 노인은 경험이 많아 노련하다 → 익숙할 로 …… 老鍊(노련)

⑥ 가차(假借) : 이미 만들어진 한자의 뜻과 관계없이 음만 빌어다가 쓰는 것으로 외래어 표기에서 볼 수 있다.

Asia : 亞細亞(아세아 : 중국어 발음으로 아시아)
Coca Cola : 可口可樂(가구가락 : 중국어 발음으로 코카콜라)
France : 佛蘭西(불란서 : 중국어 발음으로 프랑스)
Dollar : 弗(달러기호인 $과 모양이 비슷해서 가차한 경우)

필순의 기본 원리와 이해

한자의 필순이란 서체의 균형이나 쓰기의 편리성을 고려해 자연스럽게 정해진 순서나 규칙이다. 그러나 필순은 나라마다 다르고 심지어 서체나 개인에 따라 다르게 쓰기도 한다.

우리나라도 정해진 표준 필순이 없어 사전이나 교과서마다 조금씩 다르다. 문제는 학교에서 애매한 필순을 출제해서 논란이 생기는 경우이다. 예컨대 飛(날 비)의 필순은 3가지가 넘는다. 이때는 출제자가 가르친 대로 답해야 정답으로 인정하는 것이 일반적이다. 그러나 학생 입장에서는 다른 필순으로 답해 오답 처리되면 너무 억울하지 않을까. 이런 점을 유의해서 필순 문제를 내야 시비가 붙지 않으며 출제의 의도도 분명해진다.

따라서 초학자는 어느 정도의 필순의 기본 원칙은 익히되 유연성을 갖고 연습해야 한다.

아래에 반드시 지켜야 할 필순의 일반 원칙, 유의해야 할 변형부수, 통일되지 않은 필순을 가진 한자들을 예시했다. 참고하면서 익히면 조금이나마 도움이 되리라 생각한다.

▣ 필순의 일반 원칙

- 위에서 아래로

- 좌우대칭일 때 가운데를 먼저

- 가운데를 꿰뚫는 획은 나중에

- 辶(책받침), 廴(민책받침)은 맨 나중에

- 왼쪽에서 오른쪽으로

- 가로와 세로가 겹칠 때 가로 먼저

- 몸과 안으로 된 글자는 몸을 먼저

- 오른쪽 위의 점은 나중에

▣ 유의해야 할 변형부수 필순

食 : 飢　먹을 식　먹을식변

牛 : 物　소 우　소우변

衣 : 被　옷 의　옷의변

犬 : 狗　개 견　개사슴록변

邑 : 都　고을 읍　우부방

手 : 打　손 수　재방변

水 : 江 泰　물 수　삼수변　물수발

艹 : 花 花　풀 초　초두머리

心 : 性 忄 恭　마음 심　심방변　마음심발

▣ 통일되지 않은 필순 (대표적인 한자를 들고 관련 한자들을 예시함)

田 : 田　밭 전　예〉富 番 界 男 思 留 油 再 魚

里 : 里　마을 리　예〉理 重 量 童 野 勤

隹 : 隹　새 추　예〉進 唯 嘆 難

王 : 王　임금 왕　예〉主 住 現 珠

美 : 美　아름다울 미　예〉養 羲 착

來 : 來　올 래　예〉麥

靑 : 靑　푸를 청　예〉淸 請 責 表 素

馬 : 馬　말 마　예〉帳

長 : 長　길 장　예〉帳

부수는 한자의 기본 설계도

부수(部首)란 자전(字典)이나 사전(辭典)에서 한자를 찾는 데 필요한 기본이 되는 글자이다. 부수는 총 214개이며 단독의 글자로 사용될 때(=제부수)와 글자의 일부분으로 사용될 때의 자형(字形)이 달라지는 경우가 있다. 한자의 서체가 변하면서 정방형의 규격에 맞춰지면서 생긴 현상이다. 부수는 글자의 어느 위치에 놓느냐에 따라 8종류로 분류하는데 다음과 같다.

◎ **부수의 8종류**

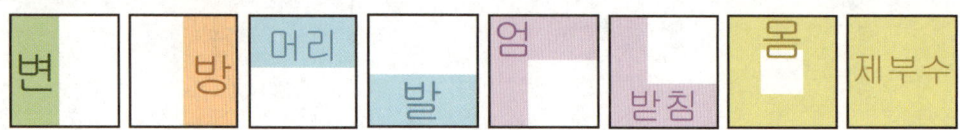

① 변(邊) : 글자의 왼쪽에 있는 부수

② 방(傍) : 글자의 오른쪽에 있는 부수

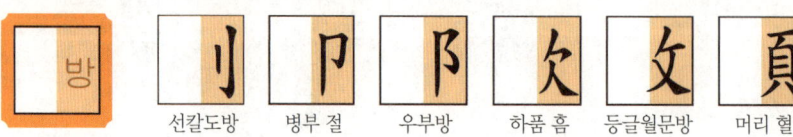

③ 머리(頭) : 글자의 위쪽에 있는 부수

머리 / 돼지해머리 / 갓머리 / 초두머리 / 대죽머리 / 그물망머리 / 손톱머리

④ 발 : 글자의 아래에 있는 부수

발 / 어진사람인발 / 물수발 / 마음심발 / 불화발 / 그릇 명

⑤ 받침 : 글자의 왼쪽과 아래를 감싸고 있는 부수

받침 / 책받침 / 민책받침 / 달릴 주

⑥ 엄 : 글자의 위와 왼쪽 아래를 감싸고 있는 부수

엄 / 민엄호 / 엄호 / 주검 시 / 범 호

⑦ 몸(에운담) : 밖에서 글자를 에워싸고 있는 부수

몸 / 위튼입구몸 / 감출 혜 / 큰입구몸 / 문 문

⑧ 제부수 - 한 글자가 그대로 부수인 것

제부수 / 큰 대 / 다닐 행 / 설 립 / 높을 고 / 용 룡

그림으로 보는 부수 일람표

총 214개 한자 부수의 명칭과 각각의 유래를 그림으로 표시함.

1획

한 일 422
사람 인(사람인변) 144
칼 도(선칼도방) 311
언덕 한(=민엄호) 190
천천히걸을 쇠 229

뚫을 곤 67
어진사람 인 175
힘 력 241
나 사 127
저녁 석 45

점 주 58
들 입 154
쌀 포 172
또 우 237
큰 대 145

삐칠 별
여덟 팔 425
비수 비 148

새 을 133
멀 경 155
상자 방 277

3획

입 구 213
아들 자 170

갈고리 궐 249
덮을 멱(=민갓머리)
감출 혜
에울 위(=큰입구) 418
집 면(=갓머리) 85

얼음 빙(=이수변) 50
열 십 426
흙 토 68
마디 촌 244

2획

두 이 422
안석 궤 281
점 복 304
선비 사 399
작을 소 65

돼지해머리 86
입벌릴 감(= 위튼입구몸) 60
병부 절 189
뒤져올 치 52
절름발이 왕 265

5획

주검 시 165	활 궁 409	도끼 근 316	털 모 77	검을 현 385
풀 철	돼지머리 계	방향 방 321	성씨 씨 153	구슬 옥(구슬옥변) 197
메 산 59	터럭 삼 232	없을 무	기운 기 46	오이 과 130
개미허리(내 천) 52	천천히걸을 척(= 두인변) 365	해 일 37	물 수(삼수변, 물수발) 50	기와 와 423
장인 공 318	4획	가로 왈 213	불 화(불화발) 56	달 감 221
몸 기 156	마음 심(심방변, 마음심발) 164	달 월 45	손톱 조(손톱머리) 247	날 생 132
수건 건 375	창 과 400	나무 목 118	아버지 부 238	쓸 용 334
방패 간 411	집 호 347	하품 흠 216	사귈 효 139	밭 전 60
작을 요 379	손 수(재방변) 234	그칠 지 267	조각 장 140	발 소 417
집 엄(= 엄호) 149	지탱할 지 262	뼈앙상할 알(= 죽을사변) 167	조각 편 141	병들어기댈 녁 264
길게걸을 인(=민책받침) 268	칠 복(등글월문) 157	몽둥이 수 263	어금니 아 222	등질 발(= 필발머리) 308
맞잡을 공 198	글월 문 165	말라 무 180	소 우 79	흰 백 235
주살 익 408	말 두 296	견줄 비 160	개 견(개사슴록변) 82	가죽 피 78

그릇 명 278
실 사(실사변) 377
이를 지 414
덮을 아 364
몸 신 162

눈 목 204
장군 부 292
절구 구 298

수레 거, 차 366

창 모 409
그물 망(그물망머리) 331
혀 설 219
7획
볼 견 205
매울 신 393

화살 시 413
양 양 87
어그러질 천 275
뿔 각 78
날 신, 별 진 112

돌 석 64
깃 우 99
배 주 369
말씀 언 219
쉬엄쉬엄갈 착(책받침) 68

보일 시(보일시변) 302
늙을 로 183
그칠 간 210
골 곡 70
고을 읍(우부방) 193

짐승발자국 유
말이을 이 231
빛 색 193
콩 두 307
닭 유 287

벼 화 126
쟁기 뢰 324
풀 초(초두머리) 38
돼지 시 84
분별할 변 98

구멍 혈(구멍혈머리) 354
귀 이 202
범 호 95
벌레 치 212
마을 리 61

설 립 151
붓 율 251
벌레 충 114
조개 패 111
8획

6획
고기 육(육달월변) 75
피 혈 278
붉을 적 201
쇠 금 339

대 죽 126
신하 신 206
다닐 행 365
달릴 주 274
길 장 182

쌀 미 129
스스로 자 226
옷 의(옷의변) 372
발 족(발족변) 266
문 문 345

 阜(阝)
언덕 부(좌부변) 68

 隶
미칠 이 255

 隹
새 추 102

 雨
비 우 47

 青
푸를 청 325

 非
아닐 비 99

9획

 面
얼굴 면 228

 革
가죽 혁 420

 韋
가죽 위 419

 韭
부추 구

 音
소리 음 224

 頁
머리 혈 228

 風
바람 풍 368

 飛
날 비 98

 食(飠)
먹을 식(먹을식변) 281

 首
머리 수 227

 香
향기 향 127

10획

 馬
말 마 93

 骨
뼈 골 162

 高
높을 고 349

 髟
긴머리털 표 84

 鬥
싸울 투 343

 鬯
울창주 창

 鬲
솥 격, 력 301

 鬼
귀신 귀 306

11획

 魚
물고기 어 111

 鳥
새 조 100

 鹵
소금 로 208

 鹿
사슴 록 93

 麥
보리 맥 131

 麻
삼 마 121

12획

 黃
누를 황 195

 黍
기장 서

 黑
검을 흑 195

 黹
바느질할 치

13획

 黽
맹꽁이 맹

 鼎
솥 정 285

 鼓
북 고 342

 鼠
쥐 서

14획

鼻
코 비 226

齊
가지런할 제 131

15획

齒
이 치 267

16획

龍
용 룡 93

龜
거북 귀 91

17획

龠
피리 약

찾기 쉬운 한자 1817

· 중고등학교 교육용 기초한자 1800자와 추가 17자는 검정색 글자임.
· 청록색 글자는 1817자 외 참고한자와 부수한자임.

찾아보기

경								관				
	京 서울 351	慶 경사 94	敬 공경 338	景 볕 351	經 지날 381	輕 가벼울 381	驚 놀랄 338	警 경계할 338		觀 볼 107	雚 황새 107	串 꿸 67	絲 꿸 347
	競 다툴 152	傾 기울 149	境 지경 225	鏡 거울 226	卿 벼슬 287	耕 밭갈 324	徑 지름길 381	硬 굳을 429	광	光 빛 57	狂 미칠 197	廣 넓을 196	鑛 쇳돌 196
	竟 마침내 225	頃 잠깐 148	庚 곡식 300	翠 물줄기 381	睘 놀라서볼 389	冂 멀 155			괘	掛 걸 341			
계									괴	塊 흙덩이 306	愧 부끄러울 306	壞 무너질 390	怪 괴이할 238
	季 계절 171	界 지경 201	計 셀 427	鷄 닭 387	係 맬 379	戒 경계할 400	系 이을 379	繼 이을 382	교	交 사귈 159	校 학교 160	郊 들 160	較 견줄 160
	階 섬돌 161	契 맺을 314	啓 열 348	癸 열째천간 309	械 기계 400	桂 계수나무 341	繫 맬 421	溪 시내 387		橋 다리 350	巧 공교할 319	敎 가르칠 139	矯 바로잡을 350
고										喬 높을 350			
	古 옛 214	告 고할 81	固 굳을 215	故 연고 214	考 생각할 183	苦 쓸 214	高 높을 349	孤 외로울 130	구	九 아홉 425	口 입 213	句 글귀 337	救 구원할 374	求 구할 373	究 연구할 426	舊 오랠 299	具 갖출 258
	庫 곳집 366	枯 마를 214	稿 원고 349	顧 돌아볼 348	鼓 북 342	姑 시어미 214	雇 품살 348			區 구분할 277	構 얽을 364	球 공 373	久 오랠 145	丘 언덕 69	俱 함께 259	懼 두려워할 104	拘 잡을 337
곡										狗 개 337	苟 구차할 338	驅 몰 277	冓 얽을 364	臼 절구 298	瞿 볼 104	屮 넝쿨 140	
	曲 굽을 292	穀 곡식 128	谷 골 70	哭 울 213					국	國 나라 401	局 판 166	菊 국화 130	匊 움켜뜰 130
곤									군	君 임금 253	郡 고을 253	群 무리 253	軍 군사 367
	困 곤할 418	坤 땅 49	昆 형 161	丨 뚫을 67					굴	屈 굽힐 271			
골									궁	宮 집 164	窮 다할 354	弓 활 409	躬 몸 354
	骨 뼈 162								권	勸 권할 107	權 권세 107	券 문서 328	卷 책 328	拳 주먹 329	虐 솥 301
공									궐	厥 그 148	亅 갈고리 249		
	公 공평할 280	共 함께 256	功 공 319	工 장인 318	空 빌 319	孔 구멍 171	攻 칠 319	恐 두려울 320					
	恭 공손할 257	貢 바칠 320	供 이바지할 257	廾 맞잡을 198									
과													
	果 과실 120	科 과목 296	課 과정 120	過 지날 163	寡 적을 229	誇 자랑할 223	瓜 오이 130	戈 창 400					
곽													
	郭 외성 352												
관													
	官 벼슬 69	管 대롱 69	館 집 69	關 관계할 347	貫 꿸 334	慣 익숙할 334	寬 너그러울 89	冠 갓 230					

궤	軌 바퀴자국 426	几 안석 281						나	那 어찌 194			
귀	歸 돌아갈 329	貴 귀할 333	鬼 귀신 306	龜 거북 91				낙	諾 허락할 244			
규	規 법 206	叫 부르짖을 140	糾 얽힐 140	圭 홀 340				난	暖 따뜻할 250	難 어려울 72		
균	均 고를 296	菌 버섯 418						남	南 남녘 89	男 사내 241		
극	極 다할 200	劇 연극 97	克 이길 185	亟 빠를 200				납	納 들일 155			
근	斤 도끼 316	近 가까울 316	勤 부지런할 71	謹 삼갈 72	僅 겨우 72	根 뿌리 210	筋 힘줄 438	堇 진흙 71	낭	娘 계집 353		
금	今 지금 430	琴 거문고 430	禁 금할 121	金 쇠 339	禽 새 110	錦 비단 377			내	內 안 155	乃 이에 223	奈 어찌 304	耐 견딜 231
급	急 급할 191	給 줄 279	及 미칠 238	級 등급 238				녀	女 계집 177			
긍	肯 긍정할 75	亘 뻗칠 42						녁	疒 병들어기댈 264			
기	己 몸 156	記 기록할 156	起 일어날 157	紀 벼리 157	忌 꺼릴 157	其 그 258	期 기약할 258	基 터 258	년	年 해 128		
	欺 속일 258	旗 기 416	氣 기운 47	奇 기이할 218	寄 부칠 218	騎 말탈 218	企 꾀할 267	器 그릇 213	념	念 생각 430		
	旣 이미 286	幾 몇 380	畿 경기 380	機 틀 380	棄 버릴 174	祈 빌 316	豈 어찌 343	飢 주릴 281	녕	寧 편안할 337		
	技 재주 262	伎 재주 262	汽 김 437	气 기운 46	旡 목멜 286				노	奴 종 178	怒 성낼 178	努 힘쓸 178
긴	緊 긴할 209							농	農 농사 112			
길	吉 길할 399							뇌	腦 골 176	惱 괴로워할 176		

능	能 능할 94							돈	敦 도타울 352	豚 돼지 85					
니	泥 진흙 166	尼 여승 166						돌	突 갑자기 83						
다	多 많을 76	茶 차 361						동	冬 겨울 52	動 움직일 375	同 같을 368	東 동녘 374	洞 골 368	童 아이 395	銅 구리 369	凍 얼 374
단	單 홑 420	短 짧을 413	端 끝 435	團 둥글 384	壇 단 359	檀 박달나무 359	段 조각 263	斷 끊을 381
								두	斗 말 296	豆 콩 307	頭 머리 307	亠 돼지해밑 86			
	旦 아침 37	但 다만 37	丹 붉을 324	彖 단 316	亶 믿음 359			둔	屯 진칠 135	鈍 둔할 136					
달	達 통달할 89							득	得 얻을 365						
담	談 말씀 58	擔 멜 235	淡 맑을 57					등	登 오를 308	燈 등 308	等 무리 247	騰 오를 370			
답	答 대답 279	畓 논 61	踏 밟을 61	沓 유창할 61				라	羅 벌릴 104						
당	堂 집 357	當 마땅 356	黨 무리 357	唐 당황할 300	糖 엿 300			락	樂 즐거울 342	落 떨어질 272	絡 이을 272				
대	大 큰 145	代 대신 408	對 마주볼 344	待 기다릴 247	帶 띠 391	隊 무리 86	臺 누대 415	貸 빌릴 408
								란	卵 알 92	亂 어지러울 384	欄 난간 124	蘭 난초 124	闌 막을 124		
덕	德 덕 210							람	覽 볼 208	濫 넘칠 207					
도	到 이를 415	倒 넘어질 416	度 법도 358	渡 건널 358	道 길 227	導 인도할 227	徒 무리 275	都 도읍 294
								랑	浪 물결 353	郎 사내 354	廊 행랑 354	朗 밝을 436			
	逃 달아날 305	跳 뛸 305	挑 돋울 306	桃 복숭아 306	圖 그림 419	途 길 361	塗 칠할 361	島 섬 100
								래	來 올 131						
	盜 도둑 217	稻 벼 299	陶 질그릇 292	刀(刂) 칼 311				랭	冷 찰 191						
독	獨 홀로 114	讀 읽을 333	毒 독 326	督 감독할 240	篤 도타울 126			략	略 간략할 272	掠 노략질할 351					

량	兩 두 338	良 좋을 353	量 헤아릴 298	糧 양식 298	諒 살펴알 351	凉 서늘할 351	梁 들보 313
려	旅 나그네 417	慮 생각할 95	麗 고울 94	勵 힘쓸 117	呂 등골뼈 163	戾 어그러질 348	厲 갈 117
력	力 힘 241	歷 지날 129	曆 책력 129	䰋 솥 301	厤 지날 129		
련	練 익힐 123	鍊 단련할 124	連 이을 366	蓮 연꽃 367	戀 그리워할 385	聯 연이을 347	憐 불쌍히여길 434
	緣 다스릴 385						
렬	列 벌일 167	烈 매울 167	劣 못할 241	裂 찢을 168			
렴	廉 청렴할 256						
렵	獵 사냥 83						
령	令 하여금 191	領 거느릴 192	嶺 고개 192	零 떨어질 191	靈 신령 48	霝 비올 48	
례	例 법식 168	禮 예도 307	隸 종 255				
로	勞 일할 58	老 늙을 183	路 길 273	露 이슬 273	爐 화로 57	鹵 소금 208	盧 화로 57
록	綠 푸를 315	錄 기록할 315	鹿 사슴 93	祿 녹 315	彔 새길 315		
론	論 논할 327						
롱	弄 희롱할 198						
뢰	賴 의뢰할 123	雷 우레 47	耒 쟁기 324				

료	料 헤아릴 297	了 마칠 170	僚 동료 145			
룡	龍 용 93					
루	屢 여러 180	樓 다락 179	淚 눈물 348	漏 샐 48	累 포갤 378	婁 포갤 179
류	柳 버들 92	流 흐를 173	留 머무를 92	類 무리 228	㐬 흐를 173	
륙	六 여섯 425	陸 뭍 73	坴 흙덩이 73			
륜	輪 바퀴 327	倫 인륜 327	侖 뭉치 326			
률	律 법칙 251	栗 밤 119				
륭	隆 높을 276					
릉	陵 능 73					
리	利 이로울 127	李 오얏 171	理 다스릴 61	里 마을 61	離 떠날 110	履 밟을 364	梨 배 127	吏 관리 254
	裏 속 62	离 짐승 109						
린	隣 이웃 434	粦 도깨비불 434				
림	林 수풀 121	臨 임할 207				
립	立 설 151					
마	馬 말 93	麻 삼 121	磨 갈 121			

막	莫 없을 40	幕 장막 41	漠 넓을 40				**몽**	夢 꿈 204	蒙 어릴 85				
만	滿 찰 339	萬 일만 117	晚 늦을 175	慢 거만할 212	漫 질펀할 212	曼 끝 212	**묘**	妙 묘할 66	墓 무덤 41	廟 사당 39	苗 싹 61	卯 토끼 92	
말	末 끝 118						**무**	務 힘쓸 409	霧 안개 409	武 호반 401	無 없을 276	舞 춤출 276	茂 무성할 402	戊 천간 402
망	亡 망할 158	望 바랄 159	忙 바쁠 158	忘 잊을 158	妄 망령될 158	罔 없을 331	茫 아득할 159		貿 무역할 92	毋 말라 180				
	网(罒) 그물 331						**묵**	墨 먹 195	默 잠잠할 195				
매	妹 누이 120	每 매양 180	買 살 332	賣 팔 332	埋 묻을 62	媒 중매 222	梅 매화 180	**문**	文 글월 165	門 문 345	問 물을 345	聞 들을 345	紋 무늬 438	
맥	麥 보리 131	脈 줄기 52					**물**	物 물건 314	勿 말라 313				
맹	孟 맏 278	猛 사나울 278	盟 맹세 45	盲 눈멀 159			**미**	美 아름다울 87	米 쌀 129	未 아닐 120	味 맛 120	尾 꼬리 77	微 작을 435	眉 눈썹 204	迷 미혹할 129
면	免 면할 174	勉 힘쓸 174	面 얼굴 228	眠 잠잘 206	綿 솜 377	宀 집 85	**민**	民 백성 206	憫 불쌍히여길 165	敏 민첩할 181	閔 위문할 165		
멸	滅 멸망할 403						**밀**	密 빽빽할 297	蜜 꿀 297				
명	名 이름 46	銘 새길 46	命 명령할 191	明 밝을 45	鳴 울 101	冥 어두울 425	皿 그릇 278	**박**	朴 성씨 305	迫 핍박할 236	拍 칠 236	泊 머무를 236	薄 엷을 63	博 넓을 63
모	母 어머니 180	毛 털 77	侮 업신여길 181	模 본뜰 42	暮 저물 41	募 모을 41	慕 사모할 41	冒 무릅쓸 204	**반**	半 반 80	伴 짝 81	反 반대로 239	返 돌아올 239	飯 밥 239	叛 배반할 81	般 일반 369	盤 소반 369
	某 아무개 221	謀 꾀할 221	貌 모양 212	矛 창 409	皃 얼굴 212		班 나눌 198						
목	木 나무 118	目 눈 204	牧 칠 80	睦 화목할 73			**발**	發 필 308	髮 터럭 84	拔 뽑을 84	犮 개달아날 83	癶 등질 308	
몰	沒 빠질 238						**방**	方 방향 321	房 방 322	放 놓을 323	訪 찾을 322	防 막을 322	妨 방해할 322	芳 꽃다울 322	倣 본뜰 323

방	傍 곁 323	邦 나라 194	旁 두루 323	匚 상자 277				봉	奉 받들 259	封 봉할 341	逢 만날 137	峯 산봉우리 137	蜂 벌 137	鳳 봉황 368	夆 만날 137
배	拜 절 234	倍 곱 432	背 등질 162	配 짝 158	培 북돋을 433	排 밀칠 99	杯 잔 139	輩 무리 100	부	否 아닐 138	夫 지아비 152	扶 도울 152	婦 며느리부 329	富 부자 291	父 아비 238	部 떼 433	副 버금 291
백	白 흰 235	百 일백 236	伯 맏 236	帛 비단 377						負 질 112	浮 뜰 172	付 줄 245	府 관청 245	符 부호 245	附 붙을 245	腐 썩을 246	賦 부세 401
번	番 차례 98	煩 번거로울 229	繁 많을 181	飜 번역할 98						赴 다다를 305	簿 문서 63	缶 장군 292	阜(阝) 언덕 68	專 펼 63	孚 미쁠 172	音 침 432	
벌	伐 칠 400	罰 벌할 331							북	北 북녘 161							
범	犯 범할 189	範 법 190	凡 무릇 368						분	分 나눌 312	粉 가루 312	紛 어지러울 312	憤 분할 138	墳 무덤 138	奔 달릴 146	奮 떨칠 108	賁 클 138
법	法 법 155								불	不 아닐 138	佛 부처 143	拂 털 143	弗 아닐 143				
벽	壁 벽 396	碧 푸를 65	辟 임금 395						붕	朋 벗 340	崩 무너질 340						
변	變 변할 385	辯 말잘할 393	辨 분별할 394	邊 가 227	釆 분별할 98				비	比 견줄 160	批 비평할 161	非 아닐 99	悲 슬플 99	飛 날 98	鼻 코 226	備 갖출 335	妃 왕비 157
별	別 나눌 163									祕 숨길 297	費 쓸 143	肥 살찔 116	卑 낮을 254	碑 비석 254	婢 계집종 254	匕 비수 283	
병	兵 병사 317	病 병 432	丙 남녘 432	屛 병풍 348	竝 나란히 151	粤 끌 203			빈	貧 가난할 312	賓 손 112	頻 자주 229					
보	保 지킬 171	報 갚을 397	步 걸음 268	寶 보배 293	普 넓을 153	補 기울 63	譜 족보 153	甫 클 62	빙	氷(冫) 얼음 50	聘 부를 203						
복	伏 엎드릴 82	服 옷 397	福 복 290	卜 점 304	複 겹칠 363	復 회복할 363	腹 배 363	覆 뒤집을 364	사	事 일 255	史 사기 254	使 하여금 255	四 넉 423	士 선비 399	仕 섬길 399	寺 절 246	射 쏠 162
	攴(攵) 칠 157	畐 찰 290	夏 돌아올 363							師 스승 69	思 생각 176	死 죽을 167	私 사사로울 127	絲 실 377	舍 집 359	謝 사례할 162	寫 베낄 101
본	本 근본 118									査 조사할 310	社 토지신 303	辭 말씀 384	巳 뱀 115	似 같을 324	司 맡을 310	捨 버릴 360	斜 비낄 361

찾아보기

사
| 斯 이 317 | 沙 모래 66 | 祀 제사 302 | 蛇 뱀 114 | 詐 속일 388 | 詞 말씀 310 | 賜 줄 117 | 邪 간사할 222 |
| 乍 잠깐 387 | 厶 나 127 | | | | | | |

삭
| 削 깎을 77 | 朔 초하루 147 |

산
| 山 뫼 59 | 散 흩을 76 | 産 낳을 133 | 算 셈할 126 |

살
| 殺 죽일 264 |

삼
| 三 석 422 | 森 빽빽할 436 | 彡 터럭 232 |

상
上 위 66	傷 다칠 44	商 장사 350	常 항상 356	想 생각 205	相 서로 205	床 상 119	嘗 맛볼 356
狀 형상 141	喪 잃을 213	尙 숭상할 355	霜 서리 205	象 코끼리 90	像 모양 90	賞 상줄 357	償 갚을 357
桑 뽕나무 237	裳 치마 356	詳 자세할 89	祥 상서로울 88				

새
| 塞 변방 355 |

색
| 色 빛 193 | 索 찾을 378 | 嗇 인색할 418 |

생
| 生 날 132 |

서
| 序 차례 383 | 書 책 252 | 西 서녘 100 | 暑 더울 295 | 庶 여러 357 | 徐 천천히 360 | 恕 용서할 178 | 敍 차례 361 |
| 緖 실마리 294 | 署 관청 295 | 誓 맹세할 318 | 逝 갈 318 | 犀 무소 80 | | | |

석
| 夕 저녁 45 | 席 자리 358 | 石 돌 64 | 昔 예 55 | 惜 아낄 56 | 析 쪼갤 316 | 釋 풀 398 |

선
| 仙 신선 60 | 先 먼저 273 | 善 착할 88 | 線 줄 54 | 船 배 55 | 選 가릴 116 | 鮮 고울 111 | 宣 베풀 42 |
| 旋 돌 417 | 禪 참선 421 | | | | | | |

설
| 舌 혀 219 | 設 베풀 263 | 說 말씀 186 | 雪 눈 47 |

섭
| 攝 당길 203 | 涉 건널 268 |

성
| 城 성 402 | 姓 성씨 132 | 性 성품 132 | 成 이룰 402 | 誠 정성 402 | 盛 담을 403 | 省 살필 65 | 聖 성인 199 |
| 聲 소리 343 | 星 별 133 | | | | | | |

세
| 世 인간 427 | 勢 형세 195 | 歲 해 403 | 洗 씻을 273 | 稅 세금 186 | 細 가늘 176 |

소
| 小 작을 65 | 少 적을 65 | 所 바 347 | 消 사라질 77 | 笑 웃을 188 | 素 본디 377 | 掃 쓸 329 | 召 부를 289 |
| 昭 밝을 290 | 燒 사를 74 | 疏 소통할 173 | 蔬 나물 173 | 蘇 되살아날 111 | 訴 호소할 317 | 騷 떠들 93 | 疋 발 173 | 臬 시끄러울 105 |

속
| 俗 풍속 70 | 續 이을 333 | 束 묶을 122 | 速 빠를 123 | 屬 붙일 115 | 粟 조 130 |

손
| 孫 손자 379 | 損 덜 284 |

솔
| 率 거느릴 386 |

송
| 松 소나무 280 | 送 보낼 370 | 頌 칭송할 280 | 訟 소송할 280 | 誦 외울 336 |

쇄
| 刷 인쇄할 166 | 鎖 자물쇠 340 |

쇠
| 衰 쇠할 373 | 夊 천천히걸을 229 |

수	修	受	守	手	授	收	數	樹
	닦을	받을	지킬	손	줄	거둘	셈	나무
	264	248	244	234	248	140	180	343
	水(氵)	秀	首	愁	壽	誰	雖	須
	물	빼어날	머리	근심	장수할	누구	비록	모름지기
	50	224	227	128	184	104	104	232
	囚	垂	帥	搜	殊	獸	睡	輸
	가둘	드리울	장수	찾을	다를	짐승	졸음	보낼
	145	136	68	234	122	82	136	371
	遂	隨	需	叟	隋	叟		
	드디어	따를	쓰일	몽둥이	수나라	늙은이		
	85	436	232	263	435	234		
숙	叔	宿	肅	淑	孰	熟		
	아저씨	묵을	엄숙할	맑을	누구	익을		
	240	237	252	240	353	353		
순	純	順	巡	循	旬	殉	脣	瞬
	순수할	순할	돌	돌	열흘	따라죽을	입술	눈깜짝할
	136	52	53	412	44	44	113	275
	盾	舜						
	방패	순임금						
	412	275						
술	術	戌	述					
	재주	개	지을					
	132	403	132					
숭	崇							
	높을							
	303							
습	習	濕	襲	拾				
	익힐	젖을	엄습할	주울				
	99	378	93	279				
승	勝	承	乘	僧	昇	丞	升	
	이길	이을	탈	중	오를	도울	되	
	370	259	119	282	298	259	298	
시	始	市	施	是	時	示	視	詩
	비로소	저자	베풀	옳을	때	보일	볼	시
	187	376	417	270	246	302	205	246
	試	侍	矢	豕	尸			
	시험	모실	화살	돼지	주검			
	408	246	413	84	165			
식	式	植	識	食	息	飾		
	법	심을	알	먹을	쉴	꾸밀		
	408	209	406	281	226	281		
신	信	新	申	神	臣	身	辛	伸
	믿을	새	아뢸	귀신	신하	몸	매울	펼
	219	394	49	49	206	162	393	49

신	愼	晨	辰	囟				
	삼갈	새벽	날	정수리				
	284	113	112	175				
실	失	室	實					
	잃을	집	열매					
	235	415	334					
심	心(忄,㣺)	深	甚	審	尋	罙		
	마음	깊을	심할	살필	찾을	깊을		
	164	362	391	98	245	362		
십	十							
	열							
	426							
쌍	雙							
	쌍							
	103							
씨	氏							
	씨							
	153							
아	兒	我	亞	牙	芽	雅	餓	阿
	아이	나	버금	어금니	싹	맑을	주릴	언덕
	176	404	168	222	222	222	404	439
악	惡	岳						
	악할	큰산						
	168	70						
안	安	案	眼	顔	岸	雁		
	편안	책상	눈	낯	언덕	기러기		
	179	179	211	228	412	106		
알	謁	歹						
	뵐	뼈앙상할						
	221	167						
암	暗	巖						
	어두울	바위						
	224	86						
압	壓	押						
	누를	누를						
	84	135						
앙	仰	央	殃	卬				
	우러를	가운데	재앙	나				
	192	168	169	192				
애	愛	哀	涯	厓				
	사랑	슬플	물가	언덕				
	165	372	342	342				
액	額	厄	液					
	이마	액	진					
	273	190	437					

찾아보기

야	夜 밤 46	野 들 383	也 어조사 182	耶 어조사 202			
약	弱 약할 410	約 맺을 296	藥 약 342	躍 뛸 106	若 같을 243	葯 잴 108	
양	羊 양 87	洋 큰바다 88	樣 모양 88	陽 볕 43	養 기를 88	壤 흙덩이 390	讓 사양할 390	楊 버들 43
	揚 날릴 43	易 햇살 42	襄 도울 390				
어	魚 물고기 111	漁 고기잡을 111	語 말씀 219	於 어조사 418	御 거느릴 190		
억	億 억 225	憶 생각할 225	抑 누를 193				
언	言 말씀 219	焉 어찌 270	彦 선비 228	㫆 깃발 416			
엄	嚴 엄할 86	广 집 149					
업	業 업 344						
여	如 같을 178	餘 남을 360	與 더불 260	輿 수레 261	余 나 360	汝 너 177	予 나 383	䎛 마주볼 260
역	易 바꿀 116	逆 거스를 147	域 지경 401	亦 또한 201	役 부릴 263	疫 전염병 264	譯 번역할 398	驛 역 398
	屰 거스를 147	睪 엿볼 398					
연	然 그럴 83	煙 연기 100	硏 갈 64	延 늘일 268	演 펼 416	燃 탈 83	緣 인연 316	鉛 납 55
	燕 제비 101	軟 연할 366	宴 잔치 179	沿 물따라갈 55	肰 개고기 84	肙 장구벌레 378	㕣 산속늪 55	
열	熱 더울 194	閱 볼 186	悅 기쁠 185				

염	炎 불꽃 57	染 물들 426	鹽 소금 208	厭 싫어할 84	猒 물릴 84
엽	葉 잎 427				
영	榮 영화 58	永 길 51	英 꽃부리 169	迎 맞을 192	映 비칠 169	營 경영할 164	泳 헤엄칠 51	詠 읊을 51
	影 그림자 352				
예	藝 재주 194	豫 미리 90	譽 기릴 260	銳 날카로울 186	埶 심을 194
오	五 다섯 424	午 낮 299	誤 그르칠 188	吾 나 424	悟 깨달을 424	烏 까마귀 101	傲 거만할 323	嗚 슬플 101
	娛 즐길 188	汚 더러울 223	吳 나라이름 188	敖 놀 323	
옥	玉 구슬 197	屋 집 415	獄 감옥 82		
온	溫 따뜻할 145	显 어질 145			
옹	擁 안을 110	翁 늙은이 281	雍 감쌀 110		
와	瓦 기와 423	臥 누울 207	咼 삐뚤 163		
완	完 완전할 230	緩 느릴 251			
왈	曰 가로 213				
왕	王 왕 197	往 갈 59			
외	外 바깥 45	畏 두려울 197			

요	要 요긴할 164	謠 노래 293	遙 멀 293	搖 흔들 293	腰 허리 164	曜 빛날 436	幺 작을 379	堯 높을 73
	夭 일찍죽을 187	䍃 질그릇 293						
욕	浴 목욕할 70	欲 하고자할 71	慾 욕심 71	辱 욕될 113				
용	勇 용기 335	容 얼굴 70	用 쓸 334	庸 떳떳할 300	甬 솟을 335			
우	友 벗 237	右 오른 243	牛 소 79	遇 만날 97	雨 비 47	優 넉넉할 230	郵 우편 137	于 어조사 223
	又 또 237	宇 집 223	尤 허물 265	憂 근심 229	偶 짝 97	愚 어리석을 97	羽 깃 99	禺 원숭이 97
운	運 돌 367	雲 구름 48	云 이름 48	韻 운 285				
웅	雄 수컷 103							
원	元 으뜸 230	原 언덕 54	圓 둥글 284	園 동산 388	怨 원망할 46	遠 멀 388	願 바랄 54	員 인원 284
	援 도울 250	源 근원 54	院 집 230	爰 당길 250	夗 누워뒹굴 46	袁 옷길 388		
월	月 달 45	越 넘을 275						
위	位 자리 151	偉 클 420	危 위태할 190	威 위엄 403	爲 할 91	圍 에워쌀 419	委 맡길 128	慰 위로할 166
	衛 지킬 419	僞 거짓 91	緯 씨 420	胃 밥통 76	謂 말할 76	違 어긋날 419	韋 가죽 419	尉 벼슬 166
	口 에울 418							
유	有 있을 75	油 기름 291	由 말미암을 291	遊 놀 417	遺 남길 333	乳 젖 172	儒 선비 232	酉 닭 287

유	猶 오히려 289	唯 오직 102	幼 어릴 379	幽 그윽할 380	悠 멀 264	惟 생각할 102	愈 나을 371	柔 부드러울 409
	維 벼리 104	裕 넉넉할 71	誘 꾈 224	尤 머뭇거릴 189	俞 대답할 370	攸 바 264		
육	肉(月) 고기 75	育 기를 174						
윤	閏 윤달 198	潤 젖을 199	尹 다스릴 253					
율	聿 붓 251							
융	戎 오랑캐 112							
은	恩 은혜 147	銀 은 211	隱 숨을 248					
을	乙 새 133							
음	陰 그늘 49	音 소리 224	飮 마실 281	吟 읊을 431	淫 음란할 382			
읍	邑(阝) 고을 193	泣 울 151						
응	應 응할 106	凝 엉길 200						
의	依 의지할 372	衣 옷 420	意( ) 뜻 225	義 옳을 89	儀 거동 90	議 의논할 90	醫 의원 288	疑 의심할 200
	矣 어조사 414	宜 마땅할 310						
이	二 두 422	以 써 324	異 다를 196	移 옮길 76	耳 귀 202	已 이미 115	而 말이을 231	夷 오랑캐 410	隶 미칠 255
익	益 더할 278	翼 날개 197	弋 주살 408					

인	人(亻) 사람 144	仁 어질 144	印 도장 193	因 인할 146	引 끌 410	認 알 313	忍 참을 313	寅 동방 416
	姻 혼인 147	亞 막을 100	刃 칼날 313	辶 길게걸을 268	儿 어진사람 273			
일	一 한 422	日 해 37	逸 뛰어날 91					
임	壬 북방 382	任 맡길 382	賃 품삯 382					
입	入 들 154							
자	子 아들 170	字 글자 170	者 놈 294	自 스스로 226	姉 손윗누이 376	姿 모양 216	資 재물 216	恣 방자할 217
	刺 찌를 125	紫 자줏빛 267	玆 이것 386	慈 사랑 386	束 가시 124			
작	作 지을 387	昨 어제 388	爵 벼슬 248	酌 잔질할 295	勺 구기 295			
잔	殘 해칠 407	戔 해칠 406						
잠	暫 잠깐 397	潛 잠길 51						
잡	雜 섞일 105							
장	場 마당 43	腸 창자 43	壯 장할 141	將 장수 142	獎 장려할 142	裝 꾸밀 141	長(镸) 길 182	帳 장막 183
	張 베풀 183	章 글 395	障 막을 395	丈 어른 146	墻 담 418	掌 손바닥 356	粧 단장할 130	莊 씩씩할 141
	葬 장사지낼 167	藏 감출 142	臟 오장 142	爿 조각 140	庄 농막 130	臧 착할 142		
재	再 두번 423	在 있을 134	才 재주 133	材 재목 133	財 재물 133	災 재앙 53	裁 옷마름 405	載 실을 405

재	哉 어조사 405	栽 심을 405	宰 재상 393	戈 벨 405			
쟁	爭 다툴 249						
저	低 낮을 154	貯 쌓을 337	底 밑 154	抵 막을 154	著 지을 294	氐 근본 154	宁 쌓을 337
적	的 과녁 296	赤 붉을 201	敵 대적할 434	適 맞을 433	積 쌓을 125	績 길쌈 434	籍 문서 56	賊 도둑 112
	跡 발자취 201	寂 고요할 241	摘 딸 433	滴 물방울 434	笛 피리 438	蹟 자취 439	啇 밑동 433	翟 꿩 106
전	傳 전할 383	全 온전할 155	典 법 326	前 앞 369	展 펼 166	戰 싸울 420	田 밭 60	錢 돈 407
	電 번개 47	專 오로지 383	轉 구를 384	殿 전각 167				
절	節 마디 286	絶 끊을 193	切 끊을 424	折 꺾을 318	竊 훔칠 355	(卩,㔾) 병부 189		
점	占 점칠 304	店 가게 304	點 점 304	漸 점점 396				
접	接 이을 394	蝶 나비 428						
정	正 바를 269	政 다스릴 269	整 가지런할 123	丁 장정 336	停 머무를 349	定 정할 269	庭 뜰 200	情 뜻 325
	精 정할 326	靜 고요할 250	程 길 199	井 우물 324	淨 깨끗할 250	貞 곧을 285	頂 정수리 336	亭 정자 349
	廷 조정 199	征 칠 269	訂 바로잡을 336	呈 드릴 199	鼎 솥 285			
제	帝 임금 198	弟 아우 142	祭 제사 302	際 사이 303	第 차례 143	制 마를 314	製 지을 314	除 덜 360
	題 제목 270	提 끌 270	濟 건널 131	齊 가지런할 131	諸 모두 294	堤 둑 270		

조	助 도울 309	祖 조상 309	組 짤 309	早 일찍 38	朝 아침 39	潮 조수 39	調 고를 64	造 지을 81
	鳥 새 100	操 잡을 105	條 가지 265	兆 징조 305	弔 조상할 410	照 비출 290	燥 마를 105	租 조세 310
	爪(爫) 손톱 247	蚤 벼룩 93						
족	足 발 266	族 겨레 417						
존	存 있을 134	尊 높을 289						
졸	卒 마칠 373	拙 졸할 271						
종	宗 마루 303	從 따를 149	終 마칠 52	種 씨 375	鐘 쇠북 395	縱 세로 149		
좌	左 왼 243	座 자리 149	坐 앉을 149	佐 도울 243				
죄	罪 허물 331							
주	主 주인 58	住 살 59	注 물댈 59	晝 낮 252	朱 붉을 122	走 달릴 274	酒 술 288	周 두루 64
	州 고을 53	舟 배 369	宙 집 292	奏 아뢸 260	柱 기둥 59	洲 물가 53	株 그루 122	珠 구슬 122
	鑄 쇠부릴 184	週 주일 439	㧑 세울 343	、 점 58				
죽	竹 대 126							
준	準 준할 103	俊 준걸 145	遵 따를 289	隹 새매 103				
중	中 가운데 67	衆 무리 279	重 무거울 374	仲 버금 67				

즉	卽 곧 286					
증	增 더할 282	曾 일찍 282	憎 미워할 282	贈 줄 282	證 증거 308	症 증세 269	蒸 찔 259
지	地 땅 182	志 뜻 274	誌 기록할 274	知 알 413	智 지혜 413	持 가질 247	指 가리킬 283	支 지탱할 262
	止 그칠 267	紙 종이 153	至 이를 414	只 다만 185	枝 가지 262	池 연못 182	遲 더딜 80	之 갈 268
	旨 맛 283							
직	直 곧을 209	織 짤 406	職 직분 406	戠 알 406				
진	盡 다할 251	眞 참 283	進 나아갈 102	珍 보배 232	陣 진칠 366	震 우레 113	辰 별 112	振 떨칠 113
	鎭 진압할 284	陳 베풀 374						
질	質 바탕 317	姪 조카 415	疾 병 413	秩 차례 235				
짐	朕 나 370							
집	集 모일 105	執 잡을 397						
징	徵 부를 435	懲 징계할 435						
차	次 버금 216	差 다를 243	且 또 309	借 빌릴 56	此 이것 267			
착	着 붙을 295	捉 잡을 266	錯 어긋날 56	(辵)辶 쉬엄쉬엄갈 68				
찬	讚 기릴 274	贊 도울 274						

찰	察 살필 303						초	楚 초나라 121						
참	參 참여할 233	慘 참혹할 233	慙 부끄러울 396	斬 벨 396			촉	促 재촉할 266	燭 촛불 115	觸 닿을 115	蜀 벌레 114			
창	唱 부를 38	窓 창 354	創 비롯할 358	昌 창성할 38	倉 곳집 358	暢 화창할 44	蒼 푸를 359	촌	寸 마디 244	村 마을 244				
채	採 캘 249	菜 나물 249	彩 채색 249	債 빚 125	采 캘 249			총	銃 총 175	總 묶을 362	聰 귀밝을 362	悤 밝을 362			
책	册 책 326	責 꾸짖을 125	策 꾀 125					최	最 가장 203	催 재촉할 103	崔 높을 103				
처	處 곳 96	妻 아내 177						추	推 밀 102	秋 가을 128	追 쫓을 68	抽 뽑을 292	醜 추할 288	隹 새 102	帚 빗자루 329	酋 우두머리 288
척	尺 자 169	戚 친척 241	拓 넓힐 64	斥 물리칠 317	彳 천천히걸을 59			축	祝 빌 184	築 쌓을 321	縮 줄일 237	蓄 모을 386	丑 소 423	畜 짐승 386	逐 쫓을 85	筑 악기이름 321
천	千 일천 427	天 하늘 146	泉 샘 54	淺 얕을 407	賤 천할 407	踐 밟을 407	薦 천거할 94	遷 옮길 190	춘	春 봄 38					
	川(巛) 내 52	舛 어그러질 275						출	出 날 271	朮 차조 131					
철	鐵 쇠 340	哲 밝을 318	徹 통할 174					충	充 채울 175	忠 충성 67	衝 부딪칠 375	蟲 벌레 114	( )		
첨	尖 뾰족할 65	添 더할 188	僉 모두 150	詹 이를 235	乑 더럽힐 188			취	取 가질 203	就 나아갈 265	趣 뜻 203	吹 불 216	臭 냄새 226	醉 취할 288		
첩	妾 첩 394							측	測 헤아릴 285	側 곁 285					
청	靑 푸를 325	淸 맑을 325	請 청할 325	晴 갤 325	聽 들을 210	廳 관청 210		층	層 층 283						
체	體 몸 307	替 바꿀 153	滯 막힐 391	逮 잡을 255	遞 갈릴 95			치	治 다스릴 187	致 이를 414	齒 이 267	置 둘 209	恥 부끄러울 202	値 값 209	雉 어릴 438	豸 벌레 212
초	初 처음 311	招 부를 289	草(艹) 풀 38	抄 뽑을 66	秒 분초 66	肖 닮을 77	礎 주춧돌 121	超 뛰어넘을 290		廌 해태 94	夂 뒤져올 52				

칙	則 법칙 285						토	土 흙 68	討 칠 244	吐 토할 68	兎 토끼 439		
친	親 친할 394						통	統 거느릴 175	通 통할 335	痛 아플 335			
칠	七 일곱 424	漆 옻 119					퇴	退 물러날 211					
침	針 바늘 427	侵 침범할 330	寢 잘 330	枕 베개 189	沈 잠길 189	浸 잠길 330	투	投 던질 263	鬪 싸울 343	透 통할 224	鬪(트키) 싸울 343		
칭	稱 일컬을 339						특	特 특별할 247					
쾌	快 상쾌할 169	夬 터질 169					파	波 물결 79	破 깨뜨릴 79	派 갈래 51	把 잡을 116	播 뿌릴 98	罷 마칠 94	頗 자못 79	巴 큰뱀 116
타	他 다를 182	打 칠 336	墮 떨어질 436	妥 온당할 248	它 다를 114		판	判 판단할 81	板 널 240	版 조각 240	販 팔 239		
탁	卓 높을 39	托 맡길 135	濁 흐릴 114	濯 씻을 106	乇 풀잎 135		팔	八 여덟 425					
탄	彈 탄알 421	歎 탄식할 72	炭 숯 57	誕 태어날 268			패	敗 패할 286	貝 조개 111				
탈	脫 벗어날 185	奪 빼앗을 109					편	便 편할 429	篇 책 328	片 조각 141	偏 치우칠 328	編 엮을 327	遍 두루 328	扁 납작할 327
탐	探 찾을 363	貪 탐낼 430					평	平 평평할 339	評 평할 339				
탑	塔 탑 280						폐	閉 닫을 346	幣 화폐 392	弊 폐단 391	廢 폐할 308	肺 허파 376	蔽 덮을 392	敝 옷해질 391
탕	湯 끓을 44						포	布 베 375	包 쌀 172	胞 세포 172	抱 안을 172	捕 잡을 62	浦 개 62	飽 배부를 173	砲 대포 437
태	太 클 146	態 모양 95	泰 클 259	怠 게으를 187	殆 위태할 187	台 별 186	兌 기쁠 185	폭	暴 사나울 261	爆 터질 261	幅 폭 291		
택	宅 집 135	擇 가릴 398	澤 연못 399				표	表 겉 373	票 표 431	標 표할 431	漂 떠다닐 431	髟 긴머리털 84	

품	品 물건 277						향	向 향할 355	鄕 시골 287	香 향기 127	享 누릴 352	響 울릴 287		
풍	風 바람 368	豊 풍년 307	楓 단풍 437				허	虛 빌 96	許 허락할 299					
피	避 피할 396	疲 피곤할 79	皮 가죽 78	彼 저 78	被 입을 78		헌	憲 법 220	獻 드릴 301	軒 집 412				
필	必 반드시 297	筆 붓 251	匹 짝 390	畢 마칠 110			험	險 험할 150	驗 시험 151					
하	下 아래 67	夏 여름 229	河 물 217	何 어찌 218	荷 멜 218	賀 하례할 242	혁	革 가죽 420						
학	學 배울 139	鶴 학 109					현	現 나타날 206	賢 어질 208	玄 검을 385	絃 줄 385	縣 고을 227	懸 매달 228	顯 나타날 378
한	寒 찰 355	韓 나라 40	恨 한할 211	限 한계 211	漢 한수 72	閑 한가할 346	旱 가물 412	汗 땀 411						
	厂 언덕 190						혈	血 피 278	穴 구멍 354	頁 머리 228				
							혐	嫌 싫어할 256						
할	割 벨 220						협	協 협할 242	脅 협박할 242					
함	含 머금을 430	咸 다 404	陷 빠질 60				형	兄 형 184	刑 형벌 311	形 모양 312	亨 형통할 352	衡 저울대 365	螢 개똥벌레 58	
합	合 합할 279	盍 넓을 156					혜	惠 은혜 384	兮 어조사 425	慧 지혜 330	彗 비 330			
항	抗 겨룰 231	港 항구 257	航 배 231	恒 항상 42	巷 거리 257	項 목 320	亢 목 231	호	呼 부를 432	好 좋을 177	戶 집 347	湖 호수 215	號 이름 95	護 도울 108	乎 어조사 431	虎 범 95
해	害 해칠 220	海 바다 181	解 풀 78	亥 돼지 86	奚 어찌 387	該 갖출 87		互 서로 423	毫 터럭 350	浩 넓을 82	胡 오랑캐 215	豪 호걸 349	虍 범 95	
핵	核 87						혹	或 혹시 400	惑 미혹할 401					
행	幸 다행 397	行 다닐 365					혼	婚 혼인할 153	混 섞을 161	昏 어두울 153	魂 넋 48			

홀	忽 갑자기 314						
홍	紅 붉을 319	弘 넓을 410	洪 넓을 257	鴻 기러기 320			
화	化 될 148	花 꽃 148	禾 벼 126	和 화할 127	畵 그림 252	華 빛날 136	話 말씀 219	貨 재화 148
	禍 재앙 163	火(灬) 불 56					
확	確 굳을 109	擴 넓을 196	穫 거둘 108	隺 높이날 109			
환	患 근심 67	歡 기뻐할 107	環 고리 389	丸 둥글 426	換 바꿀 235	還 돌아올 389	奐 빛날 235
활	活 살 220						
황	黃 누를 195	況 상황 184	皇 임금 198	荒 거칠 159			
회	回 돌아올 50	會 모일 283	悔 뉘우칠 181	懷 품을 389	灰 재 389	褱 품을 389	
획	劃 그을 252	獲 얻을 108					
횡	橫 가로 196						
효	孝 효도 183	效 효험 160	曉 새벽 74	爻 사귈 139			
후	厚 두터울 171	後 뒤 380	候 기후 414	侯 제후 414			
훈	訓 가르칠 53						
훼	毀 헐 299						

휘	揮 휘두를 367	輝 빛날 367		
휴	休 쉴 119	携 이끌 103		
흉	凶 흉할 60	胸 가슴 60		
흑	黑 검을 195			
흠	欠 하품 216			
흡	吸 마실 239			
흥	興 일어날 261			
희	喜 기쁠 342	希 바랄 376	戱 놀이 96	稀 드물 376

술술 외워지는
한자 1800

學而時習之 不亦說乎

배우고 때때로 익히면 또한 기쁘지 아니한가 〈논어〉

일러두기

· 교육용 기초한자 1800자를 중심으로 200여 자를 추가하였다.
· 17가지 주제로 분류하고 뿌리가 되는 대표한자를 녹색카드에 넣었다.
· 한자 속의 대표한자는 일반적으로 음과 함께 뜻으로도 나온다.
· 대표한자가 있는 카드 뒤에 관련 한자들을 나열하고 유래를 설명하였다.
· 본문을 시작하기 전에 부수를 미리 익히면 학습효과를 높일 수 있다.

1. 교육용 1800자에서 나온 대표한자는 녹색카드에 넣음.

長 ⑧ 길 장
지팡이 짚고 있는 (긴 머리의 노인)을 그려 ① 어른 장 ② 우두머리 장 ③ 길 장
① 長幼有序장유유서 ② 長官장관 班長반장
③ 長久장구 長壽장수 長蛇陣장사진 長點장점

6. 문자의 변천과정
그림→갑골, 금문, 전서→해서

張 ⑪ 베풀 장
弓(활시위)를 힘껏 長(길게, 장) 잡아당기는 '베풀 장'
主張주장 出張출장 伸張신장 擴張확장
誇張과장 緊張긴장

7. 뜻, 음이 모두 포함되는 경우

2. 교육용 1800자가 아닌 대표한자는 갈색으로 하되 부수는 표시 안함.

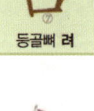
呂 ⑦ 등골뼈 려
8 呂(등골)이 서로 연결되어있는 '등골뼈 려'

宮 집 궁
宀(집)안에 무수히 많은 방이 呂(등골 뼈)처럼 연결되어 있는 '집 궁'
宮闕궁궐 子宮자궁 龍宮용궁 古宮고궁 後宮후궁 皇宮황궁

3. 부수는 보라색으로 표시함.
4. 숫자는 획순이며 총획수는 ○ 안에 넣음.

5. 부수 표시가 어려운 경우 아래에 따로 표시함.

母 ⑤ 어머니 모
*毋
아기를 안고 𠔿 母(젖)을 먹이는 '어머니 모'
주의사 毋(말라 무)는 다가오는 상대방을 막기 위해 몽둥이를 든 여자의 모습을 그렸다.
母乳모유 母性모성애 母親모친

9. 이해를 돕는 삽화

8. 음이 변한 경우 화살표로 표시

海 ⑩ 바다 해
每(매양 매→해)에서 음을 취하고 氵(물)을 뜻하는 '바다 해'
海洋해양 海賊해적 海軍해군 桑田碧海상전벽해: 뽕나무 밭이 변하여 푸른 바다가 된다는 뜻으로, 세상일의 변천이 심함을 비유적으로 이르는 말.

漢字 1 하늘

日
날 **일**

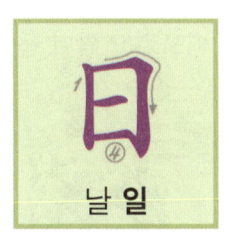

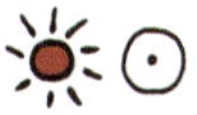 日 (태양)을 그려 '해' '날' '하루' '매일' 이란 뜻을 가진 '날 일'

日記일기 日常일상 日當일당 日沒일몰 日出일출
日就月將일취월장 : 나날이 다달이 자라거나 발전함.

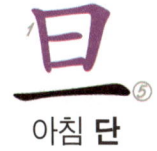

旦
아침 **단**

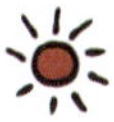 日 (태양)이 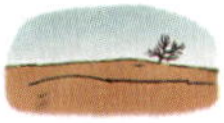 一 (지평선) 위로 떠오르는 '아침 단'

元旦원단 : 설날 아침

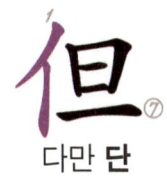

但
다만 **단**

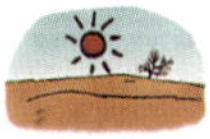 旦 (아침 단)에서 음을 취하고, 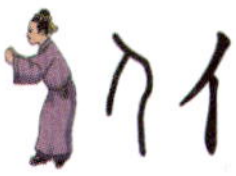 亻(사람)이 윗도리를 벗다는 뜻을 나타내다가 바뀌어서 '다만 단'

但只단지 但書단서

창성할 창

日(태양)이 수면 위로 뜰 때 비치는  日(태양 그림자)를 그려 번창한다는 '창성할 창'

繁昌번창 昌盛창성 昌大창대 昌德宮창덕궁

부를 창

口(입)으로 昌(우렁차게) 큰 소리로 노래부르는 '부를 창'

合唱합창 獨唱會독창회 愛唱曲애창곡
夫唱婦隨부창부수 : 남편이 주장하고 아내가 이에 잘 따름.

봄 춘

夫(풀) 사이로 日(해)가 떠오르고 싹이 돋아나는 '봄 춘'

| 주의~! 泰(클 태), 奉(받들 봉), 奏(아뢸 주)와 다르다.

立春입춘 春困症춘곤증 一場春夢일장춘몽

일찍 조

日(해)가 十(숲 속) 저 멀리에서 떠오르는 이른 아침에서 '일찍 조'

早熟조숙 早婚조혼 早産조산 早退조퇴 早速조속
早朝割引조조할인 : 극장에서 오전에 입장하는 사람들에게 입장 요금을 조금 깎아줌.

풀 초

早(조→초)에서 음을 취하고 艹(풀 초)를 넣어 '풀 초.' 풀을 그린 艸(풀 초)가 먼저 만들어졌으나 점점 쓰이지 않게 됨.

草原초원 結草報恩결초보은 : 죽은 뒤에라도 은혜를 잊지 않고 갚음을 이르는 고사.

높을 탁

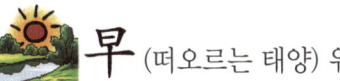 (떠오르는 태양) 위로 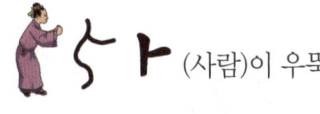 (사람)이 우뚝 솟아오른 모습에서 뛰어나다는 뜻인 '① 높을 탁' '② 탁자 탁'

① 卓越탁월 卓見탁견
② 卓子탁자 食卓식탁 卓上空論탁상공론 : 현실성이 없는 허황한 이론이나 논의.

아침 조

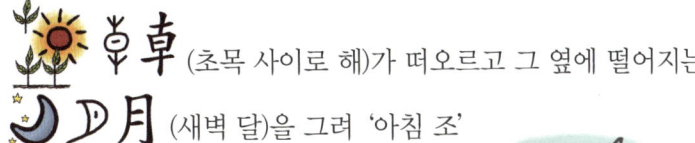 (초목 사이로 해)가 떠오르고 그 옆에 떨어지는 月 (새벽 달)을 그려 '아침 조'

朝夕조석 朝刊조간 朝會조회 朝鮮조선 朝餐조찬

조수 조

 (바닷물)이  朝 (아침)에 밀려들었다가 빠져나가는 조수에서 시대의 흐름을 뜻하는 '조수 조'

潮水조수 潮流조류 赤潮적조 退潮퇴조 風潮풍조 思潮사조

사당 묘

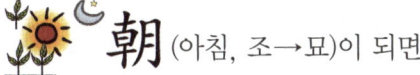 朝 (아침, 조→묘)이 되면  广 (사당)에 들어가 제사를 지내는 '사당 묘'

宗廟종묘 廟堂묘당 宗廟社稷종묘사직 : 왕실과 나라를 통틀어 이르는 말.

해돋을 간

☀ 𠦝 (태양의 햇살)이 사방으로 퍼져나가는 '해돋을 간'

한자 속에서 주로 음으로 나온다.

마를 건

☀ 卓 (햇살, 간→건)이 따갑게 내리쬐자 막 돋아난
🌱 乙 (새싹)이 말라버린 '마를 건'

乾杯건배 乾燥건조 乾達건달 乾草건초

줄기 간

☀ 卓 (햇살 간)에서 음을, 🛡 干 (방패)처럼 단단하고 중요한 '줄기 간'

幹部간부 根幹근간 幹線道路간선도로 : 원줄기가 되는 주요한 도로.

나라 한

아침 ☀ 卓 (햇살)이 찬란하게 떠오르고 韋
(가죽)의 질긴 승부근성을 지닌 조용한 아침
의 우리나라를 뜻하는 '나라 한'

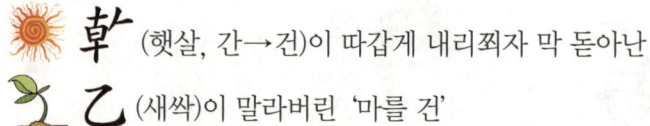

三韓삼한 韓服한복 韓食한식 南北韓남북한

없을 막

🌿 艹 (풀과 풀) 사이로 ☀ 日 (해)가 떨어져 사라지는 '없을 막'

莫重막중 莫强막강 無知莫知무지막지 : 몹시 무지하고 상스러우며 포악함.

넓을 막

💧 氵(물) 🌿 莫 (없는) 사막이 모래로 넓게 펼쳐져
있는 '넓을 막', '사막 막'

沙漠사막 茫漠망막 漠然막연

幕
장막 막

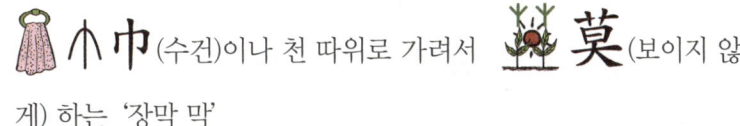巾(수건)이나 천 따위로 가려서 莫(보이지 않게) 하는 '장막 막'

開幕式개막식 帳幕장막 酒幕주막 幕僚막료 懸垂幕현수막

暮
저물 모

풀숲으로 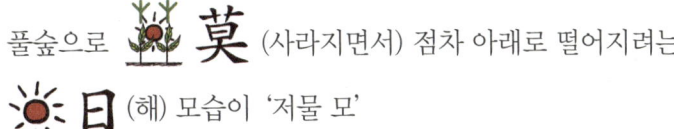莫(사라지면서) 점차 아래로 떨어지려는 日(해) 모습이 '저물 모'

歲暮세모 朝三暮四조삼모사 朝令暮改조령모개 : 아침에 명령을 내렸다가 저녁에 다시 고친다는 뜻으로, 법령을 자꾸 고쳐서 갈피를 잡기가 어려움을 이르는 말.

墓
무덤 묘

햇빛 莫(없는) 컴컴한 土(흙)속에 시체를 파묻은 '무덤 묘'

墓地묘지 省墓성묘 墳墓분묘 墓碑銘묘비명

募
모을 모

다 써서 莫(없어진) 力(힘)을 보충하기 위해 널리 사람을 모으고 구한다는 '모을 모'

募集모집 募金모금 應募응모 公募공모

慕
사모할 모

小(마음)이 다 닳아 莫(없어지는) 것 같이 사무치는 '사모할 모'

思慕사모 追慕추모 戀慕연모 敬慕경모

본뜰 **모**

(나무)로 된 거푸집에 주물을 부으면 모형이 규격 그대로 나오는 모습에서 '본뜰 모'

模造品모조품　模倣모방　模範모범　聲帶模寫성대모사 : 자신의 목소리로 다른 사람의 목소리나 새, 짐승 따위의 소리를 흉내내는 일.

뻗칠 **긍**

日(태양)의 햇살이 二(하늘과 땅 사방)으로 퍼져나가는 모습에서 '뻗칠 긍'

베풀 **선**

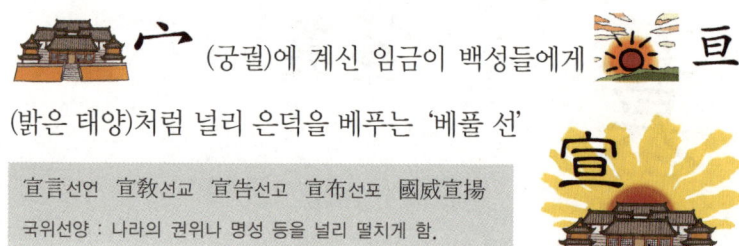

宀(궁궐)에 계신 임금이 백성들에게 亘(밝은 태양)처럼 널리 은덕을 베푸는 '베풀 선'

宣言선언　宣敎선교　宣告선고　宣布선포　國威宣揚
국위선양 : 나라의 권위나 명성 등을 널리 떨치게 함.

항상 **항**

(마음)이 亘(빛나는 태양)처럼 항상 변치 않는 '항상 항'

恒常항상　恒時항시　恒心항심　恒久性항구성

햇살 **양**

昜(햇살)이 사방으로 퍼지는 '햇살 양'
한자 속에서 주로 음으로 나온다.

| 주의~! 易(쉬울 이)와 다르다.

陽 볕 양

阝(언덕) 위로 昜(햇살)이 내리비치는 '볕 양'

太陽태양　陰陽음양　陽氣양기　斜陽사양　夕陽석양　陽地양지

楊 버들 양

昜(양)에서 음을 취한  木(나무)는 '버들 양'

垂楊수양　楊柳양류

揚 날릴 양

扌(손)을 치켜들고 흔들거나 이름을 드날린다는 '날릴 양'

讚揚찬양　宣揚선양　意氣揚揚의기양양
立身揚名입신양명 : 출세하여 이름을 세상에 떨침.

場 마당 장

土(땅) 위로 따스한 昜(햇살, 양→장)이 내리비치는 넓은 장소인 '마당 장'

運動場운동장　市場시장　球場구장　農場농장　場面장면

腸 창자 장

昜(양→장)에서 음을 취한 月(내장기관)중 하나인 '창자 장'

大腸대장　小腸소장　斷腸단장　脫腸탈장　九折羊腸구절양장 : 아홉 번 꼬부라진 양의 창자라는 뜻으로, 꼬불꼬불하며 험한 산길을 이르는 말.

끓을 탕

昜(양→탕)에서 음을 취하고 (물)에 팔팔 끓인다는 '끓을 탕'

熱湯열탕 冷湯냉탕 雜湯잡탕 藥湯器약탕기 沐浴湯목욕탕

화창할 창

昜(햇살)이 사방으로 (퍼지는) '화창할 창'

和暢화창 流暢유창 文化暢達문화창달 : 문화가 거침없이 쑥쑥 뻗어나가며 발전함.

다칠 상

昜(양→상)에서 음을 취하고 (화살 맞은 병사)의 모습에서 '다칠 상'

傷心상심 傷處상처 火傷화상 負傷부상
銃傷총상 凍傷동상

열흘 순

일에서 열까지 ☀日(날)을 한바퀴 🧍⊃勹(감싸서) 제자리로 돌아오는 '열흘 순'

七旬칠순 下旬하순 旬報순보 四旬節사순절 : 부활 주일 전 40일 동안의 기간.

따라죽을 순

💀歹(죽은 주인)과 함께 관속으로 들어가 죽는 뜻에서 대의명분을 위해 죽는다는 뜻으로 발전하여 '따라죽을 순'

殉葬순장 殉職순직 殉敎순교
殉國先烈순국선열 : 나라를 위하여 목숨을 바친 윗대의 열사.

하늘 • 45

月
달 월

月(달)의 모양을 그려 '달 월'

月刊월간 月末월말 月給월급

明
밝을 명

日 (창문) 밖에 月 (달)이 휘영청 떠있는 '밝을 명'. 日(해)와 月(달)이 결합했다는 설로 더 알려짐.

明暗명암 公明正大공명정대 : 하는 일이나 태도가 사사로우나 그릇됨이 없이 아주 정당하고 떳떳함.

盟
맹세 맹

소의 피를 皿 (그릇)에 담아 천지신명께 약속을 어기지 않겠다고 明 (분명히, 명→맹) 맹세하고 약속하는 데서 '맹세 맹'

血盟혈맹 盟約맹약 盟誓맹서 同盟동맹 聯盟연맹

夕
저녁 석

달이 막 뜨기 시작할 무렵의 夕 (희미한 달)을 그려 '저녁 석'

秋夕추석 朝夕조석 夕刊석간 朝變夕改조변석개 : 아침저녁으로 계획을 뜯어고침.

外
바깥 외

夕 (저녁)에 卜 (점)을 치면 잘 맞지 않고 벗어난다 하여 '바깥 외'

外交외교 外信외신 外遊외유 外製외제 外貌외모

원망할 원

이리 뒹굴 저리 뒹굴 잠 못 이루는 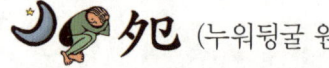 (누워뒹굴 원) 아래 남을 미워하는 心 (마음)을 넣어 '원망할 원'

怨恨원한 怨望원망 怨讐원수 宿怨숙원 怨聲원성

밤 야

亦→亦 (또한 역→야)에서 음을 취하고 夕 (달)을 넣어 한밤중을 뜻하는 '밤 야'

夜食야식 深夜심야 夜景야경 畫耕夜讀주경야독 : 낮에는 농사짓고, 밤에는 글을 읽는다는 뜻으로, 어려운 여건 속에서도 꿋꿋이 공부함을 이르는 말.

이름 명

夕 (저녁)에는 口 (입)으로 소리 내어 부르는 데서 '이름 명'

姓名성명 呼名호명 名聲명성 名譽명예

새길 명

金 (쇠)에다 글과 名 (이름)을 새겨 넣어 영원히 지워지지 않는 '새길 명'

銘心명심 座右銘좌우명 墓碑銘묘비명 感銘감명

기운 기

气 (수증기)가 공중 위로 올라가는 모습에서 '기운 기'

기운 기

米(쌀)로 밥을 지을 때 증발하는 气(증기)에서 '기운 기'

氣運기운 氣力기력 氣勢기세 氣絕기절 氣溫기온 氣質기질
浩然之氣호연지기 : ① 하늘과 땅 사이에 가득 찬 넓고 큰 원기. ② 거침 없이 넓고 큰 기개.

비 우

雨(구름 아래로 빗방울)이 떨어지는 모습으로 날씨와 관계 있는 '비 우'

雨期우기 降雨量강우량 豪雨호우 祈雨祭기우제

눈 설

송이송이 얼어서 내리는 雨(하얀 비)를 (빗자루)로 깨끗이 쓸고 있는 '눈 설'

白雪백설 雪辱설욕 積雪적설 暴雪폭설
雪景설경 雪上加霜설상가상

우레 뢰

雨(비) 내릴 때 들리는 田(천둥소리)를 그려 '우레 뢰'

地雷지뢰 落雷낙뢰 避雷針피뢰침
附和雷同부화뇌동 : 줏대 없이 남의 의견에 따라 움직임.

번개 전

雨(비) 내리면서 생기는 甩(번갯불)을 그려 전기를 뜻하는 '번개 전'

電氣전기 電球전구 感電死감전사
電子전자 電鐵전철

신령 **령**

巫(무당)이 신령스런 주술로 비를 내리게 한다는 뜻으로 빗방울을 강조한 霝(비올 령)을 넣어 '신령 령'

神靈신령　靈驗영험　妄靈망령　幽靈유령　心靈심령　靈感영감

샐 **루**

屋(집)안 여기저기에서 雨(비)가 새어 (물)이 흐르는 모습에서 '샐 루'

漏水누수　漏電누전　漏落누락　漏出누출
天機漏洩천기누설 : 중대한 기밀이 새어 나감을 이르는 말.

이를 **운**

云(뭉게구름)이 피어오르는 모양이었는데 말할 때 나오는 입김과 같아 '이를 운'

云云운운 : 이러쿵 저러쿵 말함.

구름 **운**

云(구름)에 雨(비)를 넣어 습기를 잔뜩 먹은 '구름 운'

雲集운집　靑雲청운　戰雲전운　雲海운해　祥雲상운　風雲兒풍운아

넋 **혼**

云(구름, 운→혼)처럼 여기저기 떠돌아다니는 鬼(귀신)에서 죽은 사람의 영혼이나 사람의 정신을 뜻하는 '넋 혼'

魂魄혼백　魂靈혼령　靈魂영혼　招魂초혼　鬪魂투혼　鎭魂曲진혼곡

그늘 음

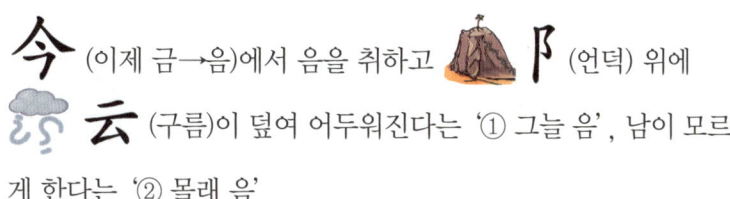 今 (이제 금→음)에서 음을 취하고 阝 (언덕) 위에 云 (구름)이 덮여 어두워진다는 '① 그늘 음', 남이 모르게 한다는 '② 몰래 음'

① 陰陽음양 光陰광음 陰凶음흉 ② 陰德음덕 陰謀음모 陰害음해

申
아뢸 신

申 (번개)가 번쩍 내리뻗치는 모양에서 자신의 사정을 말한다는 '아뢸 신' | 주의~! 甲(갑옷 갑), 由 (말미암을 유)와 다르다.

申請신청 申告신고 申聞鼓신문고 內申내신

귀신 신

示=礻 (제단) 위로 申 (번개, 신)가 내리칠 때 더 잘 나타난다는 '귀신 신'

鬼神귀신 神靈신령 神聖신성 精神정신 神話신화
神出鬼沒신출귀몰 : 귀신같이 나타났다가 사라진다는 뜻.

펼 신

 亻(사람)이 申 (번개)처럼 몸을 곧게 편다는 데서 '펼 신'

伸縮신축 伸張신장 : 물체, 세력, 권리를 늘리어 넓게 폄.

땅 곤

 申 (신→곤)에서 음을 취하고 넓은 土 (대지)를 가리켜 '땅 곤'

坤卦곤괘
乾坤一擲건곤일척 : 하늘과 땅을 걸고, 즉 운을 하늘에 맡기고 한 판 승부를 겨룸.

2

땅

물 수

흐르는  水 (물)을 그려 '물 수.' 氵(삼수변)은 변형부수.

| 주의~! 氷(얼음 빙), 永(길 영)과 다르다.

水分수분 水仙花수선화 淡水魚담수어 山紫水明산자수명 : 산은 자줏빛으로 선명하고 물은 맑다는 뜻으로, 경치가 아름다움을 이르는 말.

얼음 빙

水 (물)이 얼면서 만들어진 (얼음)을 그려 '얼음 빙' 冰(얼음 빙)이 원 글자이며 冫(이수변)은 변형부수

氷山一角빙산일각 : 대부분이 숨겨져 있고 외부로 나타나 있는 것은 극히 일부분에 지나지 아니함을 비유한 말.

돌아올 회

물이 흘러 소용돌이치며 回 (돌고 돌아) 다시 제자리로 오는 '돌아올 회'

回答회답 回信회신 回甲회갑 回想회상 回轉회전 回顧錄회고록

잠길 잠

朁(일찍 참→잠)에서 음을 취하고 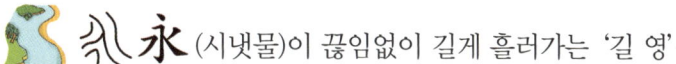(물)속으로 들어가 숨는다는 데서 '① 잠길 잠' '② 몰래 잠'

① 潛水잠수 潛跡잠적 潛在力잠재력 ② 潛入잠입 潛行잠행 潛伏잠복

길 영

永(시냇물)이 끊임없이 길게 흘러가는 '길 영'

永遠영원 永久영구 永生영생 永眠영면 永訣式영결식 永住權영주권

헤엄칠 영

(물)속에서 永(긴) 시간 동안 자맥질하는 '헤엄칠 영'

水泳수영 自由泳자유영 背泳배영

읊을 영

言(목소리)를 永(길게) 뽑아 시가(詩歌)를 노래하듯 외우는 '읊을 영'

詠歌영가 詠詩영시

갈래 파

氵(물) 줄기가 갈라져 흐르는 '① 갈래 파' '② 보낼 파'

① 派閥파벌 宗派종파 學派학파 ② 派兵파병 派遣파견 特派員특파원

줄기 맥

사람 月(몸)의 辰(핏줄과 신경)이 갈라져 순환하는 '줄기 맥'

脈搏맥박　動脈동맥　血脈혈맥　人脈인맥　水脈수맥　山脈산맥
一脈相通일맥상통 : 사고방식, 상태, 성질 따위가 서로 통하거나 비슷해짐.

겨울 동

冫(얼음판) 위를 夂(천천히 걸어가는) 모습이 '겨울 동'

冬至동지　立冬입동　越冬월동
嚴冬雪寒엄동설한 : 눈 내리는 깊은 겨울의 심한 추위.

마칠 종

糸(실)을 묶어 마무리짓는다는 뜻에다 한 해의 끝인 冬(겨울, 동→종)을 넣어 '마칠 종'

終禮종례　臨終임종　終戰종전　自初至終자초지종 : 처음부터 끝까지의 과정.

내 천

굽이굽이 위에서 아래로 흐르는 川(냇물)을 그린 '내 천'

河川하천　山川草木산천초목

순할 순

頁(머리)를 숙이고 흐르는 川(냇물, 천→순)처럼 성현의 이치에 순응하는 데서 '순할 순'

| 주의~! 須(모름지기 수)와 다르다.

順從순종　耳順이순　歸順귀순　順行순행　順應순응

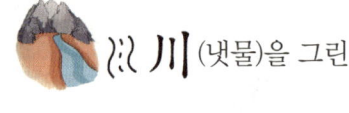

가르칠 훈

(말)을 川(냇물, 천→훈)처럼 순리에 맞게 말씀하시는 '가르칠 훈'

家訓가훈　訓戒훈계　訓手훈수　訓話훈화　敎訓교훈　級訓급훈　訓民正音훈민정음

재앙 재

강물이 불어 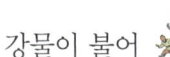(홍수)가 나고 火(화재)로 집과 가족을 잃은 '재앙 재'

人災인재　災害재해　天災地變천재지변 : 지진, 홍수, 태풍 따위의 자연현상으로 인한 재앙.

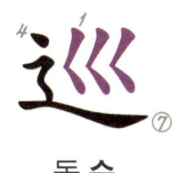
돌 순

巛(냇물, 천→순)처럼 여기저기 (돌아다니며) 순행하는 '돌 순'

巡警순경　巡察순찰　巡訪순방　巡視순시　巡行순행　巡航순항

고을 주

흙모래가 쌓여 만들어진 州 (물가 가운데 섬)이 마을이 되어 사람들이 거주한다는 '고을 주'

州郡주군

물가 주

모래톱으로 형성된 州 (고을)을 감싸고 있는 氵(물)을 가리켜 ① 물가 주 ② 뭍 주

① 三角洲삼각주　沙洲사주　② 五大洲오대주　美洲미주

샘 천

 泉 (물의 첫줄기)가 흘러나오는 근원에서 '샘 천'

溫泉온천　冷泉냉천　源泉원천　九泉구천 : 죽은 뒤에 넋이 돌아간다는 곳. 땅 속.

줄 선

糸 (실)처럼 가늘고 기다란 '줄 선'

直線직선　曲線곡선　光線광선　複線복선　線路선로

언덕 원

厂 (언덕) 아래 물이 처음으로 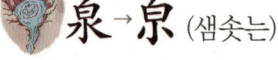 (샘솟는) 곳인 '언덕 원' '근원 원'

高原고원　原木원목　原告원고　原稿원고　原理원리
原書원서 : 베끼거나 번역한 책에 대해 그 본디의 책.

근원 원

原(언덕) 아래로 氵(물)이 최초로 흘러가는 모습에서 시작, 발생을 뜻하는 '근원 원'

根源근원　起源기원　字源자원　發源발원　水源수원　拔本塞源발본색원 : 좋지 않은 일의 근본 원인이 되는 요소를 완전히 없애 버려서 다시는 그러한 일이 생길 수 없도록 함.

원할 원

頁 (큰 머리)로 깊이 생각해서 바라고 원한다는 '원할 원'

所願소원　請願청원　念願염원　祝願축원
願書원서 : 지원하거나 청원하는 내용이 적힌 서류

산속늪 **연**

 㕣 (산속의 늪)을 그린 '산속늪 연'

한자 속에서 주로 음으로 나온다.

| 주의~! 谷(계곡 곡)과 다르다.

납 **연**

 金 (금속)의 일종인 '납 연'

黑鉛흑연　鉛筆연필　亞鉛아연

배 **선**

 舟 (배) 중에 㕣 (늪, 연→선)이나 바다를 항해할 수 있는 커다란 '배 선'

乘船승선　漁船어선　船主선주　船長선장　宇宙船우주선
救助船구조선　旅客船여객선

물따라갈 **연**

 氵(물)길 따라 내려가는 '물따라갈 연'

沿革연혁　沿岸연안

예 **석**

 巛 (홍수)로 시달림을 받았던 지난  日 (시절)을 과거로 기록하여 '예 석'

今昔之感금석지감 : 지금과 옛날의 차이가 너무 심하여 생기는 느낌.

아낄 석

지난 昔(옛) 일에 대한 안타깝고 아쉬운 (마음)에서
'① 애석할 석' '② 아낄 석'

① 哀惜애석 惜別석별 惜敗석패
② 買占賣惜매점매석 : 미리 사서 독점하고 팔 때는 아낌.

빌릴 차

亻(사람)들 손에 손을 거쳐 빌린다는 '빌릴 차'

借用차용 借名차명 賃貸借임대차 假借가차

어긋날 착

金金(쇠)그릇에 도금한 글씨가 昔(오래) 되자 벗겨져 읽기 어렵다는 데서 '어긋날 착'

錯誤착오 錯視착시 精神錯亂정신착란 : 급성 중독이나 전염병 따위로 말미암아 의식 장애를 일으켜 지각, 기억, 주의, 사고 따위의 지적 능력을 일시적으로 잃어버리는 상태.

문서 적

耤(빌릴 적)에서 음을 취하고 竹(대쪽)에 기록하는 '문서 적'

國籍국적 戶籍호적 書籍서적 典籍전적 學籍簿학적부

불 화

타오르는 火(불)을 그려 '불 화'. 灬(불화발)은 변형부수. ㅣ주의~! 동물의 다리를 그린 馬(말 마), 鳥(새 조)와 구분해야 한다.

火葬화장 砲火포화

빛 광

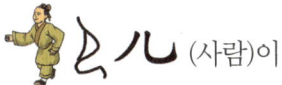(사람)이 (등불)을 들고 사방을 비추는 '빛 광'

光明광명　光合成광합성　夜光야광　觀光관광
光陰광음　發光발광

숯 탄

(산 아래 언덕)에 굴을 파서 나무를 넣고 火 (불)을 지펴 숯을 만드는 '숯 탄'

炭素탄소　炭鑛탄광　石炭석탄　木炭목탄　氷炭不相容빙탄불상용 : 얼음과 숯은 정반대되는 성질을 지니고 있어 서로 용납하지 못하는 관계.

화로 로

火(불)을 지피는 盧(화로 로)를 넣어 다시 만든 '화로 로'

火爐화로　鎔鑛爐용광로　原子爐원자로　香爐향로
紅爐點雪홍로점설 : 빨갛게 달아오른 화로 위에 눈을 조금 뿌린 것과 같다는 뜻으로, 큰일을 함에 있어 작은 힘으로는 아무 도움이 되지 아니함을 이르는 말.

불꽃 염

활활 타오르는 炎(불꽃)을 그려 '불꽃 염'

炎症염증　中耳炎중이염　炎凉世態염량세태 : 세력이 있을 때는 아첨하여 따르고 세력이 없어지면 푸대접하는 세상 인심을 비유적으로 이르는 말.

맑을 담

炎(불꽃 염→담)에서 음을 취하고 맑고 깨끗한 (물)에서 '맑을 담'

淡白담백　淡水魚담수어　冷淡냉담 : 태도나 마음씨가 동정심이 없음.

말씀 담

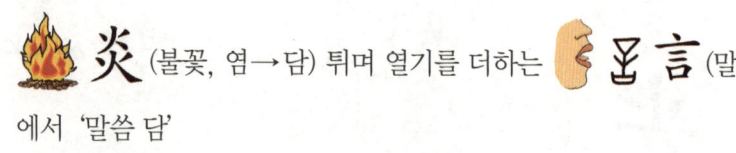 炎(불꽃, 염→담) 튀며 열기를 더하는 言(말)에서 '말씀 담'

怪談괴담　懇談會간담회　面談면담　密談밀담　德談덕담　對談대담

영화 영

木(나무) 위에 炏(불꽃)처럼 화려한 꽃이 핀 모습에서 '영화 영'

榮光영광　繁榮번영　富貴榮華부귀영화 : 재산이 많고 지위가 높으며 귀하게 되어서 세상에 드러나 온갖 영광을 누림.

개똥벌레 형

꽁무니에서 炏(반짝반짝) 빛나는 虫(벌레)인 '개똥벌레 형'

螢光燈형광등　螢雪之功형설지공 : 고생을 하면서 부지런하고 꾸준하게 공부하는 자세를 이르는 말.

일할 로

炏(불 밝히고) 열심히 力(힘내) 일하는 데서 '일할 로'

勞動노동　勞困노곤　疲勞피로　功勞공로
慰勞위로　勤勞者근로자

勤勞者의 하루

주인 주

主(등잔 위의 불)을 그려 가장 중심이 되는 '주인 주'

主人주인　主犯주범　主觀주관　主要주요　主義주의　主客顚倒주객전도 : 주인과 손님의 위치가 서로 뒤바뀐다는 뜻으로, 사물의 경중·선후 따위가 서로 뒤바뀜을 이르는 말.

살 주

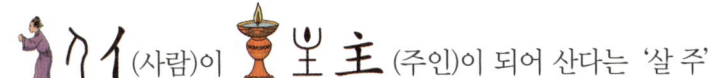(사람)이 主(주인)이 되어 산다는 '살 주'

衣食住의식주 住宅주택 住所주소 住民주민 永住權영주권 移住이주

물댈 주

가두어둔 (물)을 한 군데로 쏟아붓는 '물댈 주'

注目주목 注射주사 受注수주 注意주의 注入式敎育주입식교육

기둥 주

木(나무)에서 가장 중심이 되는 '기둥 주'

柱石주석 支柱지주 電柱전주 四柱사주 : 사람이 태어난 연월일시의 네 간지.

갈 왕

앞으로 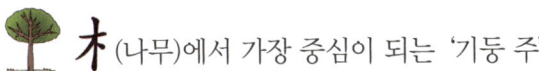(걸어나가는) 데서 '갈 왕'

| 주의~! 네거리를 그린 行(다닐 행)의 왼쪽 부분인 彳(두인변)은 '길거리'나 '행동'을 뜻한다.

往來왕래 往年왕년 旣往기왕
說往說來설왕설래 : 서로 변론을 주고받으며 옥신각신함. 또는 말이 오고 감.

메 산

山山(산)을 그려 '메 산'

山川산천 靑山청산 山水산수 人山人海인산인해
走馬看山주마간산 : 말을 타고 달리며 산천을 구경한다는 뜻으로, 자세히 살피지 아니하고 대충대충 보고 지나감을 이르는 말.

仙 신선 선

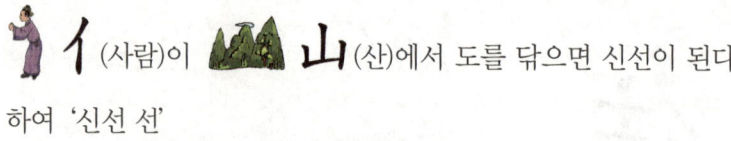亻(사람)이 山(산)에서 도를 닦으면 신선이 된다 하여 '신선 선'

神仙신선 仙女선녀 仙境선경 仙人掌선인장

凶 흉할 흉

움푹 파인 凵(함정) 속에 빠진 운수 사나운 乂(사람)을 그려 불길, 죽음을 뜻하는 '흉할 흉'

吉凶길흉 凶惡흉악 凶年흉년 凶家흉가 凶器흉기

胸 가슴 흉

匈(오랑캐 흉)에서 음을 취한 月(신체 기관)인 '가슴 흉'

胸部흉부 胸中흉중 胸像흉상
胸襟흉금 : ① 앞가슴의 옷깃. ② 마음속 깊이 품은 생각.

陷 빠질 함

阝(언덕) 아래 움푹 파놓은 臼(함정)에 (사람)이 빠지는 모습에서 '빠질 함'

陷穽함정 陷沒함몰 缺陷결함 陷落함락 謀陷모함

田 밭 전

구획된 田(밭)을 그려 '밭 전'

田園전원 火田民화전민 井田정전 我田引水아전인수 : 자기 논에 물 대기라는 뜻으로, 자기에게만 이롭게 되도록 생각하거나 행동함을 이르는 말.

苗
싹 묘

 田(밭) 위에 파릇파릇  艹(풀)이 돋아나고 있는 '싹 묘'

苗木 묘목　移苗이묘

畓
논 답

 田(밭) 위에  水(물)이 고여 있는 '논 답.' 신라 진흥왕 때 이미 사용한 흔적이 있는 우리나라가 만든 한자임.

田畓전답　天水畓천수답　門前沃畓문전옥답 : 집 가까이에 있는 기름진 논.

踏
밟을 답

畓(유창할 답)에서 음을 취하고  足(발)로 직접 밟고 살피는 데서 '밟을 답'

踏査답사　踏襲답습　高踏고답　踏步답보 : 제자리 걸음.

里
마을 리

 里(밭과 흙)을 의지하며 사는 '마을 리'

鄕里향리　里程標이정표　千里眼천리안　五里霧中오리무중 : 오리나 되는 짙은 안개 속에 있다는 뜻으로, 무슨 일에 대하여 방향이나 갈피를 잡을 수 없음을 이르는 말.

理
다스릴 리

귀한  王(옥)을 대하듯  里(마을)을 바른 이치로 다스려야 한다는 데서 '① 이치 리' '② 다스릴 리'

① 倫理윤리　道理도리　② 修理수리　整理정리

묻을 매

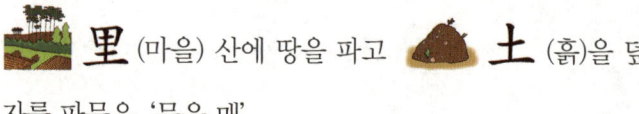 里(마을) 산에 땅을 파고 土(흙)을 덮어 죽은 자를 파묻은 '묻을 매'

埋葬매장　埋沒매몰　埋伏매복

속 리

里(마을 리)에서 음을 취하고 衣(옷)의 안을 가리키는 '속 리'

裏面이면　表裏不同표리부동 : 마음이 음흉하고 불량하여 겉과 속 다름.

클 보

甫(농작물을 심은 밭)이 크고 넓다는 '클 보' 주로 음으로 나온다.

개 포

氵(강)이나 내에 조수가 드나드는 곳이나 개펄을 뜻하는 '개 포'

浦口포구　浦港포항

잡을 포

죄인을 扌(손)으로 잡아들이는 '잡을 포'

逮捕체포　捕手포수　生捕생포　捕獲포획

기울 보

터진 (옷)을 실과 바늘로 꿰매어 모자라고 부족한 곳을 보충하는 '기울 보'

補充보충　補完보완　候補후보　補缺보결　補講보강

펼 부

(밭에 농작물)을 심고 (손)으로 다지고 펴서 가꾸는 '펼 부'

| 주의~! 專(오로지 전)과 다르다.

넓을 박

사방으로 十(넓게) 펼쳐진 (밭의 농작물)을 가꾸는 '넓을 박'

博士박사　博愛主義박애주의 : 인종에 대한 편견이나 국가적 이기심 또는 종교적 차별을 버리고 인류 전체의 복지 증진을 위하여 온 인류가 서로 평등하게 사랑하여야 한다는 주의.

엷을 박

薄(물 댄 논) 위로 삐죽 올라온 (어린 벼)에서 적다는 뜻인 '엷을 박'

薄俸박봉　薄情박정　薄利多賣박리다매　薄待박대　輕薄경박
佳人薄命가인박명 : 아름다운 여자는 수명이 짧음.

문서 부

(죽간)에 기록을 남긴 '문서 부'

帳簿장부　家計簿가계부　學籍簿학적부　出席簿출석부

두루 주

田(밭)에 농작물이 두루두루 잘 자라는 '두루 주'

周圍주위 周邊주변 周旋주선 周知주지 世界一周세계일주

고를 조

言(말)을 농작물이 田周(두루, 주→조) 자라듯이 균형 있게 조율한다는 '고를 조'

調和조화 强調강조 步調보조 同調동조 調査조사 曲調곡조

돌 석

石(언덕 아래 돌)을 그려 '돌 석'

| 주의~! 右(오른 우)와 다르다.

望夫石망부석 寶石보석 大理石대리석 他山之石타산지석 : 본이 되지 않은 남의 말이나 행동도 자신의 지식과 인격을 수양하는 데에 도움이 될 수 있음을 비유적으로 이르는 말.

넓힐 척

扌(손)으로 石(돌)을 골라내며 밭을 개간하는 '넓힐 척'

開拓개척 拓殖척식 干拓地간척지

갈 연

石(돌)을 幵(평평)하게 갈아 높이를 맞추는 데서 '갈 연'

硏磨연마 硏修연수 硏究연구

푸를 벽

王(옥)처럼 푸르고 白(흰빛)이 도는 石(돌)에서 '푸를 벽'

碧眼벽안 碧空벽공 碧溪水벽계수 桑田碧海상전벽해 : 뽕나무 밭이 변하여 푸른 바다가 된다는 뜻으로, 세상일의 변천이 심함을 비유적으로 이르는 말.

작을 소

자질구레한 川 小(작은 돌)을 그려 '작을 소'

小貪大失소탐대실 小食소식 小說소설 小康소강 : 혼란이 그치고 조금 잠잠함.

뾰족할 첨

위는 小(작고) 아래는 大(커서) 남보다 앞서 간다는 뜻인 '뾰족할 첨'

尖端科學첨단과학 尖兵첨병 尖銳첨예

적을 소

작은 물건 네 개로 분량이 적거나 나이가 어리다는 '적을 소'

男女老少남녀노소 稀少희소 靑少年청소년 少壯派소장파

살필 성

少(가늘게) 目(눈)을 뜨고 사물을 관찰하는 '① 살필 성', 살피고 줄여 정리한다는 '② 덜 생'

① 反省반성 省察성찰 自省자성 省墓성묘 昏定晨省혼정신성 : 밤에는 부모의 잠자리를 보아 드리고 이른 아침에는 부모의 밤새 안부를 묻는다는 뜻. ② 省略생략

沙 모래 사

氵(물)이 少(적어서) 드러난 모래가 끝없이 펼쳐진 사막에서 '모래 사' | 주의~! 砂(모래 사)와 같다.

沙漠사막　白沙場백사장　沙上樓閣사상누각 : 모래 위에 세운 누각이라는 뜻으로, 기초가 튼튼하지 못하여 오래 견디지 못할 일이나 물건을 이르는 말.

妙 묘할 묘

女(여자)의 나이가 少(적으면) 예쁘고 신묘하다 하여 '묘할 묘'

妙齡묘령　微妙미묘　妙味묘미　妙策묘책　絶妙절묘　妙藥묘약　妙案묘안

秒 분초 초

禾(벼)의 까끄라기란 뜻에다 少(소→초)에서 음을 취했는데 뒤에 시간의 단위로 쓰여 '분초 초'

秒針초침　分秒분초　秒速초속

抄 뽑을 초

扌(손)으로 중요한 내용만 少(간단히) 추려서 가려 쓰는 데서 '뽑을 초'

戶籍抄本호적초본 : 호적 원본에서 지정된 사람의 기록만 뽑아 베낀 문서.

上 위 상

上(가로선의 위)를 가리켜 '위 상'

上京상경　上昇상승　上映상영　上流상류

아래 하

▬ 下 (가로선의 아래)를 가리켜 '아래 하'

下落하락 下校하교 下降하강
莫上莫下막상막하 : 더 낫고 더 못함의 차이가 거의 없음.

가운데 중

어떤 ◯ 口 (구역)의 중앙에 🚩| (깃발)을 세워 안, 가운데란 뜻인 '가운데 중'

中央중앙 中間중간 忙中閑망중한
喪中상중 中庸중용

버금 중

🧍 亻 (사람)이 🚩 中 (중간)에 서 있는 둘째를 뜻하는 '버금 중'

伯仲백중 仲媒중매 仲裁중재 仲介중개

충성 충

🚩 中 (중심)이 흔들리지 않는 참된 ♥ 心 (마음)에서 '충성 충'

忠實충실 忠誠충성 忠直충직 忠告충고 顯忠日현충일 忠魂충혼 忠臣충신

근심 환

꼬챙이에 꼬치를 꿴 모양을 한 🍢 串 (꼬치 관→환)을 넣어 근심, 걱정에 흔들리는 ♥ 心 (마음)을 나타내 '근심 환'

患者환자 憂患우환 疾患질환 老患노환 外患외환
有備無患유비무환 : 미리 준비가 되어 있으면 걱정할 것이 없음.

땅 위에 ⛰ 土 (흙덩이)를 그려 '흙 토'

土地토지　土壤토양　土質토질　黃土황토　國土국토　土臺토대

👄 口 (입)에서 나오는 음식물을 　　 土 (땅바닥)에 쏟아내는 '토할 토'

吐血토혈　實吐실토　吐握토악

오를 수 있는 계단이 있는 　　 阜 (언덕)을 그려 '언덕 부'
阝 (좌부변)은 변형부수. '좌부방' 으로 잘못 불리어지고 있음.

𠂤 (언덕) 주위에서 적군을 뒤쫓으며 　　 辶 (찾아다니는) '쫓을 추'. | 주의~! 辶 (책받침)은 '길을 간다' 는 뜻이고 廴 (민책받침)은 '발을 길게 끌면서 걷는다' 는 뜻으로 차이가 있다.

追跡추적　追從추종　追加추가　追憶추억　追越추월　追求추구

𠂤 (언덕) 아래에 진을 치고 　　 巾 (깃발) 아래 병사를 지휘하는 '장수 수'

將帥장수　總帥총수　統帥權통수권　元帥원수

스승 사

(언덕) 아래 빙 币(돌릴 잡 : 돌려) 진치고 있는 군대(2500명)에서 '① 군사 사' 뒤에 스승을 추가해 '② 스승 사'

① 師團사단
② 師範大學사범대학 師弟사제 恩師은사 敎師교사 料理師요리사

벼슬 관

백성들 집보다 높은 阜→𠂤(언덕) 위에 지은 커다란 (관청)에서 일하는 벼슬아치를 뜻하는 '벼슬 관'

官吏관리 官職관직 官廳관청 官公署관공서

管
대롱 관

官(벼슬 관)에서 음을 취하고 속이 뻥 뚫린 (대 죽)에서 '① 대롱 관' '② 맡을 관'

① 管樂器관악기 血管혈관
② 主管주관 管理관리

館
집 관

官(관리)들이 공무 중 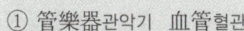 皀=食(식사)를 해결하며 묵었던 객사에서 공공장소를 뜻하는 '집 관'

旅館여관 美術館미술관 會館회관 大使館대사관

언덕 구

丘(언덕)을 그려 '언덕 구'

丘陵구릉 首丘初心수구초심 : 여우가 죽을 때에 머리를 자기가 살던 굴 쪽으로 둔다는 뜻으로, 고향을 그리워하는 마음을 이르는 말.

岳 큰산 악

 丘(언덕)이 많이 있는 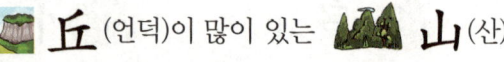 山(산)이 '큰산 악'

| 주의~! 兵(병사 병)과 다르다.

山岳산악

谷 골 곡

 谷(골짜기) 아래 입구를 그린 '골 곡'

溪谷계곡 峽谷협곡
進退維谷진퇴유곡 : 이러지도 저러지도 못하고 꼼짝할 수 없는 궁지.

俗 풍속 속

평범한 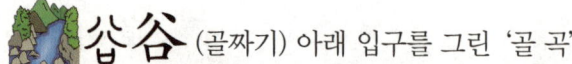 亻(사람)들이  谷(골짜기)에 살고 있는 데서 '속세 속' 뒤에 나온 뜻이 '풍속 속'

俗世속세 俗物속물 民俗민속 還俗환속 風俗풍속

浴 목욕할 욕

 氵(물) 흐르는 谷 (계곡)에서 목욕하는 모습에서 '목욕할 욕'

山林浴산림욕 日光浴일광욕 沐浴목욕 海水浴場해수욕장

容 얼굴 용

인간과 가재도구를 다 수용하는 宀 (집)처럼, 풀 한 포기도 밀어내지 않고 수용하는  谷 (계곡)의 너그러운 얼굴에서 '① 얼굴 용' '② 용서할 용'

① 容貌용모 ② 容納용납 容恕용서

넉넉할 유

품이 넉넉한 ⾐(옷)처럼, 여유로운 谷 (계곡)에서 보이는 '넉넉할 유'

富裕부유 裕福유복 餘裕여유

하고자할 욕

배가 고파 뭐라도 먹고 싶어 欠(입을 벌리고) 있는 '하고자할 욕'

欲求욕구 欲望욕망

욕심 욕

뭔가 欲(하고자 하는) 心(마음)에서 탐욕의 뜻이 강한 '욕심 욕'

慾心욕심 野慾야욕 食慾식욕 物慾물욕
私利私慾사리사욕 : 사사로운 이익과 욕심.

진흙 근

黃(누를 황)과 土(흙 토)가 결합하여 '(노란)진흙 근' 주로 음으로 나온다. 堇菫(진흙 근)은 변형된 한자임. 주로 음으로 나온다.

부지런할 근

菫(진흙탕) 속에서도 온 力(힘)을 다해 일하는 '부지런할 근'

勤勉근면 勤儉근검 出勤출근 勤務근무 夜勤야근

삼갈 **근**

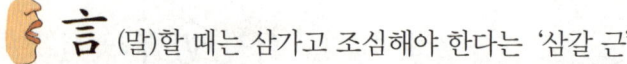 言 (말)할 때는 삼가고 조심해야 한다는 '삼갈 근'

謹弔근조 謹愼근신 謹嚴근엄
謹賀新年근하신년 : 삼가 새해를 축하한다는 뜻으로, 새해의 복을 비는 인사말.

겨우 **근**

겨우 亻(한 사람)만이 堇(진흙) 속에서 살아났다는 데서 '겨우 근'

僅少근소 僅僅근근

한수 **한**

堇(진흙 근→한)에서 음을 취하고 氵(양자강)의 지류인 한수(漢水)에서 '① 한수 한', 유방이 이곳에 건국한 나라이름에서 '② 한나라 한', 거칠고 나쁜 사내를 뜻하는 '③ 사나이 한'

① 漢水한수 ② 漢文한문 ③ 門外漢문외한

어려울 **난**

堇(진흙, 근→난) 속에서 빠져 허우적거리는 隹(새)의 모습에서 '어려울 난'

難易度난이도 苦難고난

탄식할 **탄**

새가 堇(진흙, 근→탄)에서 빠져나오기 어렵다고 생각하는 순간 欠(입 벌리고) 흘러나오는 '탄식할 탄'

| 주의~! 嘆(탄)과 같은 글자.

歎息탄식 歎聲탄성 感歎감탄 歎服탄복 歎願書탄원서

흙덩이 륙

 초(버섯) 핀 土(흙)을 그려 '흙덩이 륙'
주로 음으로 나온다.

화목할 목

서로  目(눈)을 맞추는 화목한 모습에 坴(흙덩이 륙→목)에서 음을 취해 '화목할 목'

和睦화목 親睦會친목회

뭍 륙

 阝(언덕)이 보이는 '뭍 륙'

陸地육지 陸路육로 內陸내륙 陸軍육군 陸上육상 着陸착륙

능 릉

 阝(언덕)처럼 夌(높을 릉 : 높은) 무덤인 '능 릉'

王陵왕릉 丘陵구릉 武陵桃源무릉도원 : 신선이 살았다는 전설적인 중국의 명승지.

높을 요

 垚(흙덩이)를 兀(사람의 머리)보다 훨씬 높게 쌓아올려 '높을 요'

堯舜時代요순시대 : 요임금과 순임금이 덕으로 천하를 다스리던 태평한 시대. 치세의 모범으로 삼는다.

새벽 효

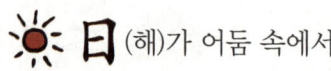日(해)가 어둠 속에서  堯(높이, 요→효) 솟아 오르는 '새벽 효'

曉星효성 : 샛별

사를 소

火(불)이  堯(높게, 요→소) 타오르고 있는 '사를 소'

燒却소각 燒酒소주 燃燒연소 全燒전소 燒失소실

3 동물

고기 육

동물의 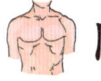 肉(살)을 썬 조각에서 나온 '고기 육'
肉(몸)을 구성하는 '살 육.' 月(육달월변)은 변형 부수임.

肉食육식　肉體육체　肉身육신　骨肉相殘골육상잔 : 가까운 혈족끼리 서로 해치고 죽임.

있을 유

ナ(손)으로 月(고깃덩이)를 잡고 있는 모습에서 '① 있을 유' '② 가질 유'

① 有用유용　有識유식　有能유능　未曾有미증유
② 占有점유　享有향유　所有物소유물

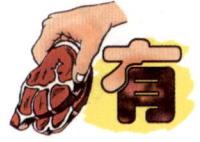

즐길 긍

丹→止(뼈)에 月(살)이 붙어 있는 모습을 기꺼이 인정한다는 '즐길 긍'

肯定긍정　首肯수긍

胃
밥통 위

 月(몸) 속에 음식물이 들어 있는 田 (위장)을 그려 '밥통 위'

胃炎위염　胃腸위장　胃痛위통

謂
말할 위

胃(밥통 위)에서 음을 취하고 言(말씀 언)을 넣어 '말할 위'

所謂소위

多
많을 다

여러 겹으로 포개놓은 多(고깃덩어리)를 그려 '많을 다'. 多多(포개진 달)로 저녁이 거듭되어 날짜가 많아진 다는 뜻으로 풀기도 함.

多讀다독　多福다복　多多益善다다익선 : 많으면 많을수록 더욱 좋음.

移
옮길 이

쌓여 있는 多(많은) 禾(볏단)을 옮기는 데서 '옮길 이'

移徙이사　移住이주　移植이식　移轉이전　移行이행　移替이체　愚公移山우공이산

散
흩을 산

月(고기)를 丑(잘게) 다지기 위해 攵(때려서) 부드럽게 하는 '흩을 산'. |주의~! 손에 막대기 든 攵(칠 복)은 '치거나 때려서 잡는다'는 뜻이다. 文(글월 문), 欠(하품 흠)과 다르다.

解散해산　散亂산란　散文산문　發散발산
離合集散이합집산 : 헤어졌다가 모였다가 하는 일.

닮을 초

小 (작을 소→초)에서 음을 취하고 月 (살과 골격)이 서로 닮았다는 데서 '닮을 초'

不肖불초 肖像畵초상화

사라질 소

불이 난 곳을 氵(물)을 뿌려 꺼서 없앤다는 '사라질 소'

消防官소방관 消息소식 消渴소갈 消滅소멸
消費소비 消化소화

깎을 삭

刂(칼)로 깎아 떼어내고 제거한다는 '깎을 삭'

削減삭감 削除삭제 削髮삭발 添削첨삭

털 모

동물의 毛(털)을 그려 '털 모'

毛皮모피 純毛순모 毛髮모발 九牛一毛구우일모

꼬리 미

尸(구부리고) 앉은 동물의 엉덩이에 난 毛(털)을 그려 '꼬리 미'

燕尾服연미복 魚頭肉尾어두육미 龍頭蛇尾용두사미 : 용의 머리와 뱀의 꼬리라는 뜻으로, 처음은 왕성하나 끝이 부진한 현상을 이르는 말.

뿔 각

동물의 角(뿔)을 그린 '뿔 각'

角逐각축 頭角두각 觸角촉각 鹿角녹각

풀 해

牛(소) 같은 동물의 角(뿔)을 刀(칼)로 잘라 분해하는 모습에서 '풀 해'

分解분해 解決해결 解放해방 解夢해몽 理解이해 解釋해석 結者解之결자해지 : 맺은 사람이 풀어야 한다는 뜻으로, 자기가 저지른 일은 자기가 해결하여야 함.

가죽 피

皮(손에 칼을 쥐고 동물의 가죽)을 벗겨내고 있는 모습에서 지금은 동식물의 가죽을 총칭하여 '가죽 피'

毛皮모피 皮革피혁 草根木皮초근목피 鐵面皮철면피

彼
저 피

저 멀리 彳(길거리)에 떨어져 있는 사람이나 물건을 가리켜 원거리를 뜻하는 '저 피'

彼此피차 彼我피아 此日彼日차일피일
知彼知己지피지기 : 적의 사정과 나의 사정을 자세히 앎.

입을 피

잠잘 때 皮(털가죽)으로 된 衤(이불)을 덮는다는 데서 당하다는 '입을 피'

被服피복 被動피동 被擊피격 被害피해 被殺피살

동물●79

피곤할 피

(병)이 생길 정도로 과로하여 지친 '피곤한 피'

疲困피곤 疲勞피로

깨뜨릴 파

石(돌)로 물건을 깨고 부수는 '깨뜨릴 파'

破片파편 破産파산 破鏡파경 凍破동파 破壞파괴 破竹之勢파죽지세 : 대를 쪼개는 기세라는 뜻으로, 적을 거침없이 물리치고 쳐들어가는 기세를 이르는 말.

물결 파

氵(물)이 동물 皮(털가죽, 피→파)처럼 결 따라 퍼져나가는 '물결 파'

波濤파도 波動파동 波文파문 人波인파 寒波한파 風波풍파 電波전파

자못 파

頁(머리)가 옆으로 기우뚱 기울어 자못 공평하지 않다는 '① 자못 파' '② 치우칠 파'

① 頗多파다 ② 偏頗편파

소 우

牛(소)의 뿔을 그려 '소 우' | 주의~! 午 (낮 오)와 다르다.

牛乳우유 韓牛한우 牛耳讀經우이독경
矯角殺牛교각살우 : 소의 뿔을 바로잡으려다가 소를 죽인다는 뜻으로, 잘못된 점을 고치려다가 그 방법이나 정도가 지나쳐 오히려 일을 그르침을 이르는 말.

件 물건 건

(백정)이 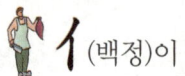(소)를 잡아 나눠주는 '물건 건'

物件물건 事件사건 與件여건 條件조건 人件費인건비
要件요건

牧 칠 목

(소)를 목동이 채찍으로 (때려)가며 들판에다 놓아기르는 '칠 목'

遊牧民유목민 放牧방목 牧場목장 牧畜목축
牧童목동

牽 끌 견

(쇠코뚜레에 고삐)를 매어 (소)를 끌고 가는 모습에서 '끌 견'

牽引견인 牽引車견인차 牽强附會견강부회
牽制견제 牽牛織女견우직녀

遲 더딜 지

느릿느릿 (걸어가는) (무소, 서→지)에서 '더딜 지'

遲刻지각 遲延지연 遲滯지체
遲遲不進지지부진 : 매우 더디어서 일 따위가 잘 진척되지 아니함.

半 반 반

(소)를 반으로 (나눈) 모습이 '반 반'

半導體반도체 半切반절

동물●81

배반할 **반**

마음의 ⃞半(절반)은 이미 反(반대로) 돌아가 등을 돌린 모습에서 '배반할 반'

背叛배반 叛逆반역 叛軍반군 叛亂반란 謀叛모반

짝 **반**

⃞亻(나)의 半(반쪽)이 내 짝이며 배우자라는 데서 '짝 반'

| 주의~! 件 (물건 건)과 다르다.

同伴者동반자 伴奏반주 伴侶者반려자 隨伴수반

판단할 **판**

소를 ⃞半(절반)으로 나누어 ⃞刂(칼)로 자르듯 분명하게 판단하는 '판단할 판'

判斷力판단력 判定판정 審判심판 判事판사
判例판례

고할 **고**

⃞牛(소)를 잡아 제단에 올리고 ⃞口(입)을 통해 알린다는 데서 '고할 고'

告發고발 告知書고지서 被告피고 告白고백

지을 **조**

신에게 告(고)하기 위해 제단 앞으로 ⃞辶(걸어나가는) 모습에서 '이를 조' 였다가 뒤에 물건을 만드는 '지을 조'

造作조작 僞造위조 創造창조 造花조화 : 종이, 천 등으로 인공적으로 만든 꽃.

넓을 호

告(고할 고→호)에서 음을 취하고, 큰 氵(물)을 가리켜 '넓을 호'

浩然之氣호연지기 : ① 하늘과 땅 사이에 가득 찬 넓고 큰 원기.
② 거침 없이 넓고 큰 기개.

개 견

犬(개)의 옆 모습을 그린 '개 견'
犭(개사슴록변)은 변형부수임.

| 주의~! 太 (클 태)와 다르다.

愛犬애견　鬪犬투견　狂犬病광견병　猛犬맹견

엎드릴 복

亻(사람) 앞에서 엎드려 복종하는 犬(개)의 모습이 '엎드릴 복'

屈伏굴복　降伏항복　埋伏매복　伏地不動복지부동 : 땅에 엎드려 움직이지 아니한다는 뜻으로, 주어진 일이나 업무를 처리하는 데 몸을 사림을 비유적으로 이르는 말.

감옥 옥

犭(원고)와 犬(피고)가 개처럼 물어뜯고 言(말)다툼을 하면 가둬두는 '감옥 옥'

監獄감옥　脫獄탈옥　地獄지옥　獄苦옥고　投獄투옥

짐승 수

짐승의 (귀, 얼굴, 발)을 그린 뒤에 대표 동물 犬(개)를 넣어 네발 달린 짐승을 뜻하는 '짐승 수'

禽獸금수　野獸야수　人面獸心인면수심 : 사람의 얼굴을 하고 있으나 마음은 짐승과 같다는 뜻으로, 마음이나 행동이 몹시 흉악함을 이르는 말.

사냥 렵

犭(사냥개)가 鼠(머리털과 발톱과 꼬리)에 힘을 주고 덤벼드는 모습에서 '사냥 렵'

獵銃엽총 涉獵섭렵 狩獵수렵 獵奇엽기 : 괴이한 것에 흥미를 갖고 쫓아다님.

갑자기 돌

穴(개구멍)에서 갑자기 犬(개)가 튀어나와 부딪쳐 놀라게 하는 '① 갑자기 돌' '② 부딪칠 돌'

① 突進돌진 突發돌발 突風돌풍
② 追突추돌 : 자동차, 기차 등이 뒤에서 들이받음.

그럴 연

犬(개) 夕(고기)를 灬(불)에 태우고 있는 '탈 연'이 원 뜻이었다가 뒤에 나온 뜻이 '① 그럴 연', 상태를 나타내는 접미사로 '② 어조사 연'

① 自然자연 ② 突然돌연 偶然우연

탈 연

火(불 화)를 앞에 다시 넣어 만든 '탈 연'

燃料연료 可燃性가연성 燃燒연소

개달아날 발

犬(개)가 꼬리를 丿(흔들며) 달아나는 '개달아날 발'

주로 음으로 나온다.

내 이름은...
犮바리~

뽑을 발

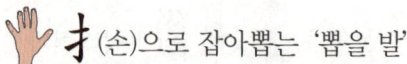 才(손)으로 잡아뽑는 '뽑을 발'

選拔선발 拔擢발탁 奇拔기발 拔本塞源발본색원 : 좋지 않은 일의 근본 원인이 되는 요소를 완전히 없애 버려서 다시는 그러한 일이 생길 수 없도록 함.

터럭 발

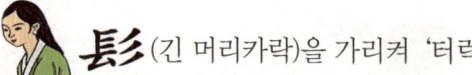 髟(긴 머리카락)을 가리켜 '터럭 발'

毛髮모발 短髮단발 金髮금발 假髮가발 危機一髮위기일발 : 여유가 조금도 없이 몹시 절박한 순간.

싫어할 염

 厂(언덕) 아래에서 日(날)마다 猒(개고기)를 배불리 먹고 싫증이 난데서 '싫어할 염'

厭世主義염세주의 厭症염증 : 싫증.

누를 압

厭(싫증)나게 배불리 먹자 뱃속이 누르는 듯한 느낌에서 '누를 압' 土(흙덩이)가

壓力압력 壓迫압박 壓倒압도 壓勝압승 彈壓탄압 高氣壓고기압 電壓전압

돼지 시

가축으로 기르는 豕(돼지)를 그려 '돼지 시'

동물 ●85

돼지 **돈**

제사상에 올렸던 豕(돼지) 月(고기)를 뜻하는 '돼지 돈'

豚肉돈육 養豚양돈

집 **가**

宀(집)안에 사람이 豕(돼지)와 함께 가족처럼 생활한 풍습에서 '집 가'

家族가족 家庭가정 家計簿가계부 親家친가 外家외가

어릴 **몽**

돼지우리 위에 艹(풀과 덮개)로 豕(돼지)가 도망가지 못하게 덮어 어둡게 만든데서 뒤에 '어리석다' '어리다' 는 뜻이 나와 '어릴 몽'

無知蒙昧무지몽매 啓蒙계몽

쫓을 **축**

도망가는 豕(돼지)를 사람이 잡으려고 辶(쫓아가는) '① 쫓을 축' 과 오지 못하게 몰아낸다는 '② 쫓아낼 축'

① 逐鹿축록 角逐戰각축전 ② 逐出축출

드디어 **수**

화살 맞은 象(멧돼지)를 辶(쫓아가서) 잡아 드디어 일을 수행한데서 '① 드디어 수' '② 이룰 수'

② 遂行수행 完遂완수 未遂미수

隊 ⑫ 무리 대

阝(언덕) 아래로 豕(멧돼지)들이 떼지어 떨어진 모습에서 '무리 대'

部隊부대 探險隊탐험대 編隊편대 入隊입대 先發隊선발대

敢 ⑫ 감히 감

앞으로 돌진하는 耳(멧돼지)를 보고 "감히 나에게 덤비다니…" 하고 몽둥이를 들고 攵(때리려는) 자세를 취하는 '감히 감'

焉敢生心언감생심 果敢과감 勇敢용감

嚴 ⑳ 엄할 엄

严(절벽의 바위) 위에서 敢(감히, 감→엄)하는 엄한 눈빛으로 내려다보는 모습이 '엄할 엄'

嚴父慈母엄부자모 威嚴위엄 冷嚴냉엄 嚴格엄격

巖 ㉓ 바위 암

山山(산)에 嚴(위엄, 엄→암) 있게 서 있는 바위를 가리켜 '바위 암'

巖石암석 巖壁암벽 巖盤암반

亥 ⑥ 돼지 해

亥(돼지)의 변형된 모습에서 '돼지 해'

십이지에서 열두 번째인 돼지띠에 해당.

亥時해시

갖출 해

마땅히 모든 것을 갖추어 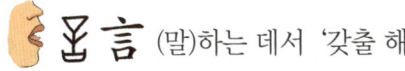(말)하는 데서 '갖출 해'

該當해당 該博해박

씨 핵

(나무) 열매의 씨, 알맹이에서 핵심을 뜻하는 '씨 핵'

核心핵심 核爆彈핵폭탄 結核결핵 核武器핵무기
核家族핵가족

새길 각

(칼)로 새기거나 표시하는 데서 '새길 각'

彫刻조각 刻薄각박 板刻판각 時刻시각 刻舟求劍각주구검 : 융통성 없이 현실에 맞지 않는 낡은 생각을 고집하는 어리석음을 이르는 말.

양 양

(양의 뿔)을 강조해서 그린 '양 양'

羊毛양모 九折羊腸구절양장 : 아홉 번 꼬부라진 양의 창자라는 뜻으로, 꼬불꼬불하며 험한 산길을 이르는 말.

아름다울 미

羊(양)이 大(크고) 털에 윤기가 나서 '아름다울 미'

美德미덕 美食家미식가 美容室미용실 美粧院미장원 美觀미관

착할 선

제단에 올릴 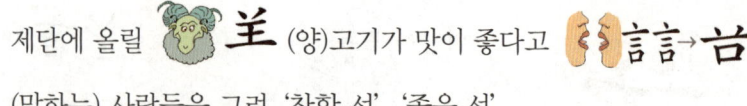 羊(양)고기가 맛이 좋다고 言言→䨶 (말하는) 사람들을 그려 '착할 선' '좋을 선'

| 善惡선악 眞善美진선미 僞善者위선자 |
| 積善적선 善政선정 善行선행 |

<善의 변천사>

羊言 → 善

큰바다 양

氵(큰 물)이 羊(양떼)가 이동하듯 흘러가다 모이는 '큰바다 양'

| 海洋해양 五大洋오대양 太平洋태평양 東洋동양 洋食양식 洋弓양궁 洋酒양주 |

기를 양

질 좋은 羊(양)고기를 食食(먹여서) 기르는 '기를 양'

| 養育양육 休養地휴양지 入養입양 修養수양 扶養부양 養魚場양어장 |

모양 양

羕(길 양)에서 음을 취하고 木(상수리나무)란 뜻이었다가 뒤에 모양, 무늬란 뜻으로 나와 '모양 양'

| 模樣모양 樣式양식 文樣문양 多樣다양 樣相양상 |
| 各樣各色각양각색 : 각기 다른 여러 가지 모양과 빛깔. |

상서로울 상

示=礻(제단)에 재물로 羊(양)을 바치고 좋은 일이 생기기를 바라는 '상서로울 상'

| 不祥事불상사 發祥地발상지 祥瑞상서 : 복되고 길한 일이 일어날 조짐. |

자세할 **상**

신에게 자세한 사정을  言(말하며) 羊(양)을 제단에 올리는 데서 '자세할 상'

詳細상세 昭詳소상 未詳미상

통달할 **달**

 (사람)이 羊(양)과 함께 거리를 막힘없이 辶(걸어가) 목적지에 도달하는 '통달할 달'

通達통달 到達도달 達人달인 傳達전달
配達배달 未達미달 達成달성

너그러울 **관**

 宀(집)안에 莧(산양)이 돌아다닐 수 있게 넉넉한 공간이 있다는 데서 '너그러울 관'

寬容관용 寬大관대

남녘 **남**

옛날 남방에서 연주하던 南(타악기)를 그려 따뜻한 느낌을 주는 '남녘 남'

越南월남 南柯一夢남가일몽 南風남풍 南男北女남남북녀 : 우리나라에서, 남자는 남쪽 지방 사람이 잘나고 여자는 북쪽 지방 사람이 고움을 이르는 말.

옳을 **의**

我(나, 아→의)와 우리의 평화를 위해 羊(희생양)을 신에게 바치는 행위에서 '옳을 의'

義理의리 義士의사 義兵의병 忠義충의 主義주의 君臣有義군신유의 : 오륜(五倫)의 하나. 임금과 신하 사이의 도리는 의리에 있음을 이른다.

거동 의

亻(사람)이 법도에 맞게 義(의)롭고 품위 있게 행동하는 '거동 의'

祭天儀式제천의식

의논할 의

義(옳은) 해법을 찾기 위해 여럿이 모여서 言(말)하는 '의논할 의'

議論의논 討議토의 建議건의 會議회의 議長의장 爭議쟁의 議員의원

코끼리 상

象(코끼리)를 구체적으로 그린 '① 코끼리 상' '② 형상 상'

① 象牙상아 ② 對象대상 印象인상 抽象추상

모양 상

亻(사람)이 象(코끼리)같이 구체적인 형상의 특징을 본떠서 그린 '모양 상'

銅像동상 石像석상 影像영상 佛像불상

미리 예

予(나 여→예)에서 음을 취한 전설상의 象(코끼리)는 덩치만 크지 소심하고 겁이 많아 앞으로 나아가지 못하고 주저하며 미리 걱정하는 행동에서 '① 미리 예' '② 머뭇거릴 예'

① 豫定예정 豫備예비 豫言예언 ② 猶豫유예 : 망설여 일을 결행하지 못함.

할 위

爪 (손)으로 為 (코끼리) 코를 잡아당기면서 일을 하는 모습에서 '할 위' '될 위'

行爲행위　無爲무위　爲政者위정자　無作爲무작위
無爲徒食무위도식 : 하는 일 없이 놀고 먹음.

거짓 위

亻(사람)의 爲 (행위)는 인위적이고 남을 속이려는 거짓된 행동이라는 데서 '거짓 위'

眞僞진위　虛僞허위　僞裝위장　僞造紙幣위조지폐　僞證위증

토끼 토

兔 (토끼)의 귀와 입과 다리와 꼬리를 그린 '토끼 토'
兎(토)는 속자. ! 주의 ~! 免(면할 면)과 다르다.

兎死狗烹토사구팽 : 토끼를 다 잡으면 사냥개는 삶아지게 됨. 필요할 때는 쓰고 필요 없어지면 야박하게 버림.

뛰어날 일

兔 (토끼)가 잽싸게 辶 (달아나) 편하게 숨어 있는 모습에서 '① 숨을 일' '② 편안할 일' '③ 뛰어날 일'

① 逸話일화　② 安逸안일　③ 逸品일품 : 아주 뛰어난 물건.

거북 귀

龜 (거북)의 모습을 그려 '① 거북 귀,' 거북의 등처럼 갈라진 모습에서 '② 터질 균,' 지명이나 국명으로 쓰일 때는 '③ 땅이름 구'

① 龜鑑귀감　② 龜裂균열　③ 龜旨峯구지봉

토끼 묘

문을 좌우로 여는 모습이었는데 십이지의 넷째를 뜻하게 되어 '토끼 묘'

| 주의~! 卬(높을 앙)과 다르다.

乙卯을묘

버들 류

木(나무)에서 뜻을, 卯(토끼 묘→류)에서 음을 취해 '버들 류'

柳器유기 花柳界화류계 路柳墻花노류장화 : 아무나 쉽게 꺾을 수 있는 길가의 버들과 담 밑의 꽃이라는 뜻으로, 창녀나 기생을 비유적으로 이르는 말.

무역할 무

卯→丣(토끼 묘→무)에서 음을 취하고, 화폐인 貝(조개)로 물물교환을 하는 '무역할 무'

貿易무역

머무를 류

卯→丣(토끼, 묘→류)가 田(밭)에 잠시 머물러 있는 '머무를 류'

留學유학 押留압류 停留場정류장 保留보류

알 란

원래는 물고기의 알이었다가 뒤에 닭, 새의 알도 포함해 모든 卵(알)을 총칭하여 '알 란'

鷄卵계란 累卵之勢누란지세 : 층층이 쌓아 놓은 알의 형세라는 뜻으로, 몹시 위태로운 형세를 비유적으로 이르는 말

말 마

馬(말)의 갈기를 강조해 그린 '말 마'

木馬목마　駿馬준마　馬力마력　馬耳東風마이동풍
走馬看山주마간산 : 말을 타고 달리며 산천을 구경한다는 뜻으로, 자세히 살피지 아니하고 대충대충 보고 지나감을 이르는 말.

떠들 소

馬(말)의 온몸을 蚤(벼룩, 조→소)이 물고 다니자 요동을 치며 날뛰는 데서 '떠들 소'

騷動소동　騷音소음　騷亂소란

용 룡

하늘을 자유롭게 날아다니는 龍(용)을 그려 '용 룡'

登龍門등용문　恐龍공룡　飛龍비룡

엄습할 습

龖龖(나르는용, 삽→습)에서 음이 나왔으나 한 마리가 생략됨. 아래 衣(옷 의)를 넣어 두 겹으로 겹쳐 입은 옷에서 종전대로 따른다는 뜻인 ① 물려받을 습 ② 엄습할 습

① 世襲세습　② 襲擊습격

사슴 록

鹿(사슴)의 뿔과 머리와 네 발을 그려 '사슴 록'

鹿角녹각　逐鹿축록 : 왕위나 정권을 얻으려고 다투는 일.
指鹿爲馬지록위마 : 윗사람을 농락하여 권세를 마음대로 함을 이르는 말.

고울 려

화려한 而而(뿔)이 아름답게 움직이는 鹿(사슴)의 모습에서 '고울 려'

華麗화려 秀麗수려 高句麗고구려
美辭麗句미사여구 : 아름다운 말로 듣기 좋게 꾸민 글귀.

경사 경

경사가 난 집에 鹿→庄(사슴) 가죽을 정중한 心(마음)으로 夊(들고 가서) 축하해 주는 '경사 경'

慶事경사 慶祝경축 國慶日국경일

천거할 천

사슴을 닮은 전설상 동물인 薦薦(해태 치 : 해태)에게 신성한 艹(풀)을 바친다는 데서 인재를 소개하여 쓰게 한다는 '천거할 천'

推薦추천 公薦공천 薦擧천거 毛遂自薦모수자천 : 자기가 자기를 추천함.

능할 능

能能(곰)의 얼굴과 몸통과 날렵한 발을 그려 못하는 것이 없는 다재다능하다는 '능할 능'

能力능력 無能무능 能率능률 效能효능
多才多能다재다능 : 여러 방면으로 재주가 많음.

마칠 파

罒(그물)에 힘센 能(곰)이 잡혀서 사냥이 끝났다는 '마칠 파'

罷業파업 罷免파면 罷職파직 罷場파장

동물 95

모양 태

 能(곰)처럼 못할 것이 없다는 자신감 있는 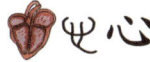心(마음)에서 나온 태도에서 '모양 태'

態度태도　世態세태　事態사태　重態중태

범 호

 虎(범)을 그린 '범 호'
한자 속에서는 다리가 생략된 　(범 호)도 나옴.

猛虎맹호　虎皮호피　龍虎相搏용호상박　虎死留皮호사유피 : 호랑이는 죽어서 가죽을 남긴다는 뜻으로, 사람은 죽어서 명예를 남겨야 함을 이르는 말.

이름 호

 号(입 벌리고) 큰소리로 울부짖는 虎(범)의 모습에서 '이름 호' '부르짖을 호'

信號신호　雅號아호　符號부호　暗號암호　赤信號적신호　記號기호
商號상호　番號번호

생각할 려

虎(범)이 앞에 있는 먹잇감을 노려보며 놓치지 않기 위해 신중하게 思(생각)하는 데서 '생각할 려'

思慮사려　考慮고려　配慮배려　千慮一失천려일실 : 천 번 생각에 한 번 실수라는 뜻으로, 슬기로운 사람이라도 여러 가지 생각 가운데에는 잘못되는 것이 있을 수 있음을 이르는 말.

갈릴 체

전설 속에 나오는 虎(뿔 달린 범)은 땅과 물속을 번갈아 　　　(다닐 수 있는) 능력을 가지고 있는 데서 번갈아 교대한다는 '갈릴 체'

郵遞局우체국　遞信部체신부

곳 처

虍(범)이 ⟨발⟩ 夂(다리)를 ⟨그루터기⟩ 几(그루터기)에 기대어 쉬는 곳에서 '곳 처'

居處거처　處女처녀　處所처소　處方처방　處理처리
近處근처　處刑처형　處罰처벌

빌 허

虍(범)이 나타나면 ⟨풀⟩ 丠(풀밭) 주위에 있던 동물들이 다 도망을 가 썰렁하다는 '빌 허'

虛無허무　虛空허공　虛僞허위　虛慾허욕　虛構허구
虛勢허세　虛風허풍　虛飢허기　虛榮心허영심

놀이 희

虛(빌 허→희)에서 음을 취하고 ⟨창⟩ 戈(창)을 들고 논다는 '놀이 희.' 戱(희)가 본래자임.

遊戲유희　戲弄희롱　戲曲희곡

싸울 거

⟨범⟩ 虍(범)과 ⟨멧돼지⟩ 豕(멧돼지)가 엉켜서 싸우는 모습에서 '싸울 거'

근거 거

범과 멧돼지가 ⟨앞발⟩ 扌(앞발)에 의지해서 영역을 막고 지키는 '근거 거'

據點거점　根據地근거지　證據증거　占據점거
群雄割據군웅할거 : 여러 영웅이 각기 한 지방씩 차지하고 위세를 부림.

동물 • 97

연극 극

豦 (범과 멧돼지) 탈을 쓰고 손에  (칼)을 들고 격렬하게 싸우는 '연극 극'

演劇연극　劇場극장　悲劇비극　連續劇연속극　劇團극단

원숭이 우

빨간 눈에 긴 꼬리를 가진 禺 (원숭이)를 그린 '원숭이 우.' 주로 음으로 나온다.

어리석을 우

머뭇거리며 결단을 내리지 못하는 禺 (원숭이)의 우둔한  心 (마음)에서 '어리석을 우'

愚弄우롱　愚直우직　愚鈍우둔　愚昧우매
愚問賢答우문현답 : 어리석은 질문에 대한 현명한 대답

만날 우

길을 辶 (가다가) 만나서 대접한다는 '① 만날 우' '② 대접할 우'

① 千載一遇천재일우 : 천 년 동안 단 한 번 만난다는 뜻으로, 좀처럼 만나기 어려운 좋은 기회를 이르는 말.　② 禮遇예우　待遇대우　處遇처우

짝 우

길을 가다가 우연히 자기와 딱 맞는 亻(짝)을 만났다는 데서 '① 짝 우' '② 우연히 우' '③ 인형 우'

① 配偶者배우자　② 偶然우연　偶發우발　③ 偶像우상　土偶토우

차례 번

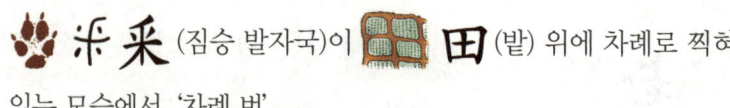 采(짐승 발자국)이 田(밭) 위에 차례로 찍혀 있는 모습에서 '차례 번'

밭 위에 씨 뿌리는 모양이라는 설도 있음.

番號번호　番地번지　不寢番불침번　順番순번

뿌릴 파

才(손)으로 씨앗을 番(차례)대로 뿌리는 데서 '뿌릴 파'

傳播전파　播種파종

살필 심

宀(집)안을 番(차례)대로 꼼꼼하게 살핀다 하여 '살필 심'

審査심사　審判심판　主審주심　審問심문

날 비

새가 날개를 펴고 飛(나는) '날 비'

飛上비상　飛行機비행기　飛躍비약

烏飛梨落오비이락 : 까마귀 날자 배 떨어진다는 뜻으로, 아무 관계도 없이 한 일이 공교롭게도 때가 같아 억울하게 의심을 받거나 난처한 위치에 서게 됨을 이르는 말

번역할 번

番(차례 번)에서 음을 취하고 새가 날개를 뒤집으며 飛(나는) 데서 어떤 언어를 다른 언어의 글로 뒤집어 옮긴다는 '번역할 번'

飜譯번역　飜案번안　飜覆번복

깃 우

새의 羽 羽 (깃털)을 그려 '깃 우'

牛毛우모 羽毛우모

익힐 습

새끼 새가 날마다 日→白(해)가 뜨면 羽(날개)를 퍼득거리며 나는 연습을 하는 '익힐 습'

練習연습 豫習예습 見習견습 因習인습 自習자습 學習학습

아닐 비

새가 非 (좌우의 날개)로 나는 모습에서 '…은 아니다' 뜻인 '① 아닐 비'와 옳지 않다는 뜻인 '② 그를 비'

① 似而非사이비 非正常비정상 非賣品비매품
② 是非시비 非行靑少年비행청소년

슬플 비

이게 非(아니라고) 부정하고 싶은 心(마음)에서 '슬플 비'

悲哀비애 悲劇비극 悲痛비통 悲報비보
悲觀비관 悲戀비련

밀칠 배

才(손)을 저으며 非(아니라고) 부정하고 밀어내는 '밀칠 배'

排斥배척 排球배구 排除배제 排擊배격

무리 배

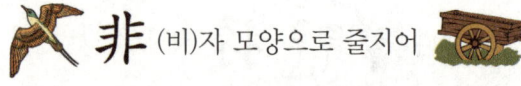 非(비)자 모양으로 줄지어 車(수레)를 끌고 가는 병사들을 가리켜 '무리 배'

後輩후배　先輩선배　同年輩동년배　暴力輩폭력배　不良輩불량배　輩出배출

서녘 서

해가 지면 西(새가 둥지)로 돌아와 쉬는 모습에서 '서녘 서' | 주의~! 酉(닭 유)와 다르다.

東奔西走동분서주　西洋서양　西海서해
東問西答동문서답 : 물음과는 전혀 상관없는 엉뚱한 대답.

연기 연

垔(막을 인→연)에서 음을 취하고 火(불) 피울 때 나는 연기에서 '연기 연'

煙氣연기　禁煙금연　煙幕연막　吸煙흡연

새 조

鳥(새)의 모습을 그려 '새 조'

鳥類조류　吉鳥길조　不死鳥불사조
鳥足之血조족지혈 : 새 발의 피라는 뜻으로, 매우 적은 분량을 비유적으로 이르는 말.

섬 도

바다에 떠 있는 山(산) 위에 鳥(새)들이 모여 사는 '섬 도'

韓半島한반도　列島열도　落島낙도　群島군도
三多島삼다도　獨島독도　島嶼도서

동물 101

울 명

口(입)을 벌리고 우는 鳥(새)의 모습이 '울 명'

自鳴鐘자명종 悲鳴비명 耳鳴이명 百家爭鳴백가쟁명 : 많은 학자나 문화인 등이 자기의 학설이나 주장을 자유롭게 발표하여, 논쟁하고 토론하는 일.

까마귀 오

몸이 온통 검은 색이라 눈동자가 보이지 않아 눈을 생략한 '까마귀 오'

烏骨鷄오골계 烏合之卒오합지졸 : 까마귀가 모인 것처럼 질서가 없이 모인 병졸이라는 뜻.

슬플 오

口(입) 벌리고 "까악, 까악~" 슬프게 우는 烏(까마귀)의 모습에서 '슬플 오'

嗚呼오호 嗚咽오열

제비 연

燕(제비)가 날개를 펴고 나는 모습이 '제비 연'

燕尾服연미복 燕雀연작 : 제비와 참새. 도량이 좁은 사람.

베낄 사

宀(집)안으로 鳥(까치)가 들어온 뜻이 변해 실물 그대로 그린다는 '베낄 사'

寫眞사진 映寫機영사기 寫實主義사실주의 複寫복사 試寫會시사회 寫本사본

새 추

몸집이 작은 隹(새)를 그려 '새 추'

오직 유

唯(새의 입)에서 나오는 울음소리가 오직 한 소리뿐이라는 데서 '오직 유'

唯一유일 唯我獨尊유아독존 唯物論유물론
唯美主義유미주의 : 아름다움을 최고의 가치로 여겨 이를 추구하는 문예 사조.

생각할 유

忄(마음) 속으로 隹(새)처럼 날고 싶은 생각을 한다는 '생각할 유'

思惟사유 : 대상을 두루 생각하는 일.

밀 추

앞으로 나아가기 위해서 扌(손)으로 밀쳐내는 '① 밀 추' '② 밀어젖힐 퇴'

① 推進추진 推理추리 推定추정 推論추론 類推유추
② 推敲퇴고 : 글을 여러번 고치고 다듬는 일.

나아갈 진

隹(새)가 앞을 향해 辶(날아가는) 모습에서 '나아갈 진'

進步진보 進退진퇴 進化진화 突進돌진 進級진급 進路진로 進取진취

동물 • 103

쌍 쌍

(손) 위에 (새 두 마리)가 앉아 있는 모습에서 '쌍 쌍'

雙曲線쌍곡선 雙眼鏡쌍안경 雙方쌍방 雙璧쌍벽
變化無雙변화무쌍 : 비할 데 없이 변화가 심함.

準
준할 준

氵(물)과 수평을 유지하며 隼 (매 준 : 나무 위의 매)가 사냥감을 바라보는 모습에서 표준, 기준, 법도를 뜻하는 '준할 준'

標準표준 基準기준 準則준칙 水準수준 平準化평준화 準備준비

수컷 웅

튼튼한 肱(팔뚝, 굉→웅)처럼 힘이 센 '수컷 웅'

雄大웅대 英雄영웅 雄辯웅변 雄飛웅비 雌雄자웅 : 암수, 승부, 우열

재촉할 최

亻(사람)이 崔(높을 최 : 높은 산) 앞에 이르자 빨리 가자고 '재촉할 최'

主催주최 開催개최 催淚彈최루탄 催眠術최면술

이끌 휴

扌(손)으로 隽(새)를 잡아 끌고가는 '이끌 휴'

携帶휴대 提携제휴

두려워할 구

瞿(눈휘둥거릴 구 : 매가 두 눈) 크게 뜨고 먹이를 빼앗기지 않으려는 忄(마음)으로 두리번거리는 '두려워할 구'

疑懼心의구심

누구 수

"누구냐?" 하고 言(물어보는) '누구 수'
한문 문장 속에서 주로 나옴.

비록 수

원래는 虫(도마뱀)이었는데 뒤에 다시 나온 뜻이 '비록 수.' 한문 문장 속에서 주로 나옴.

벼리 유

굵은 糸(밧줄)로 隹(새)를 묶듯이 도덕의 기초를 뜻하는 '① 벼리 유' '② 맬 유' '③ 오직 유'

② 維持유지 ③ 維新유신

벌릴 라

罒(그물)을 펴서 굵은 維(벼릿줄)로 새를 잡는 '벌릴 라'

羅列나열 阿修羅場아수라장 羅針盤나침반
森羅萬象삼라만상 : 우주에 있는 온갖 사물과 현상.

동물●105

모일 집

 (새)들이 (나무) 위에 모여 있는 '모일 집'

集合집합　集團집단　召集소집　募集모집　密集밀집　集會집회

섞일 잡

알록달록 크고 작은 (새들)이 나무 위에 (모여) 있는 모습에서 '섞일 잡'

雜種잡종　亂雜난잡　雜技잡기　雜念잡념　雜穀잡곡　雜誌잡지
雜商人잡상인　雜談잡담

시끄러울 소

喿 (나무 위의 새들이 입)으로 시끄럽게 지저귀는 모습에서 '시끄러울 소'

주로 음으로 나온다.

잡을 조

(손)으로 喿 (시끄러운) 일들을 잘 조정하고 다스리는 '잡을 조'

志操지조　操作조작　情操정조　體操체조

마를 조

나무에 (불)이 날 것 같이 바싹 말라 있는 '마를 조'

乾燥건조　燥渴조갈

기러기 안

厂厂(언덕) 위로 (줄맞춰) 날아가는 隹(철새)에서 '기러기 안'

雁行안행　木雁목안　雁書안서　雁足안족

응할 응

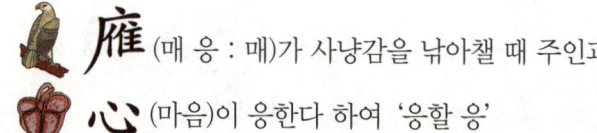
雁(매 응 : 매)가 사냥감을 낚아챌 때 주인과 心(마음)이 응한다 하여 '응할 응'

應答응답　應試응시　應募응모　對應대응　因果應報인과응보 : 전생에 지은 선악에 따라 현재의 행과 불행이 있고, 현세에서의 선악의 결과에 따라 내세에서 행과 불행이 있는 일.

꿩 적

翟(깃털이 아름다운 새)인 '꿩 적'

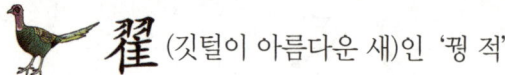
뛸 약

足(발)을 翟(꿩)처럼 껑충껑충 뛰어다니는 '뛸 약'

躍動약동　躍進약진　飛躍비약　活躍활약　跳躍도약

씻을 탁

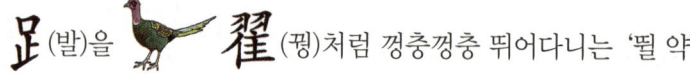
氵(물)에다 깃털에 붙은 기생충을 털어내며 씻고 있는 翟(꿩)의 모습에서 '씻을 탁'

洗濯세탁　濯足탁족 : 발을 씻음.

동물●107

황새 관

황새의 (깃털과 눈과 몸통)을 그려 '황새 관'
한자 속에서 주로 음으로 나옴.

볼 관

(황새)처럼 두 눈 부릅뜨고 자세히 (살펴보는) '볼 관'

觀光관광 觀點관점 觀覽관람 觀望관망 觀照관조 可觀가관
人生觀인생관 明若觀火명약관화

기뻐할 환

(황새)가 입을 크게 (벌리고) 웃는 '기뻐할 환'

歡呼환호 歡心환심 歡迎환영 歡送환송 哀歡애환 歡待환대 歡喜환희

권세 권

木(황화목)이라는 나무 이름을 뜻하다가 경중(輕重) 대소(大小)를 분별하는 저울추를 가리켜 '권세 권'

權力권력 權勢권세 權威권위 著作權저작권 敎權교권 權利권리 權益권익

권할 권

力(힘껏) 일하라고 독려하는 '권할 권'

勸獎권장 勸學권학 勸誘권유 勸告권고
勸善懲惡권선징악 : 착한 일을 권장하고 악한 일을 징계함.

잴 약

崔(풀숲의 새)를 又(손)으로 잡아 낚아채는 데서 '잴 약'

얻을 획

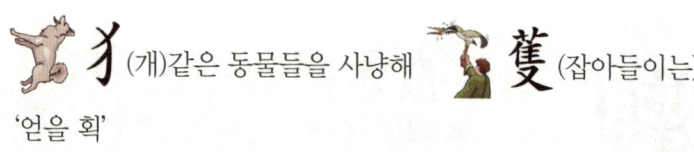
犭(개)같은 동물들을 사냥해 蒦(잡아들이는) '얻을 획'

獲得획득　濫獲남획　漁獲어획　捕獲포획

도울 호

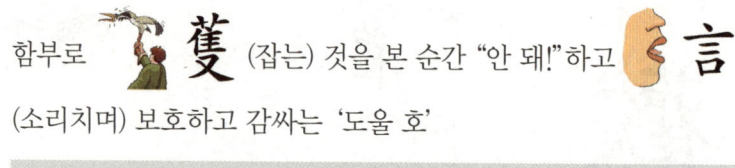
함부로 蒦(잡는) 것을 본 순간 "안 돼!"하고 言 (소리치며) 보호하고 감싸는 '도울 호'

保護보호　看護간호　警護경호　守護수호　護身術호신술

거둘 확

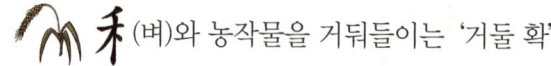
禾(벼)와 농작물을 거둬들이는 '거둘 확'

收穫수확

떨칠 분

奞(大자로 날개를 편 새)가 田(밭) 위를 힘차게 나르는 '떨칠 분'

奮發분발　奮鬪분투　激奮격분　興奮흥분　奮戰분전
孤軍奮鬪고군분투 : 외로이 떨어져 있는 군사가 많은 수의 적군과 용감하게 잘 싸움.

奪 빼앗을 탈

崔(大자로 나는 새)를 寸(손)으로 무자비하게 잡아들이는 '빼앗을 탈'

奪取탈취 爭奪쟁탈 掠奪약탈 強奪강탈 收奪수탈

崔 높이날 확

긴 날개를 펼치며 崔(높이 나는) 모습을 그려 '높이 날 확.' 주로 음으로 나온다.

鶴 학 학

허공을 향해 崔(높이, 확→학) 멋지게 나는 鳥(새)인 '학 학'

群鷄一鶴군계일학 : 닭의 무리 가운데에서 한 마리의 학이란 뜻으로, 많은 사람 가운데서 뛰어난 인물을 이르는 말. 鶴首苦待학수고대 : 학의 목처럼 목을 길게 빼고 간절히 기다림.

確 굳을 확

崔(높이날 확)에서 음을 취하고 石(돌)처럼 단단한 성질을 뜻하는 '굳을 확'

正確정확 明確명확 未確認미확인 確認확인 確固확고 確保확보 確信확신

离 짐승 리

사냥도구인 올무나 离(그물) 속에 잡힌 조류를 가리켜 '짐승 리'

떠날 리

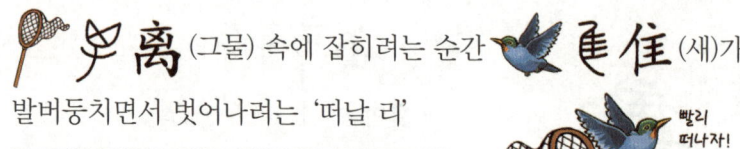 (그물) 속에 잡히려는 순간  (새)가 발버둥치면서 벗어나려는 '떠날 리'

離別이별　離陸이륙　離脫이탈　離婚이혼
隔離격리　距離거리

새 금

 (새)가  (그물) 속에 잡힌 '새 금'

禽獸금수　猛禽맹금　家禽가금 : 집에서 기르는 날짐승. 닭. 오리.

마칠 필

 田(논밭) 위에서 새 잡던 𢆉(그물)을 거둬들이는 '마칠 필'

畢竟필경　檢査畢검사필　畢生필생 : 생명의 마지막까지

감쌀 옹

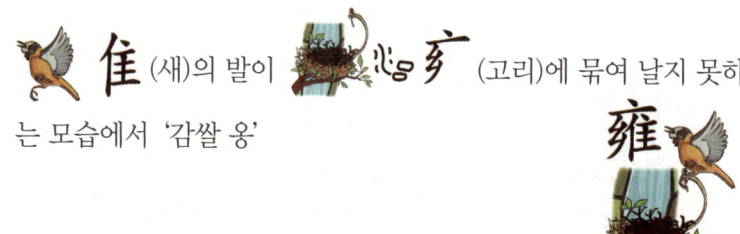 隹(새)의 발이 (고리)에 묶여 날지 못하는 모습에서 '감쌀 옹'

안을 옹

扌(손)으로 벗어나지 못하게 둘레를 감싸는 '안을 옹'

抱擁포옹　擁護옹호　擁立옹립

물고기 어

 魚(물고기)를 그린 '물고기 어'

乾魚物건어물　活魚활어　緣木求魚연목구어 : 나무에 올라가서 물고기를 구한다는 뜻으로, 도저히 불가능한 일을 굳이 하려 함을 비유적으로 이르는 말.

고기잡을 어

氵(물)속에서 魚(고기)를 잡아 올리는 '고기잡을 어'

漁父之利어부지리　遠洋漁船원양어선　漁場어장　漁港어항

고울 선

羊羊(노린내 전→선)의 생략형에서 음을 취하고, 막 잡아 올린 신선한 魚(생선)에서 느끼는 '고울 선'

生鮮생선　新鮮度신선도　鮮明선명　鮮血선혈

되살아날 소

艹(약초)를 먹고 죽음에서 穌(깨어날 소 : 다시 살아났다)는 '되살아날 소'

蘇生소생

조개 패

바닷가의 貝(조개)는 육지에서 진귀한 장식품으로 쓰이면서 최초의 화폐로 사용한 '조개 패'

| 주의~! 見(볼 견)과 다르다.

貝塚패총　貝物패물

負 질 부

(사람)이 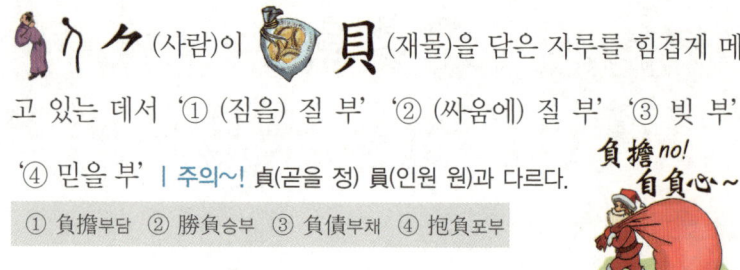貝(재물)을 담은 자루를 힘겹게 메고 있는 데서 '① (짐을) 질 부' '② (싸움에) 질 부' '③ 빚 부' '④ 믿을 부' |주의~! 貞(곧을 정) 員(인원 원)과 다르다.

① 負擔부담 ② 勝負승부 ③ 負債부채 ④ 抱負포부

賊 도둑 적

사람을 위협하고 貝(재물)을 빼앗는 캐 융 : 도적)에서 '도둑 적'

盜賊 도적 海賊해적 山賊산적 義賊의적 五賊오적

賓 손 빈

남의 (집) 앞에 당도해서 (발걸음)을 멈추고 貝(선물)을 들고 있는 손님을 가리켜 '손 빈'

貴賓귀빈 迎賓館영빈관 國賓국빈 內賓내빈

辰 날 신

辰(대합) 껍질의 끝을 깎아 낫을 만들어 날마다 김을 매는 ① '날 신'과 辰(별)을 그려 ② '별 진' '다섯째 지지 진'

① 生辰생신 ② 戊辰年무진년

農 농사 농

밭에 曲(구불구불 자란 곡식)을 辰(낫)으로 김을 매는 모습에서 '농사 농'

農事농사 農業농업 農民농민 農産物농산물 農家농가

동물●113

새벽 신

 日(해)가 辰(별) 사이로 떠오르는 '새벽 신'

昏定晨省혼정신성 : 밤에는 부모의 잠자리를 보아 드리고 이른 아침에는 부모의 밤새 안부를 묻는다는 뜻으로, 부모를 잘 섬기고 효성을 다함을 이르는 말.

떨칠 진

농부의 扌(손)에 辰(낫)을 흔들며 김을 매고 활력을 불어넣는 '떨칠 진'

振動진동 振興진흥 士氣振作사기진작 : 의욕을 북돋워줌.

욕될 욕

노예가 寸(손)에 辰(낫)을 들고 고된 노동에 시달리며 당하는 '욕될 욕'

侮辱모욕 辱說욕설 屈辱굴욕 恥辱치욕 榮辱영욕 雪辱戰설욕전

입술 순

辰(날 신→순)에서 음을 취하고 月(신체)의 일부를 뜻하는 '입술 순'

脣亡齒寒순망치한 脣音순음
丹脣皓齒단순호치 : 붉은 입술과 하얀 치아라는 뜻으로, 아름다운 여자를 이르는 말.

우레 진

雨(비)가 쏟아지며 내리치는 천둥을 가리켜 '우레 진'

地震지진 餘震여진 震動진동 强震강진 耐震내진 : 지진을 견디어 냄.

蟲 벌레 충

처음에는 虫(뱀)처럼 긴 벌레를 뜻하다가 뒤에 벌레의 총칭으로 나와 '벌레 충'

害蟲해충 幼蟲유충 寄生蟲기생충 昆蟲곤충 成蟲성충

蛇 뱀 사

원래 뱀의 형상인 虫(벌레 충) 뒤에 다시 뱀을 그린 (뱀 타)를 넣어 '뱀 사'

毒蛇독사 長蛇陣장사진 畵蛇添足화사첨족 : 뱀을 다 그리고 나서 있지도 아니한 발을 덧붙여 그려 넣는다는 뜻으로, 쓸데없는 군짓을 하여 도리어 잘못되게 함을 이르는 말.

蜀 벌레 촉

눈이 큰 (나비애벌레)에다 虫(벌레 충)을 넣어 '벌레 촉.' 주로 음으로 나온다.

蜀犬吠日촉견폐일 : (안개가 많이 끼는) 촉나라 개는 (가끔 보이는) 해를 보고 짖어댐. 식견이 좁은 사람이 현인(賢人)의 언행을 의심하는 일을 비유.

獨 홀로 독

犭(개)들이 모이면 짖어대고 싸우자 개집에 한 마리씩 살게 한데서 '홀로 독'

獨身독신 獨立독립 獨不將軍독불장군 : 무슨 일이든 자기 생각대로 혼자서 처리하는 사람.

濁 흐릴 탁

氵(물)이 더러워져서 '흐릴 탁'

混濁혼탁 濁音탁음 濁流탁류 淸濁청탁 一魚濁水일어탁수 : 한 마리의 물고기가 물을 흐린다는 뜻으로, 한 사람의 잘못으로 여러 사람이 피해를 입게 됨을 이르는 말.

닿을 촉

길을 가다가 소나 양의 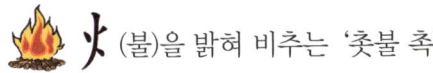角(뿔)이 서로 부딪치는 데서 '닿을 촉'

接觸접촉   觸發촉발   觸媒촉매
一觸卽發일촉즉발 : 한 번 건드리기만 해도 폭발할 것같이 몹시 위급한 상태.

촛불 촉

火(불)을 밝혀 비추는 '촛불 촉'

華燭화촉

붙일 속

소 尾→尸(꽁무니)에 蜀(벌레)가 달라붙어서 따라다니는 '붙일 속'

貴金屬귀금속   附屬부속   屬國속국   所屬소속   直屬직속   配屬배속   歸屬귀속

뱀 사

巳(뱀)이 똬리를 틀고 있는 모습으로 십이지 중 여섯 번째에 해당되는 '뱀 사'

| 주의~! 己(몸 기), 巴(뱀 파)와 다르다.

乙巳條約을사조약

이미 이

먹잇감을 이미 해치우고 난 뱀이 입 벌리고 있는 모습에서 '①이미 이' '② 그칠 이'

① 已往之事이왕지사 ② 不得已부득이 : 그만둘 수 없어서. 마지못해.

가릴 선

선발을 기다리고 있는 巽 (사람들)을 뽑아 辶 (데리고 가는) 데서 '가릴 선'

選拔선발 選擧선거 選好度선호도 選手선수 選定선정 嚴選엄선

큰뱀 파

丨 (코끼리)를 잡아먹어 배가 불룩한 巴 (뱀)을 그려 '큰뱀 파'

살찔 비

코끼리를 잡아먹고 몇 개월 꼼짝 않고 있어 月 (살)이 피둥피둥 오른 巴 (뱀)의 모습에서 '살찔 비'

肥滿비만 肥大비대 肥料비료

잡을 파

扌 (손)으로 巴 (큰 뱀)을 꽉 잡고 있는 '잡을 파'

把握파악

바꿀 역

상황에 따라 몸 색깔을 쉽게 바꾸는 易 (도마뱀)을 그려 '① 쉬울 이' '② 바꿀 역'

| 주의~! 昜 (햇살 양)과 다르다.

① 難易度난이도 容易용이 平易평이 ② 交易교역 易地思之역지사지

줄 사

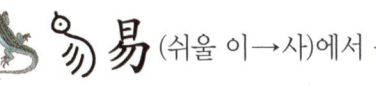易(쉬울 이→사)에서 음을 취하고 貝(돈)으로 보상해 주는 데서 '줄 사'

下賜하사 賜藥사약 厚賜후사

일만 만

萬(전갈)의 왕성한 번식력에서 가장 큰 숫자를 뜻하게 되어 '일만 만'

萬能만능 萬物만물 萬壽無疆만수무강 萬年筆만년필 萬里長城만리장성

힘쓸 려

厲(갈 려)에서 음을 취하고 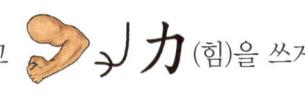力(힘)을 쓰게 권하는 '힘쓸 려'

督勵독려 獎勵장려 激勵격려

4

식물

나무 목

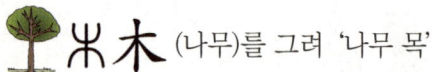 木(나무)를 그려 '나무 목'

木手목수 木星목성 原木원목 材木재목

근본 본

木(나무) 아래의 一(뿌리)를 표시해 '근본 본'

根本근본 本部본부 本色본색 本來본래

끝 말

 木(나무)의 一(꼭대기)를 강조해서 '끝 말'

| 주의~! 未(아닐 미)와 다르다.

末席말석 末期말기 末世말세 始末書시말서 終末종말 年末연말 週末주말

休 쉴 휴 ⑥

亻(사람)이 木(나무) 아래에서 쉬고 있는 '쉴 휴'

休息휴식　休務휴무　休職휴직　休養地휴양지

床 평상 상 ⑦

广(집)안에 木(나무) 소재로 된 물건인 책상, 평상 등을 뜻하는 '평상 상'

冊床책상　起床기상　同床異夢동상이몽 : 같은 자리에 자면서 다른 꿈을 꾼다는 뜻으로, 겉으로는 같이 행동하면서도 속으로는 각각 딴생각을 하고 있음을 이르는 말.

乘 탈 승 ⑩

木(나무) 위에 다리를 벌리고 올라탄 (사람)을 그려 '탈 승'

乘車승차　乘務員승무원　乘客승객　乘馬승마

漆 옻 칠 ⑭

黍(옻나무에서 진액)이 흐르는 모습에다 氵(물)을 다시 넣어 강조한 '옻 칠'

漆器칠기　漆板칠판　漆黑칠흑

栗 밤 률 ⑩

탁 벌어진 (밤송이)가 매달린 木(나무)에서 '밤 률'

| 주의~! 粟(조 속)과 다르다.

栗谷율곡　生栗생률 : 날밤. 깎은 밤

실과 **과**

田 (과일)이 木 (나무)에 주렁주렁 열려 과실, 결과를 뜻하는 '실과 과'

實果실과 果樹園과수원 結果결과 效果효과

과정 **과**

果 (결과물)의 과정을 言 (묻고) 조사한 뒤 할당하는 '과정 과'

課程과정 課題과제 日課일과 賦課부과

아닐 **미**

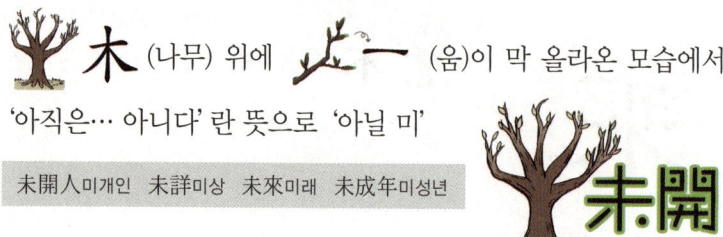
木 (나무) 위에 一 (움)이 막 올라온 모습에서 '아직은… 아니다' 란 뜻으로 '아닐 미'

未開人미개인 未詳미상 未來미래 未成年미성년

맛 **미**

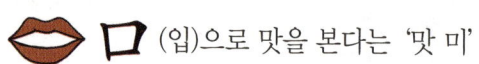
口 (입)으로 맛을 본다는 '맛 미'

味覺미각 興味흥미 別味별미 吟味음미

누이 **매**

아직 덜 자란 女 (여동생)을 가리켜 '누이 매'

姉妹자매 男妹남매 妹兄매형 妹夫매부

수풀 림

 林(나무) 두 개를 그려 '수풀 림'

密林밀림 農林농림 竹林죽림 酒池肉林주지육림 : 술로 연못을 이루고 고기로 숲을 이룬다는 뜻으로, 호사스러운 술잔치를 이르는 말.

금할 금

(숲) 속에 (제단)을 세워 아무나 출입할 수 없는 금지구역이라는 데서 '금할 금'

禁止區域금지구역 禁食금식 禁慾금욕 禁煙금연

주춧돌 초

楚(나라이름 초)에서 음을 취하고 기둥 밑에 기초로 받쳐 놓은 (돌)을 가리켜 '주춧돌 초'

礎石초석 基礎기초 定礎정초 : 주춧돌을 설치함.

삼 마

(집안에서 삼 껍질)을 벗겨 말리는 모습이 '삼 마'

麻衣마의 大麻草대마초

갈 마

 石(돌)을 문질러 윤기를 낸다는 '갈 마'

硏磨연마 磨滅마멸 切磋琢磨절차탁마 : 옥이나 돌 따위를 갈고 닦아서 빛을 낸다는 뜻으로, 부지런히 학문과 덕행을 닦음을 이르는 말.

붉을 주

그루 주

구슬 주

다를 수

묶을 속

朱 (속이 붉은 소나무)를 나타내기 위해 나무 가운데를 점으로 표시하여 '붉을 주'

朱木주목　朱黃色주황색　印朱인주

木 (그루터기)를 뜻하는 '① 그루 주' '② 주식 주'

① 守株待兔수주대토 : 한 가지 일에만 얽매여 발전을 모르는 어리석은 사람을 비유적으로 이르는 말.　② 株式주식　株主주주

동그란 王 (구슬)을 가리키는 '구슬 주'

珍珠진주　念珠염주　珠算주산　珠玉주옥

朱 (붉은, 주→수) 나무에 歹 (사형수)를 처형하는 일은 특별한 경우에 행한다는 데서 '다를 수'

特殊특수　殊勳수훈

木 (나무)를 口 (끈)으로 꽁꽁 묶는 데서 '묶을 속'

結束결속　約束약속　拘束구속　束手無策속수무책 : 손을 묶은 것처럼 어찌할 도리가 없어 꼼짝 못함.

식물 ● 123

빠를 속

꽁꽁 束(묶은) 짐을 메고 서둘러 辶(걸어가는) 모습에서 '빠를 속'

速度속도 拙速졸속 高速道路고속도로 速成속성 速報속보 迅速신속

가지런할 정

물건을 잘 束(묶은) 후 툭툭 攵(쳐서) 正(반듯하게) 정돈한다는 '가지런할 정'

整理정리 整形外科정형외과 整備정비 調整조정

의뢰할 뢰

刀(칼)로 貝(조개)를 잘 다듬어 束(묶어) 놓았다가 어떤 일을 믿고 맡길 때 지불한다는 '의뢰할 뢰'

依賴의뢰 信賴신뢰 無賴漢무뢰한

가릴 간

束束(묶은) 것을 손으로 ノ丶(가려내) 풀어헤치는 '가릴 간'

한자 속에서 주로 음으로 나온다.

익힐 련

糸(무명, 모시)를 삶아서 하얗게 표백하는 일이 숙련되어 익숙하다는 '익힐 련'

練習연습 熟練숙련 訓練훈련 未練미련 洗練세련 調練師조련사 修練수련

단련할 련

金(쇠)를 달구어 단단하게 정련하듯 사람을 단련한다는 '단련할 련'

修鍊수련 鍊磨연마 試鍊시련 鍛鍊단련

막을 란

門(문)의 출입을 함부로 못하게 柬(가려놓은, 간→란) 난간을 뜻하는 '막을 란.' 주로 음으로 나온다.

난간 란

木(나무)로 闌(막아놓은) 난간을 뜻하다가 문서 안의 칸으로 나와 '난간 란'

欄干난간 空欄공란

난초 란

闌(막을 란)에서 음을 취하고 艹(풀)의 일종인 '난초 란'

蘭草난초 風蘭풍란 梅蘭菊竹매란국죽 佛蘭西불란서 芝蘭之交지란지교 : 지초(芝草)와 난초(蘭草)의 교제라는 뜻으로, 벗 사이의 맑고도 고귀한 사귐을 이르는 말.

가시 자

朿(가시돋친 나무)를 그려 따가운 '가시 자'

| 주의~! 束(묶을 속)과 다르다.

식물●125

찌를 자

束(가시나무)로 찌르듯이 刂(칼)로 찔러 고통을 맛보게 하는 '찌를 자'

刺戟자극　亂刺난자　刺客자객

꾀 책

원래 竹(대나무)와 束(가시나무)로 만든 말채 찍을 뜻하였는데 뒤에 계략, 대책, 과제로 발전하여 '꾀 책'

對策대책　策略책략　秘策비책　上策상책　政策정책　失策실책　苦肉策고육책
窮餘之策궁여지책 : 궁한 나머지 생각다 못하여 짜낸 계책.

꾸짖을 책

朿主(가시나무)로 貝(돈)을 갚지 못한 사람에게 책임을 지라며 난폭하게 때리는 데서 '① 꾸짖을 책' '② 책임'

① 叱責질책　自責자책　問責문책　責望책망
② 免責면책　重責중책　責任책임　職責직책

빚 채

亻(사람)이 빚을 갚지 못해 責(질책)을 받는 '빚 채'

債務채무　債券채권　公債공채　國債국채　私債사채　外債외채　負債부채

쌓을 적

수확한 禾(벼)를 責(책임, 책→적)지고 쌓는다는 '쌓을 적'

積金적금　積立적립　積善적선　船積선적　積雪量적설량
蓄積축적

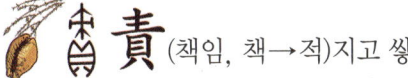
山積

績 길쌈 적

糸(실)을 뽑아내는 일을 통해 얻는 성과에서 '① 길쌈 적' '② 일 적'

① 紡績방적 ② 功績공적 業績업적 成績성적 治績치적 實績실적

竹 대 죽

竹(대나무)를 그려 '대 죽'

竹鹽죽염 竹簡죽간 竹刀죽도 爆竹폭죽 竹馬故友죽마고우 破竹之勢파죽지세 : 대를 쪼개는 기세라는 뜻으로, 적을 거침없이 물리치고 쳐들어가는 기세를 이르는 말.

篤 도타울 독

(대숲)에서 馬(말)타고 놀았던 절친한 친구관계에서 '도타울 독'

敦篤돈독 篤實독실 危篤위독 篤志家독지가

算 셈할 산

(대나무)를 깎아 만든 目(주판)을 (양 손)으로 들고 계산하는 데서 '셈할 산'

算數산수 算筒산통 算術산술 計算계산 算出산출 豫算예산 加算點가산점 檢算검산 決算결산

禾 벼 화

고개 숙인 禾(이삭)을 그려 곡식을 총칭하는 '벼 화'

| 주의~! 木(나무 목), 米(쌀 미)와 다르다.

식물

이로울 **리**

禾(벼)를 날카로운 (낫)으로 베는 모습에서 '① 날카로울 리', 생활을 이롭게 하므로 '② 이로울 리'

① 銳利예리 ② 有利유리 利用이용 利得이득
利點이점 私利私慾사리사욕 : 사사로운 이익과 욕심.

배 **리**

몸을 利(이롭게) 하는 木(나무) 위에 열린 '배 리'

梨花이화 桃李園도리원
烏飛梨落오비이락 : 까마귀 날자 배 떨어진다.

사사로울 **사**

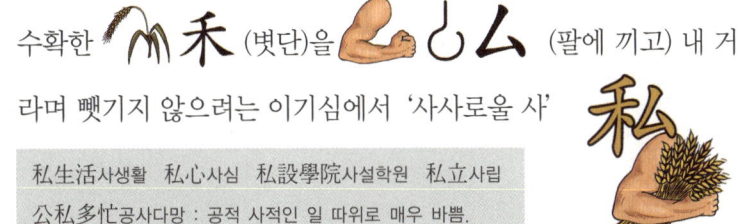
수확한 禾(볏단)을 (팔에 끼고) 내 거라며 뺏기지 않으려는 이기심에서 '사사로울 사'

私生活사생활 私心사심 私設學院사설학원 私立사립
公私多忙공사다망 : 공적 사적인 일 따위로 매우 바쁨.

화할 **화**

수확한 禾(벼)가 여러 사람 口(입)으로 공평하게 들어가는 평화로운 모습에서 '화할 화'

平和평화 調和조화 違和感위화감 和睦화목 附和雷同부화뇌동 : 우레 소리에 맞추어 천지 만물이 함께 울린다는 뜻으로, 자기 생각이나 주장 없이 남의 의견에 동조한다는 말.

향기 **향**

香(벼를 밥솥에 넣고) 익힐 때 나는 향기로운 냄새에서 '향기 향'

香水향수 香氣향기 香辛料향신료 墨香묵향 香油향유 : 향나는 기름.

맡길 위

고개 숙인 禾(벼)처럼 女(여자)도 명령에 순종하고 맡겨야 한다는 '맡길 위'

委任위임 委員會위원회 委囑위촉

곡식 곡

단단한 殼(껍질 각 → 곡)에서 음을 취하고 禾(벼)를 넣어 '곡식 곡'

五穀오곡 穀食곡식 穀物곡물 糧穀양곡 穀倉곡창

해 년

禾(볏단)을 등에 지고 운반하는 人(사람)의 모습에서 수확의 계절인 일년을 의미하는 '해 년'

年歲연세 豊年풍년 送年會송년회 靑年期청년기
安息年안식년 成年式성년식 來年내년

가을 추

벼를 갉아 먹는 禾(메뚜기)를 火(불)에 태우는 모습에서 '① 가을 추', 한해를 뜻하는 '② 때 추'

① 秋夕추석 春秋춘추 : 봄, 가을. 나이 秋季추계 晩秋만추 仲秋佳節중추가절
② 千秋천추 一刻如三秋일각여삼추 : 15분이 3년처럼 길게 느껴짐.

근심 수

秋(가을, 추→수)이 되면 우울한 心(마음)이 생긴다 하여 '근심 수'

哀愁애수 憂愁우수 愁心수심 鄕愁향수

식물●129

지날 력

厂 (언덕) 아래 줄지어 서 있는 秝 (벼들) 앞을 지나가는 모습에서 '지날 력.' 주로 음으로 나온다.

지날 력

秝 (지나가는) 止 (발자국)을 강조한 '지날 력'

歷史역사 略歷약력 履歷書이력서 學歷학력 遍歷편력 經歷경력 來歷내력

책력 력

秝 (지나가는) 日 (태양)의 운행에 따라 날짜의 변화주기를 표시한 '책력 력'

册曆책력 太陽曆태양력 陰曆음력 陽曆양력
曆法역법

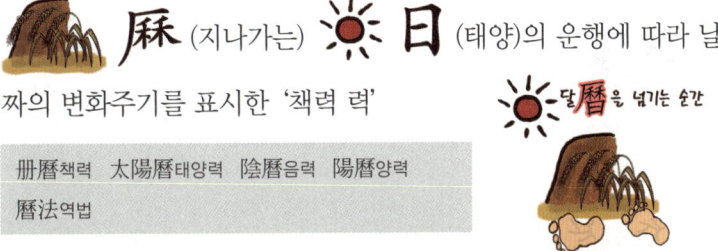

쌀 미

米 (쌀 알갱이)가 사방으로 흩어져 있는 모습에서 '쌀 미'

玄米현미 精米所정미소 米飮미음 米壽미수 : 88세

미혹할 미

길을 잘못 들어 헤매고 辶 (다니는) 심리에서 '미혹할 미'

迷路미로 迷惑미혹 迷信미신 迷兒미아

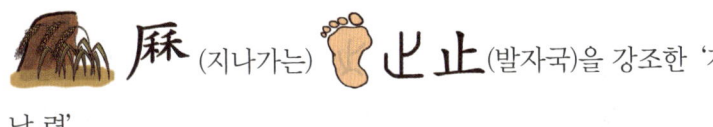

국화 국

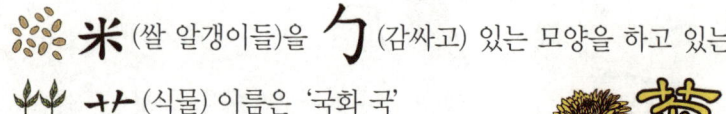 米(쌀 알갱이들)을 勹(감싸고) 있는 모양을 하고 있는 艹(식물) 이름은 '국화 국'

菊花국화 水菊수국 梅蘭菊竹매란국죽

단장할 장

논밭 옆에 임시로 지은 작은 庄(농막 장)에서 음을 취하고 米(쌀)가루로 만든 분을 얼굴에 바른다는 '단장할 장'

化粧室화장실 治粧치장 美粧院미장원 丹粧단장

조 속

米(쌀)알갱이를 겨가 西(덮고) 있어 모든 곡식을 통칭하다가 뒤에 좁쌀을 가리켜 '조 속' | 주의~! 栗(밤 률)과 다르다.

滄海一粟창해일속 : 넓고 큰 바다속의 좁쌀 한 알이라는 뜻으로, 아주 많거나 넓은 것 가운데 있는 매우 하찮고 작은 것을 이르는 말.

오이 과

瓜(덩굴에 오이)가 열려 있는 박과의 호박, 참외, 수박을 뜻하는 '오이 과' | 주의~! 爪(손톱 조)와 다르다.

瓜年과년 瓜田不納履과전불납리 : 오이 밭에서는 신을 고쳐 신지 말라는 뜻으로, 의심받기 쉬운 행동은 하지 말아야 함을 이르는 말.

외로울 고

어려서 부모를 잃어 의지할 곳 없는 子(아이)의 모습에다 瓜(오이 과→고)에서 음을 취해 '외로울 고'

孤兒고아 孤立고립 孤獨고독 孤高고고
孤軍奮鬪고군분투 : 외로이 떨어져 있는 군사가 많은 수의 적군과 용감하게 잘 싸움.

식물 ● 131

올 래

원래는 이삭이 늘어진 來(보리)란 뜻이었는데 뒤에 오다는 뜻이 나와 '올 래'

未來미래 往來왕래 去來거래 來賓내빈

보리 맥

麥(보리에 뿌리)를 넣어 다시 만든 '보리 맥'

麥酒맥주 小麥소맥 麥芽糖맥아당
麥秀之嘆맥수지탄 : 고국의 멸망을 한탄함을 이르는 말.

가지런할 제

齊(보리이삭)이 패어 이삭 끝이 가지런한 모습에서 '가지런할 제'

修身齊家수신제가 : 몸과 마음을 닦아 수양하고 집안을 다스림.

건널 제

齊(가지런히) 흐르는 氵(물)을 건너다니는 '① 건널 제' 와 빈곤을 구제한다는 '② 구제할 제'

① 濟度제도 : 물을 건넘. 보살이 중생을 구제함. ② 經濟경제 救濟구제
辨濟변제 經世濟民경세제민 : 세상을 다스리고 백성을 구제함.

차조 출

고량주의 원료인 朮(수수)를 그린 '차조 출'
주로 음으로 나온다.

術⑪
재주 술

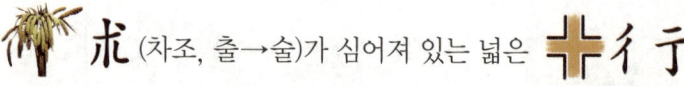(차조, 출→술)가 심어져 있는 넓은
(길)에서 방법, 수단, 사업을 뜻하는 '재주 술'

技術기술　手術수술　心術심술　藝術예술　醫術의술
美術미술　學術학술　占星術점성술　處世術처세술

述⑨
지을 술

(차조, 출→술)가 심어져 있는 길을 (따라 걷는)데서 습관적으로 해왔던 일을 하는 '지을 술'

記述기술　口述구술　陳述진술　著述저술　述懷술회　論述논술

生
날 생

땅속에서 풀이 (싹트는) 모양에서 '날 생' '살 생'

生日생일　生辰생신　生埋葬생매장　還生환생

姓
성씨 성

(어머니)의 뱃속에서 生(나와) 최초로 갖는 '성씨 성'

姓氏성씨　姓名성명　百姓백성　同姓同本동성동본

性
성품 성

生(태어날 때) 갖고 나온 (본성)을 가리켜 '성품 성'

本性본성　性格성격　感性감성　性質성질　優性우성　劣性열성

식물 • 133

별 성

밤하늘의 반짝이는 ✨ ✨ 日 (별)을 그려 '별 성'

占星術점성술 星火성화 北斗七星북두칠성 流星유성 惑星혹성 衛星위성

낳을 산

彦 (선비 언→산)에서 음을 취하고 자식을 🌱 生 (낳는)다는 '낳을 산'

資産자산 農産物농산물 共産主義공산주의 : 마르크스와 레닌에 의하여 체계화된 프롤레타리아 혁명 이론에 입각한 사상.

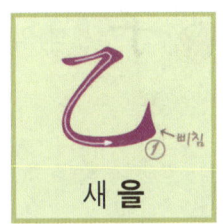
새 을

원래는 새싹이 땅을 뚫고 나오면서 🌱 乙 (구부러진) 모양인데 새의 모습과 같다 하여 '새 을.' 십간의 두 번째에 해당됨.

甲男乙女갑남을녀 甲乙丙丁갑을병정

빌 걸

🧍 (남) 앞에서 몸을 乙 (구부리고) 구걸을 하는 '빌 걸'

乞人걸인 求乞구걸 門前乞食문전걸식 : 이 집 저 집 돌아다니며 빌어먹음.

재주 재

🌱 才 (땅속에서 삐죽 올라온 새싹)의 기특한 모습에서 '재주 재'

鬼才귀재 鈍才둔재 秀才수재 才能재능 天才천재 才致재치 才弄재롱

재목 재

가구나 집을 지을 재료로 쓰이는 木(나무)를 가리켜 '재목 재'

材木재목 惡材악재 材料재료 敎材교재 取材취재 素材소재

재물 재

貝(돈)으로 유익하게 쓸 수 있는 가치 있는 '재물 재'

財物재물 私財사재 不正蓄財부정축재 文化財문화재 財産재산 財團재단

있을 존

땅을 뚫고 나오는 才=才(재주)를 가진 子(새싹)의 모습에서 비로소 존재의 의미를 알게 된다는 '있을 존'

存廢존폐 存續존속 存立존립 依存의존 適者生存적자생존 : 환경에 적응하는 생물만이 살아남고, 그렇지 못한 것은 도태되어 멸망하는 현상.

있을 재

才=才(새싹)이 土(흙)을 뚫고 나오면서 자신의 존재를 인식하는 '있을 재'

存在존재 在野재야 不在中부재중 在學生재학생 潛在力잠재력 健在건재 在職재직

갑옷 갑

단단한 甲(껍질 속의 싹)이 처음으로 나기 시작하는 모습에서 '① 첫째 갑' '② 껍질 갑' '③ 갑옷 갑'

① 甲富갑부 回甲회갑 甲勤稅갑근세 ② 甲板갑판 甲骨文字갑골문자 : 고대 중국에서 거북의 등딱지나 짐승의 뼈에 새긴 상형 문자. ③ 鐵甲철갑

누를 압

才(손)으로 내리눌러 잡는다는 데서 '누를 압' '잡을 압'

押送압송 押收압수 押留압류

풀잎 탁

이제 막 毛(땅을 뚫고 나온 새싹과 뿌리)를 그린 '풀잎 탁.' 주로 음으로 나온다.

| 주의~! 屯(진칠 둔)과 다르다.

맡길 탁

才(손)을 내밀어 부탁하는 '맡길 탁'

| 주의~! 託(맡길 탁)과 같은 글자.

付托부탁 依托의탁 信托신탁 寄托기탁

집 택

宀(지붕) 아래 여러 사람이 살고 있는 '① 집 택' 속음으로 '② 집 댁'

① 家宅가택 住宅주택 宅地택지 自宅자택 社宅사택 私宅사택 古宅고택 邸宅저택 ② 宅內댁내

진칠 둔

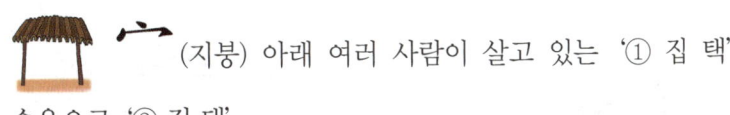(땅 속)에서 (풀싹)이 잘 뻗어나가지 못하고 (머물러 있는) 모습에서 군대가 주둔한다는 '진칠 둔'

駐屯주둔

둔할 둔

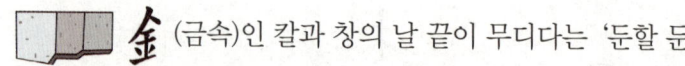(금속)인 칼과 창의 날 끝이 무디다는 '둔할 둔'

鈍感둔감　鈍才둔재　愚鈍우둔　鈍器둔기　鈍濁둔탁

순수할 순

잡것이 섞이지 않은 깨끗한 糸(실)에서 '순수할 순'

純粹순수　純眞순진　單純단순　純情순정　純綿순면　淸純청순　純金순금

빛날 화

華(꽃이 만개)한 모양을 그린 위에 艹(풀초)를 넣어 '빛날 화', 花(꽃 화)의 원래 글자.

中華중화　豪華호화　華甲화갑　昇華승화　繁華街번화가　華燭화촉　華婚화혼

드리울 수

꽃이나 잎이 垂(축 늘어져) 있는 '드리울 수'

垂直수직　懸垂幕현수막
率先垂範솔선수범 : 남보다 앞장서서 행동해서 몸소 다른 사람의 본보기가 됨.

졸음 수

졸음이 쏟아져 目(눈)이 점점 아래로 垂(늘어지는) '졸음 수'

睡眠수면　昏睡狀態혼수상태 : 완전히 의식을 잃고 인사불성이 된 상태.

식물●137

우편 **우**

문서나 편지를 [그림] 뭐阝 (마을)마다 걸어다니면서 전달하는 '우편 우'

郵遞局우체국　郵便우편　郵送우송　郵便番號우편번호

만날 **봉**

[그림] [그림] 丰 (초목)이 무성한 길을 [그림] 夂 夂 (걸어가다) 누구를 만나는 '만날 봉'

주로 음으로 나온다.

만날 **봉**

길을 [그림] 之 (걷다가) 누구를 [그림] 夆 (만나는) '만날 봉'

相逢상봉　逢變봉변　逢着봉착

산봉우리 **봉**

[그림] 山 (산)의 봉우리를 가리켜 '산봉우리 봉'

| 주의~! 夆(봉)과 같은 글자.

最高峰최고봉

벌 **봉**

산봉우리를 넘나드는 [그림] 虫 (벌레) 중에 '벌 봉'

養蜂양봉　蜂起봉기

蜂起란?
벌떼처럼 떼 지어 세차게 일어남.

賁 클 분

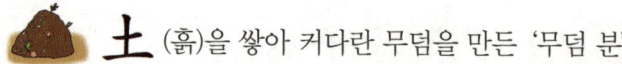 卉(풀)과 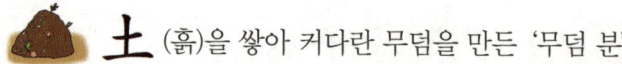貝(조개)로 꾸미고 장식해서 크게 보이게 하는 '클 분'

주로 음으로 나온다.

墳 무덤 분

 土(흙)을 쌓아 커다란 무덤을 만든 '무덤 분'

墳墓분묘 封墳봉분

憤 분할 분

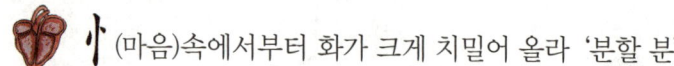 忄(마음)속에서부터 화가 크게 치밀어 올라 '분할 분'

憤怒분노 憤慨분개

不 아닐 불

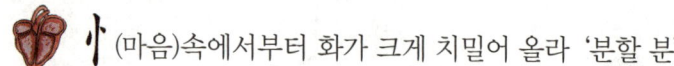 不(땅속 뿌리)가 제대로 뻗지 못한 부정적인 모습에서 '아닐 불' | 주의~! 뒷글자의 자음이 'ㄷ'이나 'ㅈ'일 때 독음이 '부'로 바뀐다.

不正부정   不惑불혹   不動부동
衆寡不敵중과부적 : 적은 수효로 많은 수효를 대적하지 못함.

否 아닐 부

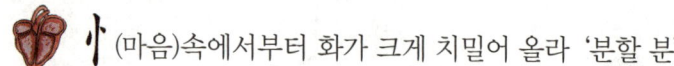 不(아니라고) 口(입)으로 부인(否認)한다는 뜻인 '아닐 부'

否定부정   否認부인   否決부결   安否안부

식물 ●139

잔 배

원래는 木(나무)로 만든 술잔이었는데 뒤에 도자기나 금속으로 만든 '잔 배'

| 주의~! 盃(잔 배)와 같은 한자.

乾杯건배 祝杯축배 苦杯고배 獨杯독배

사귈 효

爻 爻 爻 (산가지)가 엇갈려 있는 '사귈 효'

가르칠 교

손에 매를 들고 (자식)을 (때려가며) (산가지)를 계산하는 법을 가르치는 '가르칠 교'

敎育교육 敎科書교과서 殉敎순교 敎師교사

배울 학

(아이)가 (지붕) 위에 (두 손)을 올리고 爻(새끼줄)을 꼬는 것을 배우고 있는 '배울 학'

學生학생 學校학교 學習학습 學識학식 學業학업 學科학과 學群학군
學緣학연 學年학년

깨달을 각

學(배우고) 직접 見(보고) 체험하면서 알게 되는 '깨달을 각'

先覺者선각자 錯覺착각 視覺시각 發覺발각 警覺心경각심 味覺미각
感覺감각 知覺지각 覺悟각오

넝쿨 구

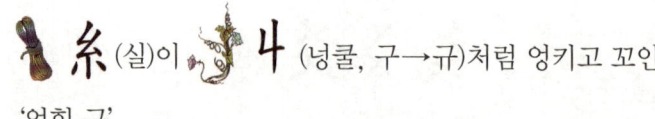(넝쿨)을 그린 '넝쿨 구'

주로 음으로 나온다.

얽힐 규

糸(실)이 丩(넝쿨, 구→규)처럼 엉키고 꼬인 '얽힐 규'

紛糾분규 糾彈규탄 糾合규합 糾明규명

부르짖을 규

口(입)으로 엉키고 丩(꼬인) 일들을 큰 소리로 알리는 '부르짖을 규'

絕叫절규

거둘 수

엉킨 丩(넝쿨, 구→수)을 攵(쳐서) 거둬내고 있는 '거둘 수'

收去수거 收金수금 未收金미수금 回收회수 領收證영수증 收拾수습 還收환수 沒收몰수

조각 장

자른 나무의 爿(왼쪽 토막)을 가리켰는데 뒤에 침상 같은 널빤지를 뜻하는 '조각 장'

주로 음으로 나온다.

식물 • 141

조각 **편**

자른 나무의 (오른쪽 토막)을 가리켜 평평하고 작은 '조각 편'

片道편도　一片丹心일편단심 : 한 조각의 붉은 마음이라는 뜻으로, 진심에서 우러나오는 변치 아니하는 마음을 이르는 말.

형상 **상**

(침상) 위에 있는 犬(개)의 모습에서 '① 형상 상' 뒤에 '② 문서 장'

① 形狀형상　現狀현상　狀況상황　罪狀죄상　狀態상태
② 賞狀상장　告訴狀고소장　召集令狀소집영장 : 소집 명령서를 달리 이르는 말.

장할 **장**

士(무기)를 들고 있는 씩씩한 남자를 뜻하는 '장할 장'

靑壯年청장년　壯丁장정　壯談장담　雄壯웅장　悲壯비장　老益壯노익장

씩씩할 **장**

(풀)이 壯(무성)하게 잘 자란 '① 씩씩할 장', 초목이 잘 정리된 '② 별장 장'

① 莊嚴장엄　莊重장중　② 別莊별장　山莊산장

꾸밀 **장**

壯(멋있게) 잘 차려입은 衣(옷)에서 '꾸밀 장'

洋裝양장　裝身具장신구　服裝복장　裝飾장식　僞裝위장　武裝무장　女裝여장

장수 **장**

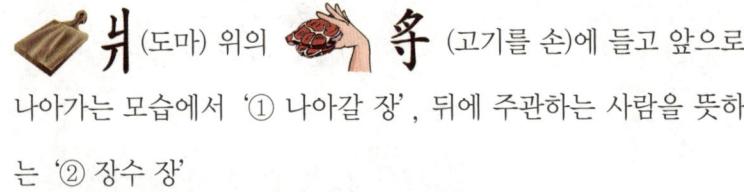 (도마) 위의 (고기를 손)에 들고 앞으로 나아가는 모습에서 '① 나아갈 장', 뒤에 주관하는 사람을 뜻하는 '② 장수 장'

① 日就月將일취월장 ② 將帥장수 將軍장군 老將노장 獨不將軍독불장군

장려할 **장**

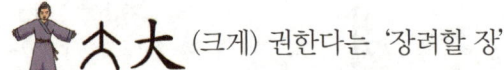 (크게) 권한다는 '장려할 장'

獎勵장려 獎學金장학금 勸獎권장

감출 **장**

포로의 (눈)을 창으로 (찔러) 죽여서 덮어놓은 (숨길 장)에다 (풀)을 덮어 강조한 '감출 장'

貯藏저장 藏書장서 愛藏品애장품 死藏사장 所藏소장 所藏品소장품

오장 **장**

(신체 기관) 중에 깊숙이 (숨겨져) 있는 장기인 '오장 장'

五臟六腑오장육부 腎臟신장 胃臟위장 心臟심장 臟器장기

아우 **제**

(막대기)에다 (끈)을 순서대로 감은 모습에서 차례란 뜻이었는데 뒤에 동생을 뜻하게 되어 '아우 제'

兄弟형제 子弟자제 弟子제자 難兄難弟난형난제 : 누구를 형이라 하고 누구를 아우라 하기 어렵다는 뜻으로, 두 사물이 비슷하여 낫고 못함을 정하기 어려움을 이르는 말.

第 차례 제

弟(아우 제) 위에 차례대로 마디가 자라는 (대나무)를 넣어 '① 차례 제', 시험을 뜻하는 '② 과거 제'

① 第一제일 第三者제삼자
② 落第낙제 壯元及第장원급제 : 과거에서, 갑과의 첫째로 뽑히던 일.

弗 아닐 불

弗(두 개의 막대기에 줄)로 칭칭 감은 모습인데 뒤에 나온 뜻이 '아닐 불.' 지금은 미국의 화폐단위인 달러(dollar)와 모양이 비슷해서 빌려 쓰고 있다.

萬弗만불

佛 부처 불

범어로 깨달은 자란 뜻을 가진 'Buddha'를 음역한 佛陀(불타)에서 '부처 불'

佛敎불교 佛門불문 佛弟子불제자 佛經불경
佛供불공 佛像불상

拂 떨칠 불

弗(아니라는) 생각이 들면 扌(손)에서 털어버린다는 '떨칠 불'

支拂지불 換拂환불 假拂가불 一時拂일시불 後拂후불 先拂선불 拂入불입

費 쓸 비

弗(아닐 불→비)에서 음을 취하고 貝(돈)을 소비한다는 '쓸 비'

消費소비 浪費낭비 私費사비 人件費인건비 旅費여비 實費실비
養育費양육비

5

신체·행동

사람 인

人 (사람의 옆모습)을 그린 '사람 인.' イ (사람인 변)은 변형부수 | 주의~! 八(여덟 팔), 入(들 입)과 다르다.

個人개인 偉人위인 奇人기인
人之常情인지상정 : 사람이면 누구나 가지는 보통의 마음.

어질 인

二(두) イ(사람) 이상이 모여 사회를 이루고 서로 이해하고 사랑하는 정신에서 '어질 인'

仁術인술 仁者無敵인자무적

오랠 구

久 (등 굽은 노인)이 발을 질질 끌고 느리게 걸어가는 데서 시간이 오래 경과했다는 '오랠 구'

耐久性내구성 持久力지구력 悠久유구
永久不變영구불변 : 오래도록 변하지 아니함. 또는 그리 되게 함.

신체 · 행동 145

준걸 준

亻(사람)들 중에 높은 벼슬아치의 발을 그린 夋 (걸어갈 준)을 넣어 뛰어나다는 '준걸 준'

俊秀준수　俊傑준걸

동료 료

亻(사람)들이 🔥 尞 (놓을 료 : 장작에 불)을 지펴 제천의식을 함께 하는 벗에서 '동료 료'

同僚동료　官僚관료　閣僚각료　幕僚막료

가둘 수

囗 口(감옥) 안에 人(죄수)가 갇혀 있는 '가둘 수'

| 주의~! 因(인할 인), 困(곤할 곤), 四(넉 사)와 다르다.

罪囚죄수　良心囚양심수　囚衣수의　脫獄囚탈옥수
未決囚미결수

따뜻할 온

氵(따뜻한 물)을 받은 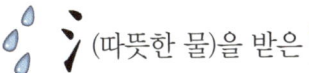 皿 (욕조 속에 사람)이 들어가 있는 '따뜻할 온' '익힐 온'

溫泉온천　溫情온정　溫風온풍　溫故知新온고지신 : 옛것을 익히고 그것을 미루어서 새것을 앎.

큰 대

두 팔을 벌리고  大(서 있는 사람)의 모습에서 '큰 대'

寬大관대　大成대성　大賞대상

클 태

大(큰 대)를 두 개 겹쳐 쓴 것을 二(이)로 바꾸었다가 다시 점을 찍어 가장 크다는 '클 태'

太陽태양 太極태극 太平태평 太平洋태평양

太(클 태) 변천사

달릴 분

 卉(풀 훼 : 풀밭) 위를 팔 벌려 大 (달리는 사람)을 그린 모습이 '달릴 분'

奔走분주 奔放분방 東奔西走동분서주 : 사방으로 이리저리 몹시 바쁘게 돌아다님을 이르는 말.

하늘 천

 大 (서 있는 사람) 머리 위에  一 (하늘)을 그려 '하늘 천'

天地천지 露天노천 天高馬肥천고마비 天堂천당

어른 장

丈 (손에 지팡이)를 짚고 있는 노인장의 모습에서 '① 어른 장', 십척(十尺)인 열 자를 뜻하는 '② 장 장'

① 丈母장모 大丈夫대장부 主人丈주인장 ② 氣高萬丈기고만장 : ① 펄펄 뛸 만큼 대단히 성이 남. ② 일이 뜻대로 잘될 때, 우쭐하여 뽐내는 기세가 대단함.

인할 인

口 (돗자리)에 누워 大 (사람)과 인연을 맺고 의지한다는 데서 '① 인할 인' '② 원인 인' '③ 인연 인'

① 因襲인습 ② 原因원인 因果應報인과응보 : 전생에 지은 선악에 따라 현재의 행과 불행이 있고, 현세에서의 선악의 결과에 따라 내세에서 행과 불행이 있는 일. ③ 因緣인연

신체·행동 ● 147

혼인 인

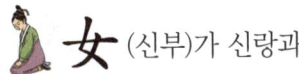 (신부)가 신랑과 (인연)을 맺는 '혼인 인'

婚姻혼인 姻親인친 姻戚인척

은혜 은

因 (인연, 인→은) 맺은 모든 사람에게 心 (마음)으로 감사하는 '은혜 은'

恩惠은혜 恩人은인 恩功은공 恩師은사
背恩忘德배은망덕 : 베풀어준 은혜와 덕을 잊고 배반함.

거스를 역

屰 (큰 대를 거꾸로) 그린 모습에서 '거스를 역'

거스를 역

屰 (거꾸로) 辶 (걸어가는) 모습에서 이치에 벗어나거나 반대한다는 '거스를 역'

逆行역행 逆襲역습 逆戰역전 逆風역풍 逆謀역모 拒逆거역

초하루 삭

屰 (거스를 역→삭)에서 음을 취하고 음력 매월 첫날의 月 (달)을 가리켜 '① 초하루 삭' '② 북녘 삭'

① 朔望삭망 ② 朔風삭풍

厥 그 궐

欮(숨찰 궐)에서 음을 취하고 厂(언덕) 아래 돌을 뜻하였다가 뒤에 其(그 기)와 같은 '그 궐'

化 될 화

서 있는 亻(사람) 위에 거꾸로 서서 곡예를 하는 匕(사람)을 그려 변화를 주는 '될 화'

| 주의~! 比(나란히 비)와 다르다.

變化변화 民主化민주화 感化감화 文化문화

花 꽃 화

艹(풀)이 자라 化(변화)를 거치면 '꽃 화'

開花개화 菊花국화 國花국화 弔花조화 造花조화

貨 재물 화

주인이 바뀌고 물품을 살 수 있게 돌고 돌면서 化(변화)를 겪는 貝(돈)을 가리켜 '재물 화'

貨幣화폐 雜貨잡화 百貨店백화점 外貨외화 通貨통화
金銀寶貨금은보화 : 금은 등의 귀중한 보물.

頃 잠깐 경

頁(머리)를 잠깐 옆으로 匕(기울인) 모습에서 '잠깐 경'

頃刻경각 : 눈 깜박할 사이. 짧은 시간. 命在頃刻명재경각

기울 경 傾

亻(사람)의 머리나 생각이 한쪽으로 頃(잠깐 기울어진) 모습에서 '기울 경'

傾向경향 左傾좌경 傾聽경청 急傾斜급경사 傾國之色경국지색 : 임금이 혹하여 나라가 기울어져도 모를 정도의 미인이라는 뜻으로, 뛰어나게 아름다운 미인을 이르는 말.

따를 종 從

彳(길거리)에  从(앞사람을 뒷사람)이 따라가는 止→疋(발)을 그려 '따를 종'

主從주종 服從복종 追從者추종자 順從순종
類類相從유유상종 : 같은 무리끼리 서로 사귐.

세로 종 縱

糸(실타래)가 풀어져 從(늘어진, 종) 모습에서 '① 세로 종', 자유롭게 내버려둔다는 '② 놓아둘 종'

① 縱橫종횡 縱斷종단 縱隊종대 縱橫無盡종횡무진 ② 放縱방종

앉을 좌 坐

 土(흙바닥)에  从(두 사람)이 마주보고 앉아 있는 모습에서 '앉을 좌' | 주의~! 巫(무당 무)와 다르다.

坐視좌시 坐板좌판 坐便器좌변기 坐式좌식 坐不安席좌불안석 : 앉아도 자리가 편안하지 않다는 뜻.

자리 좌 座

广(건물) 안에 坐(앉을, 좌) 수 있는 자리를 가리켜 '자리 좌'

座席좌석 座談會좌담회 星座성좌 座標좌표 講座강좌 計座계좌
座右銘좌우명 權座권좌 講座강좌

모두 첨

(집) 안에 여러 (사람들)이 모여 말하는 (입)에서 '모두 첨'

주로 음으로 나온다.

검소할 검

(사람)들 모두 절약, 검소해야 한다는 '검소할 검'

儉素검소 勤儉節約근검절약 : 부지런하고 알뜰하게 재물을 아낌.

칼 검

병사들 허리에 차고 있는 (칼)에서 '칼 검'

劍道검도 劍客검객 名劍명검 刻舟求劍각주구검 : 융통성 없이 현실에 맞지 않는 낡은 생각을 고집하는 어리석음을 이르는 말.

검사할 검

(나무)에 조사한 내용을 적어 봉한 뒤 보관한 '검사할 검'

檢查검사 檢診검진 檢討검토 檢問검문 檢索검색 檢定검정

험할 험

굉장히 가파르고 험한 (언덕)에서 '험할 험'

冒險모험 險惡험악 危險위험 探險탐험 險談험담 險難험난

신체 · 행동 151

시험 **험**

전쟁터에 나가기 전에 馬(말)을 타보고 시험해 본다는 '시험 험'

試驗시험 實驗실험 經驗경험 體驗체험 效驗효험

설 **립**

土立(땅 위에 서 있는 사람)을 그려 '설 립'

私立사립 成立성립 立體입체 立身揚名입신양명 : 출세하여 이름을 세상에 떨침.

자리 **위**

亻(사람)이 立(서 있는) 자리에서 '자리 위'

位置위치 品位품위 優位우위 單位단위

울 **읍**

氵(눈물)이 立(솟구쳐) 흐르는 '울 읍'

泣訴읍소 感泣감읍
泣斬馬謖읍참마속 : 큰 목적을 위하여 자기가 아끼는 사람을 버림을 이르는 말.

나란히 **병**

나란히 竝(둘이 서 있는) 모습에서 '나란히 병'

竝列병렬 竝行병행 竝稱병칭

넓을 보

만물을 골고루 立=並(나란히) 비추는 日(태양)의 공평한 마음에서 '넓을 보'

普遍보편 普及보급 普通보통

족보 보

글로 기록하고 言(말)한 것을 普(널리) 알리기 위해 순서와 계통에 따라 기록한 '족보 보'

族譜족보 樂譜악보 系譜계보 年譜연보

다툴 경

立(나란히 서서) 口口(입씨름)하는 儿(두 사람)을 그린 '다툴 경'

競馬경마 競爭경쟁

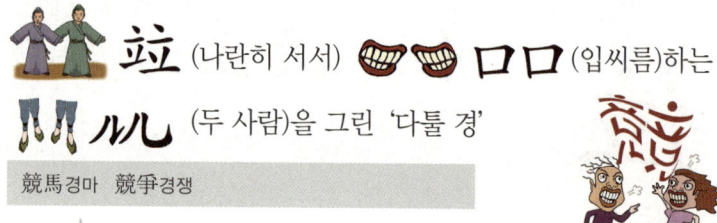

지아비 부

一(비녀)를 꽂는 관례를 치른 大(사내)에서 '지아비 부' '사내 부'

農夫농부 令夫人영부인 士大夫사대부 夫婦有別부부유별 : 오륜(五倫)의 하나. 남편과 아내 사이의 도리는 서로 침범하지 않음에 있음을 이른다.

도울 부

夫(사내)가 扌(손)을 놀려 일손을 돕는 '도울 부'

扶養부양 扶持부지 扶助부조 相扶相助상부상조 : 서로서로 도움.

신체 · 행동 153

替 바꿀 체

夫夫(사내 두 명)이  曰(말)하면서 교대하는 '바꿀 체'

交替교체 移替이체 代替대체

氏 성씨 씨

 氏(물건을 드는 사람)이었는데 뒤에 같은 혈족, 뿌리를 가리켜 '성씨 씨.' 氏(뿌리)를 그렸다는 설도 있음.

氏族씨족 無名氏무명씨 姓氏성씨 創氏改名창씨개명 : 성과 이름을 고침.

紙 종이 지

닥나무를  糸(실)처럼 풀어서 만든 '종이 지'

化粧紙화장지 便紙편지 更紙갱지 韓紙한지
用紙용지 紙幣지폐

昏 어두울 혼

亻氏(사람의 발아래)로 日(해)가 막 떨어지는 때를 가리켜 '어두울 혼'

黃昏황혼 昏迷혼미 昏絕혼절
昏定晨省혼정신성 : 부모를 잘 섬기고 효성을 다함을 이르는 말.

婚 혼인할 혼

 女(신부)를 맞는 혼인식은 날이 昏(어두워진) 뒤에 거행한데서 '혼인할 혼'

婚姻혼인 結婚결혼 婚需혼수 旣婚기혼 新婚신혼 請婚청혼

氏 (물건을 드는 사람)의 발 一 (아래)를 가리켜 '근본 저'

근본 저

亻(사람)의 발 氏 (아래)를 가리켜 수준이 떨어진다는 '낮을 저'

低質저질 低級저급 低溫저온 低俗저속 低價저가

낮을 저

广 (집)의 氐 (밑바닥)을 가리켜 '밑 저'

海底해저 底意저의 底力저력 底邊저변 徹底철저

밑 저

扌(손)으로 밀며 대항한다는 '막을 저'

抵抗저항 抵觸저촉 抵當저당

막을 저

안으로 入 (들어가는) 모습을 그려 '들 입'

入養兒입양아 入場입장 介入개입 編入편입 輸入수입 收入수입
漸入佳境점입가경 : 들어갈수록 점점 재미가 있음.

들 입

신체 · 행동

온전할 **전**

갈고 닦은 玉(옥)을 흠 없이 入(넣어) 보관한데서 '온전할 전'

完全완전 全滅전멸 全燒전소 全部전부
全身運動전신운동 : 온몸을 고루 움직이는 운동. ≒ 온몸 운동.

안 **내**

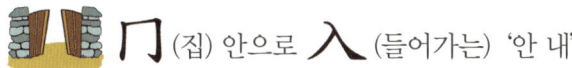冂(집) 안으로 入(들어가는) '안 내'

內外내외 內閣내각 內科내과 內憂外患내우외환 : 나라 안팎의 여러 가지 어려움.

納
들입 **납**

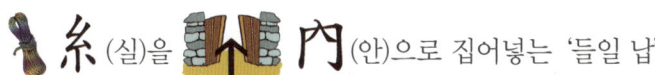糸(실)을 內(안)으로 집어넣는 '들일 납'

納稅납세 納入납입 納骨堂납골당 上納상납 出納출납 容納용납

갈 **거**

土(사람)이 집 ム(입구)에서 나가는 모습에서 '① 갈 거' '② 제거할 거'

① 去來거래 過去과거 去就거취 ② 除去제거

법 **법**

氵(물)이 수평을 유지하듯 만인에게 평등하게, 성스런 廌(해태 : 생략됨)가 정직하지 못한 자를 뿔로 받아 去(제거)한다는 데서 '법 법'

法度법도 法律법률 違法위법 司法사법

물리칠 각

패잔병이 去(떠날) 때 몸을 卩(굽히고) 가는 모습에서 '① 물러날 각', 상대방 입장에서 본 '② 물리칠 각' '③ 없앨 각'

① 退却퇴각　② 棄却기각　③ 賣却매각　忘却망각

다리 각

月(신체)기관 중 却(물러날) 때 필요한 '다리 각'

脚本각본　馬脚마각　脚線美각선미

덮을 개

盍(합→개)에서 음을 취하고 艹(풀)로 덮는 데서 '① 덮을 개', 대개~일 것이다' 라는 추측의 뜻인 '② 대개 개'

① 覆蓋복개　② 蓋然性개연성

몸 기

(구부러진 것)을 곧게 편다는 뜻에서 뒤에 일인칭 대명사인 자신, 나로 해석하는 '몸 기'

| 주의~! 已(이미 이), 巳(뱀 사)와 다르다.

自己자기　克己극기　利己主義이기주의 : 자기 자신의 이익만을 꾀하는 태도.

기록할 기

言(말)한 것을 적어서 남긴다는 '기록할 기'

日記일기　記錄기록　記念기념　記憶기억

신체·행동 **157**

벼리 **기**

어망의 가장자리에 있는 굵은 糸(줄)에서 '법도' '규율'이란 뜻이 나온 '벼리 기'

紀綱기강　紀行文기행문　西紀서기

일어날 **기**

己(몸)을 일으켜 走(움직이는)데서 '일어날 기'

起床기상　起立기립　蜂起봉기
起死回生기사회생 : 거의 죽을 뻔하다가 도로 살아남.

꺼릴 **기**

 己(자기)의 心(마음)에서 미워하는 감정이 나오는 '꺼릴 기'

忌中기중　忌日기일　忌避기피

고칠 **개**

(구부러진) 부분을 攵(두드려서) 곧게 편다는 '고칠 개'

改善개선　改造개조　悔改회개　朝令暮改조령모개 : 아침에 명령을 내렸다가 저녁에 다시 고친다는 뜻으로, 법령을 자꾸 고쳐서 갈피를 잡기가 어려움을 이르는 말.

왕비 **비**

임금의 女(여자)인 '왕비 비'

王妃왕비

짝 배

(술단지) 옆에 己(몸)을 구부리고 앉아 술을 따라 신부와 나눠 마시는 '① 나눌 배' '② 짝 배'

① 配當배당 配合배합 ② 配偶者배우자 配匹배필

망할 망

亠(사람)이 L자형 乚(담)에 몸을 숨기고 있는 모습에서 '망할 망' '죽을 망' '없을 망'

亡國病망국병 未亡人미망인 亡命망명
敗家亡身패가망신 : 집안의 재산을 다 써 없애고 몸을 망침.

망령될 망

정신 亡(없는) 女(여자)의 행동에서 '망령될 망'

老妄노망 妄言망언 妄靈망령 虛妄허망

잊을 망

기억이 점점 亡(없어지는) 心(마음)에서 '잊을 망'

忘却망각 健忘症건망증 備忘錄비망록

바쁠 망

忄(마음)이 정신 亡(없이) 바쁜데서 '바쁠 망'
| 주의~ 忘(잊을 망)과 다르다.

忙中閑망중한 公私多忙공사다망 : 공적, 사적인 일 따위로 매우 바쁨.

신체 · 행동 • 159

아득할 **망**

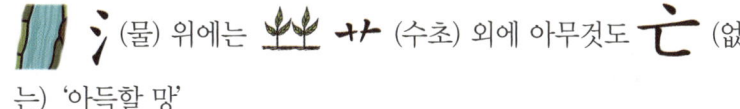 (물) 위에는 (수초) 외에 아무것도 (없는) '아득할 망'

茫茫망망   茫漠망막   茫然自失망연자실

바랄 **망**

(사람이 언덕) 위에 서서 (달)을 바라보고 기원하는 모습에서 '① 바랄 망' '② 바라볼 망' '③ 보름 망'

① 所望소망   失望실망   野望야망
② 望遠鏡망원경   望樓망루   ③ 旣望기망   朔望삭망

눈멀 **맹**

 目(눈)이 亡(없는, 망→맹) '눈멀 맹'

盲人맹인   盲目的맹목적   盲從맹종   色盲색맹   文盲人문맹인

거칠 **황**

巟(망할 황)에서 음을 취하고 (잡초)만 무성하게 자란 '거칠 황'

荒蕪地황무지   荒野황야   荒廢황폐   虛荒허황

사귈 **교**

다리를 X자로 (꼬고 앉아) 있는 모습에서 '사귈 교'

交友교우   交感교감   國交국교   交換교환

학교 교

처음엔 X자형 나무인 형틀이었는데 뒤에 학생과 교사가 서로 交(교류)하며 수업하는 '학교 교'

學校학교 校歌교가 校監교감 廢校폐교

견줄 교

신분에 따라 크기가 달랐던 車(수레)를 놓고 서로 비교한데서 '견줄 교'

比較비교 日較差일교차

들 교

交(교류)가 용이한 성밖의 阝(마을)을 가리켜 '들 교'

郊外교외 近郊근교

효험 효

회초리로 攵(때려가며) 단점을 고쳐야 효과가 있다는 '효험 효'

效果효과 效能효능

견줄 비

두 사람을 比(나란히) 세워놓고 비교하는 '견줄 비'

| 주의~! 北(북녘 북)과 다르다.

比較비교 比率비율 比重비중 對比대비 比等비등

비평할 비

才(손)으로 장단점을 比(비교)하고 따지는 '비평할 비'

批評비평 批判비판 批准비준

섞을 혼

昆(형 곤→혼)에서 음을 취하고 氵(물)과 흙이 함께 섞여 있는 '섞을 혼'

混同혼동 混沌혼돈 混亂혼란 混合혼합 混成혼성

다 개

모든 사람이 다 함께 比 (나란히) 앉아서 白 (말한다) 하여 '다 개'

皆勤賞개근상

섬돌 계

阝(언덕)의 계단을 가리켜 '섬돌 계'

階段계단 階級계급 階層계층 位階위계 段階단계

북녘 북

두 사람이 北(등지고) 달아나는 모습에서 '① 달아날 배', 남향집이 등지고 있는 쪽이 북쪽이라 '② 북녘 북'

① 敗北패배 ② 東西南北동서남북

背 등질 배

 北(달아날 때) 보이는 月(등)에서 배신을 뜻하는 '등질 배'

背信배신 背水陣배수진 面從腹背면종복배 : 겉으로는 복종하는 체하면서 내심으로는 배반함.

身 몸 신

임신한 여자의 身(몸)을 그려 '몸 신'

身體신체 半身浴반신욕 亡身망신
修身齊家수신제가 : 몸과 마음을 닦아 수양하고 집안을 다스림.

射 쏠 사

 射(활을 당기는 손)을 그려 '쏠 사'

射擊사격 發射발사 反射반사 投射투사
直射光線직사광선 : 정면으로 곧게 비치는 빛살.

謝 사례할 사

 射(사격)을 끝낸 뒤 물러나면서 감사나 사과의  言(말)을 하는 데서 '① 끊을 사' '② 물러날 사' '③ 사죄할 사' '④ 사례할 사'

① 謝絕사절 ② 新陳代謝신진대사 ③ 謝罪사죄 謝過사과 ④ 謝禮사례

骨 뼈 골

정상적인  骨(뼈)를 그린 '뼈 골'

骨格골격 骨折골절 弱骨약골 露骨노골
骨肉相殘골육상잔 : 가까운 혈족끼리 서로 해치고 죽임.

나눌 별

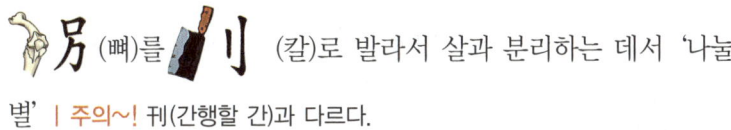
(뼈)를 (칼)로 발라서 살과 분리하는 데서 '나눌 별' | 주의~! 刊(간행할 간)과 다르다.

離別이별　別居별거　別館별관　別味별미　別世별세　別名별명　別天地별천지

삐뚤 와

비정상적으로 뼈가 (삐뚤어진) '삐뚤 와'
주로 음으로 나온다.

지날 과

(뼈딱)하게 (걷고) 말하고 행동하다 보면 정상에서 벗어나 잘못을 저지르게 된다는 데서 '① 지날 과' '② 지나칠 과' '③ 허물 과'

① 過程과정　過去과거　② 過食과식　過慾과욕　③ 改過遷善개과천선　過失과실

재앙 화

하늘의 示=礻(신)이 노하여 잘못한 인간에게 (벌, 와→화)을 주는 '재앙 화'

를 부르는 사람들

士禍사화　災禍재화
轉禍爲福전화위복 : 재앙과 화난이 바뀌어 오히려 복이 됨.

등골뼈 려

呂(등골 뼈)가 서로 연결되어 있는 '등골뼈 려'

宮 집 궁

(집)안에 무수히 많은 방이 呂(등골 뼈)처럼 연결되어 있는 '집 궁'

宮闕궁궐 子宮자궁 龍宮용궁 古宮고궁 後宮후궁 皇宮황궁

營 경영할 영

밤새 (불) 밝히고 줄지어 있는 呂(가게)를 뜻하는 '경영할 영'

經營경영 運營운영 營利영리 市營시영 直營직영

要 요긴할 요

(양 손으로 허리)를 잡고 있는 女(여자)를 그려 중요한 곳을 뜻하는 '① 요긴할 요' 와 중요한 것을 구한다는 '② 구할 요'

① 重要중요 要點요점 要約요약 要領요령 ② 要求요구 需要수요 要請요청

腰 허리 요

(신체)기관인 (허리)를 뜻하는 '허리 요'

腰痛요통 腰折腹痛요절복통 : 허리가 끊어질 듯하고 배가 아픔.

心 마음 심

(심장)에서 생각이 나온다고 생각해서 '마음 심'. 忄(심방변), 㣺(마음심발)은 변형부수로 '마음, 감정, 생각' 과 관계 있다.

心臟심장 無關心무관심 童心동심 一片丹心일편단심 : 한 조각의 붉은 마음이라는 뜻으로, 진심에서 우러나오는 변치 아니하는 마음을 이르는 말.

사랑 애

상대방에게 愛(받은) ♥ 心(사랑)을 夊(천천히 걸으며) 다시 전해주는 은혜로운 '사랑 애'

愛情애정　愛憎애증　愛慕애모

글월 문

몸에 文(문신)한 무늬였는데 뒤에 글자를 가리켜 '글월 문'

文字문자　文庫문고　文明문명　文法문법

憫
불쌍히여길 민

閔(성씨 민)에서 음을 측은하게 생각하는 忄(마음)에서 나온 '불쌍히여길 민'

憐憫연민

주검 시

몸을 尸(구부리고 앉아) 있거나 尸(시체)를 그린 '주검 시'

자 척

尺(장딴지) 길이라고도 하고 尺(한 뼘)의 길이라고도 하는 일촌(一寸 : 약 3cm)의 열배인 '자 척'

越尺월척　尺度척도　三尺童子삼척동자 : 키가 석 자 정도밖에 되지 않는 어린아이.

局
판 국

몸을  尸(굽혀) 司(바둑판)을 내려다보며 형세를 파악하는 '판 국'

對局대국　當局당국　局面국면　難局난국
藥局약국　放送局방송국

慰
위로할 위

尉(벼슬 위)에서 음을 취해 남의 상처를 心(마음)으로 위로해주는 '위로할 위'

慰勞위로　慰問위문　慰安위안　弔慰金조위금　慰靈祭위령제

泥
진흙 니

 尼(여승 니)에서 음을 취하고, 누렇고 氵(물기)가 많은 '진흙 니'

泥田鬪狗이전투구 : 진흙탕에서 개싸움. 자신의 이익만 생각하는 꼴불견.

刷
인쇄할 쇄

허리를  尸(굽혀서) 巾(헝겊)으로 바닥을 닦고 刂(칼)로 긁어 깨끗하게 하는 '① 닦을 쇄' 였다가 뒤에 '② 인쇄할 쇄'

① 刷新쇄신　② 印刷인쇄

展
펼 전

몸을  尸(구부려) 𧝑(옷들)을 펼쳐 늘어놓는 '펼 전'

展示전시　展覽會전람회　展開전개　國展국전　發展발전　進展진전

신체 · 행동 167

전각 전

展(펼 전)에서 음을 취하고 殳(몽둥이)를 들고 밤낮으로 지켜야 하는 대궐 같은 '전각 전'

宮殿궁전 大雄殿대웅전 殿堂전당 殿閣전각 殿下전하 神殿신전

죽을 사

夕(뼈) 옆에 앉아서 고개 숙이고 匕(절하는 사람)을 그려 '죽을 사'

死亡사망 死刑사형 凍死동사
非命橫死비명횡사 : 뜻밖의 사고를 당하여 제명대로 살지 못하고 죽음.

장사지낼 장

死(시체)를 艹艹(풀로 덮어) 장례 치르는 옛 풍습에서 '장사지낼 장'

葬禮式장례식 移葬이장 埋葬매장
副葬品부장품 合葬합장

벌일 렬

夕(뼈)를 刂(칼)로 분리하고 진열하는 '벌일 렬'

| 주의~! 別(나눌 별)과 다르다.

列島열도 序列서열 陳列진열 竝列병렬 列强열강

매울 렬

列(벌여 놓은 뼈)가 灬(불) 속에서 격렬하게 타들어가는 '매울 렬'

激烈격렬 烈士열사 先烈선열 猛烈맹렬

찢을 렬

衣 (옷)을 찢어서 列 (벌여) 놓은데서 '찢을 렬'

龜裂균열　分裂분열　破裂파열　決裂결렬

법식 례

亻(사람)이 고기를 부위별로 列 (늘어놓고) 본보기로 삼는 데서 '법식 례'

慣例관례　判例판례　例文예문　例題예제　類例유례 : 같거나 비슷한 예.

버금 아

亞亞 (곱사등이) 둘이 서 있는 추한 모습을 뜻하다 뒤에 바로 뒤를 계승한다는 뜻과 으뜸의 바로 다음 자리를 의미하는 '버금 아.' 이외에 감옥, 무덤, 불구덩이를 그렸다는 설도 있음.

亞聖아성　亞熱帶아열대　亞細亞아세아 : Asia의 음역.

악할 악

亞 (곱사등이)의 모진 心 (마음)을 사람들이 미워한다고 하여 '① 악할 악' '② 미워할 오'

① 善惡선악　惡質악질　惡談악담　劣惡열악　惡法악법　② 憎惡증오

가운데 앙

大 尖 央 (사람이 물통의 중심)을 잡고 걸어가는 '가운데 앙'

中央중앙

재앙 **앙**

災殃재앙

꽃부리 **영**

(풀)이 자라난 한 央(가운데)에 화려한 꽃이 핀 모양에서 황금기를 뜻하는 '꽃부리 영'

英語영어   英國영국   英才영재   英特영특   英雄영웅

비칠 **영**

日(햇빛)이 央(가운데)에서 내리비치는 데서 '비칠 영'

映畫영화   反映반영   上映상영   映像영상   投映투영

터질 **쾌**

한쪽 (물동이가 떨어져나가) 균형이 깨진 '터질 쾌'
활을 쏠 때 엄지에 깍지를 낀 모양이라는 설도 있음.

상쾌할 **쾌**

물동이가 夬(깨져) 바닥에 구르는 광경을 즐기는 구경꾼의 (마음)에서 '상쾌할 쾌'

痛快통쾌   爽快상쾌   不快불쾌   快樂쾌락   快刀亂麻쾌도난마 : 잘 드는 칼로 마구 엉클어진 삼 가닥을 자른다는 뜻으로, 어지럽게 얽힌 사물을 강력한 힘으로 처리함을 이르는 말.

이지러질 결

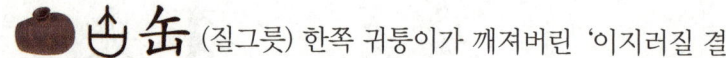 (질그릇) 한쪽 귀퉁이가 깨져버린 '이지러질 결'

缺陷결함　缺點결점　缺損결손　缺員결원
缺如결여　缺乏결핍

결단할 결

 (깨진) 물동이에서 쏟아진 (물)을 어찌할 것인지 결정한다는 '결단할 결'

決心결심　決定결정　決斷결단　決裁결재　決勝결승　決選결선

아들 자

두 팔을 벌린 子(아기)의 모습에서 '① 아들 자' '② 씨 자' '③ (학문에 일가를 이룬 훌륭한) 스승 자' '④ 접미사 자'

① 子女자녀　子息자식　子孫자손　② 種子종자
③ 孔子공자　孟子맹자　④ 電子전자　冊子책자　箱子상자　帽子모자

字
글자 자

(집) 안에서 子(아기)를 양육하면서 공부를 시키는 '글자 자'

文字문자　漢字한자　十字架십자가　誤字오자
字典자전　點字점자

了
마칠 료

了(두 손을 생략)한 모습에서 하던 일을 끝냈다는 '마칠 료'

完了완료　終了종료　滿了만료　修了수료

오얏 리

 木 (나무)에 子 (오얏=자두)가 주렁주렁 열린
'① 오얏 리' '② 성씨 리'

① 桃李도리 李下不整冠이하부정관 ② 張三李四
장삼이사 : 특별하지 아니한 평범한 사람들을 이르는 말.

계절 계

禾 (벼)를 子 (어린 꼬마)까지 동원해서 수확하
는 때인 '계절 계' | 주의~! 委(맡길 위)와 다르다.

季節계절 夏季하계 季刊誌계간지 四季사계

지킬 보

 亻(어머니)가 呆(아기)를 업어 키우며 외부로부
터 보호하는 '지킬 보'

保存보존 保險보험 保菌者보균자 留保유보
保安보안 自然保護자연보호

두터울 후

厂 (언덕) 아래 음식을 담은 두꺼운 㫗 (도가니)
를 두어 '두터울 후'

厚德후덕 厚謝후사 重厚중후 溫厚온후
厚顔無恥후안무치 : 뻔뻔스러워 부끄러움이 없음.

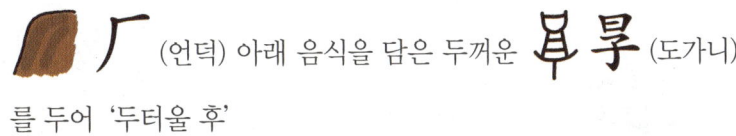

구멍 공

子 (아기)가 엄마 孔 (젖)먹을 때 나오는 구멍에서
'① 구멍 공' '② 성씨 공'

① 毛孔모공 氣孔기공 ② 孔子공자

젖 유

엄마가 따뜻한 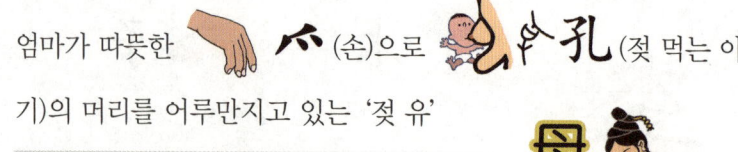(손)으로 乳(젖 먹는 아기)의 머리를 어루만지고 있는 '젖 유'

母乳모유 豆乳두유 口尙乳臭구상유취 : 입에서 아직 젖내가 남. 말이나 행동이 유치함을 이르는 말.

뜰 부

(물)속에 있는 孚(아기가 엄마 손)에 안겨 둥둥 떠 있는 '뜰 부'

浮力부력 浮漂부표 浮動票부동표 浮氣부기

쌀 포

임신부의 ⺈ 勹(불룩한 배)가 巳(태아)를 감싸고 있는 '쌀 포'

包含포함 包圍포위 內包내포 小包소포 包容포용 包裝포장

안을 포

扌(손)으로 부드럽게 包(감싸고) 있는 '안을 포'

抱擁포옹 抱負포부 懷抱회포

세포 포

뱃속 태아를 包(감싸고) 있는 月(태의)에서 발전하여 '세포 포'

細胞세포 同胞동포

신체 · 행동 173

배부를 포

많이 (먹어서) 包(불룩한 배)처럼 된
'배부를 포'

飽食포식　飽滿感포만감　飽和포화

흐를 류

(태아)가 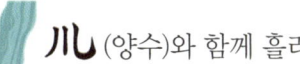(양수)와 함께 흘러나오는
'흐를 류'

| 주의~! 充(채울 충)과 다르다.

흐를 류

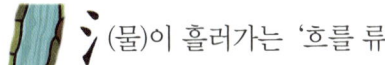(물)이 흘러가는 '흐를 류'

流動유동　流轉유전　流通유통　交流교류　漂流표류　流産유산　流民유민
流行유행　流星유성

소통할 소

태아의 ⌐正(발)까지 㐬(흘러나오면) 세상과 만난다
는 '① 소통할 소', 엄마의 뱃속과 멀어진다는 '② 멀어질 소'

① 疏脫소탈　意思疏通의사소통 : 가지고 있는 생각이나 뜻이 서로 통함.
② 疏外感소외감　疏遠소원　生疏생소　親疏친소

나물 소

먹을 수 있는 艸 艹(풀)은 인간과 疏(소통)할 수 있다는
'나물 소'

菜蔬채소　蔬菜소채

育 기를 육

이제 막 태어난 🙂 𠫓(아기)를 잘 먹여서 月(살)이 통통하게 오른 '기를 육'

養育양육 教育교육 保育院보육원 育兒육아 育成육성 訓育훈육

棄 버릴 기

태어나자마자 𠫓(죽은 아기)를 🖐🌿木(양손)으로 잡고 廿(삼태기)에 담아 갖다 버리는 데서 '버릴 기'

棄權기권 棄却기각 廢棄폐기 遺棄犬유기견

徹 통할 철

자식을 育(양육)하면서 매로 攵(때려야) 가르침이 통한다는 敎(통할 철)에서 음과 뜻을 취해 彳(걸어가는 길)이 막힘없이 뻥 뚫렸다는 의미로 '통할 철'

徹夜철야 徹底철저 貫徹관철 透徹투철 徹頭徹尾철두철미

免 면할 면

산고에서 벗어난 산모가 편히 (누운 자세)를 그린 '면할 면'

| 주의~! 兎(토끼 토)와 다르다.

免稅店면세점 減免감면 罷免파면 免許면허 免疫면역

勉 힘쓸 면

고난, 괴로움을 免(면)하기 위해 力(힘)쓴다는 '힘쓸 면'

勉學면학 勤勉근면 勸勉권면

늦을 만

日(해)가 떨어지는 저녁시간을 가리켜 '늦을 만'

晩餐만찬 晩秋만추 大器晩成대기만성 : 큰 그릇을 만드는 데는 시간이 오래 걸린다는 뜻으로, 크게 될 사람은 늦게 이루어짐을 이르는 말.

채울 충

어린 (아기)를 건강하게 키워 (다리)가 튼튼해진데서 '채울 충'

充電器충전기 充滿충만 充實충실 補充보충 充足충족 充分충분 充當충당

총 총

金(쇠붙이)로 만든 '총 총'

小銃소총 銃器총기 銃彈총탄 銃殺총살 拳銃권총

거느릴 통

糸(실)을 잡고 끌어당기면 저절로 따라오는 데서 '거느릴 통'

統率力통솔력 大統領대통령 統治통치 統合통합 系統계통

정수리 신

아기의 囟(숫구멍)이 아직 닫히지 않아 팔딱거리는 '정수리 신'

腦
골 뇌

 月(신체)의 일부인  䚡(머리털과 정수리)를 그려 '골 뇌'

大腦대뇌　頭腦두뇌　首腦部수뇌부　腦死뇌사　腦出血뇌출혈

惱
번뇌할 뇌

 忄(마음)속 괴로움이 䚡(뇌)에까지 전달되어 괴로워하는 '번뇌할 뇌'

煩惱번뇌　苦惱고뇌　惱殺뇌쇄　百八煩惱백팔번뇌 : 사람이 지닌 108가지의 번뇌.

思
생각 사

 囟→田(뇌)로 전달이 되어 생기는 心(마음)에서 '생각 사'

思考力사고력　思想사상　思索사색　思春期사춘기　不可思議불가사의　易地思之역지사지 : 처지(處地)를 서로 바꾸어 생각함이란 뜻으로, 상대방의 처지에서 생각해봄.

細
가늘 세

미세한 糸(실핏줄)이  囟→田(뇌세포)를 형성한데서 '가늘 세'

微細미세　細密세밀　詳細상세　細胞세포　細工세공

兒
아이 아

 兒(벌어진 정수리와 다리)를 그려 '아이 아'

兒童아동　幼兒유아　未熟兒미숙아　風雲兒풍운아　育兒육아　孤兒고아

신체 · 행동 • 177

女 계집 녀

다소곳이  女 (앉아 있는 여자)의 모습에서 '계집 녀'

女子여자　男女남녀　淑女숙녀　醜女추녀

好 좋아할 호

 女 (엄마)가 子 (자식)을 안고 있는 '좋아할 호'

好奇心호기심　同好會동호회　好喪호상
好衣好食호의호식 : 좋은 옷을 입고 좋은 음식을 먹음

姦 간사할 간

간사한 여자 셋이 모여 '간사할 간'

| 주의~! 奸(간사할 간)과 같은 한자임.

姦通간통　强姦罪강간죄　姦淫간음

妻 아내 처

시녀의  (손)으로 ㅗ(머리) 손질을 받고 있는 女 (귀부인)의 모습에서 '아내 처.' 사내가 여자의 머리를 낚아채어 부인으로 삼는 약탈혼의 풍습에서 나왔다는 설도 있음.

妻家처가　帶妻僧대처승　賢母良妻현모양처 : 어진 어머니이면서 착한 아내.

汝 너 여

원래는  氵(물)이름이었는데 뒤에 이인칭대명사로 쓰여 '너 여'

汝矣島여의도

같을 여

(여자)가 口(입)으로 늘 같은 소리로 대답하며 순종하는 모습에서 '같을 여'

如前여전 何如하여 萬事如意만사여의 : 모든 일이 뜻과 같음.

용서할 서

상대방을 나와 如(같은, 여→서) 心(마음)으로 이해하고 입장 바꿔 생각하면 용서가 된다는 '용서할 서'

容恕용서 忠恕충서

종 노

女(여종)의 又(손)이 힘든 노동에 시달리고 있는 모양인데 뒤에 남자종도 포함하여 나온 '종 노'

奴婢노비 奴隷노예 賣國奴매국노 守錢奴수전노

힘쓸 노

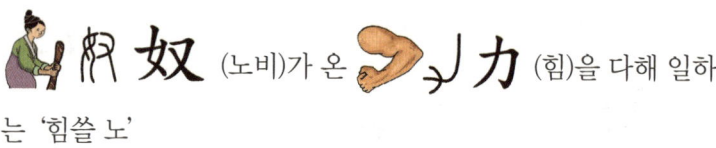奴(노비)가 온 力(힘)을 다해 일하는 '힘쓸 노'

努力노력

성낼 노

노동에 시달리는 奴(노비)의 心(마음)에 분노의 감정이 쌓여서 나온 '성낼 노'

憤怒분노
喜怒哀樂희로애락 : 기쁨과 노여움과 슬픔과 즐거움.

安 편안 안

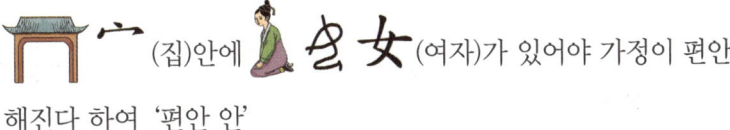(집)안에 女(여자)가 있어야 가정이 편안해진다 하여 '편안 안'

安全안전 保安보안 治安치안 安着안착
國泰民安국태민안 : 나라가 태평하고 백성이 편안함.

案 책상 안

安(편안)하게 木(나무책상)에 앉아 글을 쓰거나 생각하는 '책상 안' '초안 안'

案內안내 腹案복안 答案답안 原案원안 圖案도안 妙案묘안

宴 잔치 연

日(해)가 떨어져 어두워지는 시간까지 安(편안)하게 즐기고 노는 '잔치 연'

宴會연회 祝賀宴축하연 回甲宴회갑연

婁 포갤 루

毌(포갤 자루)가 女(여자) 머리 위에 올려져 있는 '포갤 루'
주로 음으로 나온다.

樓 다락 루

木(나무)기둥을 婁(포개서) 만든 높이 솟은 누각인 '다락 루'

樓閣누각 望樓망루 樓臺누대

여러 루

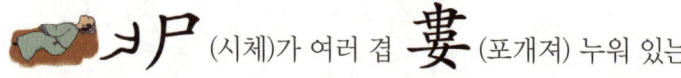 (시체)가 여러 겹 婁 (포개져) 누워 있는 '여러 루'

屢次누차 屢屢누누

셈 수

婁 (포개져) 있는 물건을 일일이 손으로 攵 (치며) 계산하는 '셈 수'

數學수학 數理수리 點數점수 數量수량 變數변수
不知其數부지기수 : 헤아릴 수가 없을 만큼 많음.

*母
어머니 모

아기를 안고  母 (젖)을 먹이는 '어머니 모'

| 주의~! 母 (말라 무)는 다가오는 상대방을 막기 위해 몽둥이를 든 여자의 모습을 그렸다.

母乳모유 母性愛모성애 母親모친

*母
매양 매

매일 ━ ㇏ (비녀)를 꽂으며 하루를 시작하는 母 (어머니)의 모습이 '매양 매'

每日매일 每回매회 每年매년 每週매주

매화 매

每 (매양 매)에서 음을 취한 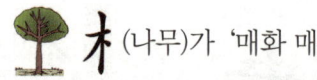 木 (나무)가 '매화 매'

梅花매화 雪中梅설중매 梅實매실

바다 해

每(매양 매→해)에서 음을 취하고 (물)을 뜻하는 '바다 해'

海洋해양 海賊해적 海軍해군 桑田碧海상전벽해 : 뽕나무 밭이 변하여 푸른 바다가 된다는 뜻으로, 세상일의 변천이 심함을 비유적으로 이르는 말.

업신여길 모

亻(남)을 무시하는 '업신여길 모'

侮辱모욕 受侮수모

뉘우칠 회

잘못을 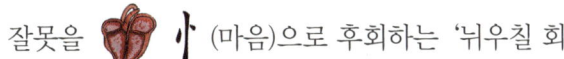(마음)으로 후회하는 '뉘우칠 회'

後悔후회 悔改회개 悔恨회한

민첩할 민

每(매일) 비녀를 꽂는 빠른 攵(손놀림)에서 '민첩할 민'

敏感민감 過敏과민 敏捷민첩

많을 번

敏(민첩하게) 머리 손질한 뒤 다양한 糸(색실)을 주렁주렁 장식한데서 '많을 번'

繁昌번창 繁榮번영 繁華街번화가 繁盛번성

여성의 음문을 그렸는데 한문 문장 끝에 놓여 종결사(~이다.) 역할을 하는 '어조사 야'

是日也放聲大哭시일야방성대곡 : 1905년에 일본의 강요로 을사조약이 체결된 것을 슬퍼하여 장지연이 민족적 울분을 표현한 논설.

어머니의 품처럼 따뜻하고 포용력을 가진 土(대지)란 뜻에서 '① 땅 지' '② 처지 지'

① 大地대지 陸地육지 地獄지옥 高地고지 地理지리
② 易地思之역지사지 : 처지를 바꾸어서 생각하여 봄.

고인 氵(물)을 뜻하는 '연못 지'

貯水池저수지 乾電池건전지 天池천지 酒池肉林주지육림 : 술로 연못을 이루고 고기로 숲을 이룬다는 뜻으로, 호사스러운 술잔치를 이르는 말.

다른 亻(사람)을 뜻하는 '다를 타'

他人타인 自他자타 他殺타살 他國타국 他界타계 他山之石타산지석 : 다른 산의 나쁜 돌이라도 자신의 산의 옥돌을 가는 데에 쓸 수 있다는 뜻.

지팡이 짚고 있는 長(긴 머리의 노인)을 그려 '① 어른 장' '② 우두머리 장' '③ 길 장'

① 長幼有序장유유서 ② 長官장관 班長반장
③ 長久장구 長壽장수 長蛇陣장사진 長點장점

베풀 장

弓(활시위)를 힘껏 長(길게, 장) 잡아당기는 '베풀 장'

主張주장　出張출장　伸張신장　擴張확장
誇張과장　緊張긴장

장막 장

巾(수건) 같은 천을 長(길게) 늘어뜨려 가리는 '장막 장'

帳幕장막　日記帳일기장　通帳통장　帳簿장부　布帳馬車포장마차

늙을 로

지팡이를 들고 있는 老(노인)의 모습에서 늙다, 노련하다는 뜻이 나와 '① 늙을 로' '② 익숙할 로'

① 老人노인　老後노후　不老草불로초　敬老경로　老患노환
老益壯노익장　② 老鍊노련

생각할 고

(노인)이 匕→丂(지팡이)에 의지하고 깊은 생각을 하고 있는 '① 생각할 고' '② (죽은)아버지 고' '③ 시험 고'

① 考察고찰　思考力사고력　考慮고려　再考재고　參考참고　考古學고고학　② 顯考현고　先考선고　③ 考試고시　考査고사

효도 효

(늙으신 부모님)을 子(자식)이 업고 있는 '효도 효'

孝道효도　孝女효녀　孝婦효부　孝心효심　不孝불효

壽 장수할 수

 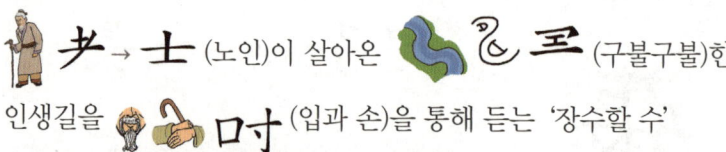 (노인)이 살아온 (구불구불)한 인생길을 (입과 손)을 통해 듣는 '장수할 수'

長壽장수   天壽천수
萬壽無疆만수무강 : 아무런 탈 없이 아주 오래 삶.

鑄 쇠불릴 주

 金(쇠)물을 녹여 거푸집에 부어 그릇을 만드는 '쇠불릴 주'

鑄造주조   鑄貨주화   鑄物주물

兄 형 형

제단 앞에서 (무릎 꿇고) (입)으로 축문을 읽는 사람이 제일 연장자인데서 '형 형'

兄弟형제   兄夫형부   義兄弟의형제   呼兄呼弟호형호제 : 서로 형이니 아우니 하고 부른다는 뜻으로, 매우 가까운 친구로 지냄을 이르는 말.

祝 빌 축

示=礻(제단) 앞에 앉아 기원하는 兄(형)의 모습에서 '빌 축'

祝賀축하   祝福축복   祝祭축제   祝辭축사   祝歌축가
祝杯축배   自祝자축

況 상황 황

氵(비) 오게 해달라고 兄(무릎 꿇고, 형→황) 기우제 지내는 어려운 상황에서 '상황 황'

狀況상황   不況불황   好況호황   活況활황   實況실황   近況근황   情況정황

 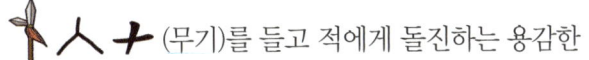(무기)를 들고 적에게 돌진하는 용감한
(병사)의 모습에서 '이길 극'

克己극기 克服극복 克己訓鍊극기훈련

이길 극

 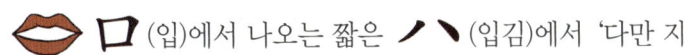(입)에서 나오는 짧은 (입김)에서 '다만 지'

但只단지

다만 지

 팔자 주름이 생길 정도로 (크게 웃는) 모습에서
'기쁠 태'
주로 음으로 나온다.

기쁠 태

 (마음)속으로 기쁜 감정이 생기는 '기쁠 열'

喜悅희열 悅樂열락

기쁠 열

 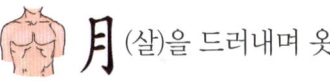(살)을 드러내며 옷을 벗는 '벗을 탈'

脫衣室탈의실 脫色탈색 脫走탈주 脫出탈출 脫線탈선 脫漏탈루
脫獄탈옥 脫營탈영

벗을 탈

세금 세

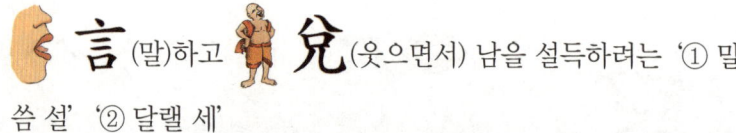禾(벼)를 수확하여 일정한 몫을 관청에 세금으로 바치는 '세금 세'

稅金세금 脫稅탈세 稅務세무 納稅납세 關稅관세 有名稅유명세 所得稅소득세

말씀 설

言(말)하고 兌(웃으면서) 남을 설득하려는 '① 말씀 설' '② 달랠 세'

① 說得설득　說明설명　浪說낭설　發說발설　甘言利說감언이설 : 귀가 솔깃하도록 남의 비위를 맞추거나 이로운 조건을 내세워 꾀는 말.　② 遊說유세

날카로울 예

金(금속)의 예리한 부분을 가리켜 '날카로울 예'

銳利예리　尖銳첨예　精銳정예　銳敏예민　新銳신예

볼 열

門(문)앞에서 거마를 줄로 세워놓고 그 수를 헤아려 조사한다는 데서 '볼 열'

閱覽열람　檢閱검열　校閱교열

별 태

厶(자기)의 口(입)을 벌려 웃는 모습에서 '나이' 뒤에 별이름으로 나와 '별 태'

주로 음으로 나온다.

위태할 태

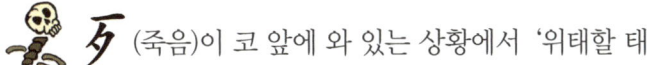 歹 (죽음)이 코 앞에 와 있는 상황에서 '위태할 태'

危殆위태

비로소 시

女 (엄마) 뱃속에서 태아가 만들어지고 처음으로 세상 밖으로 나온다는 '비로소 시'

始作시작 始動시동 始末書시말서 創始창시 始終시종 始祖시조
年末年始연말연시 : 한 해의 마지막 때와 새해의 첫머리를 아울러 이르는 말.

다스릴 치

홍수가 빈번했던 옛날에는 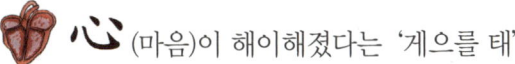 氵(물)을 다스리는 것이 가장 중요한 정책이었다는 데서 '다스릴 치'

政治정치 治積치적 治水치수 治世치세 治安치안

게으를 태

心 (마음)이 해이해졌다는 '게으를 태'

怠慢태만 怠業태업 過怠料과태료

일찍죽을 요

젊은 사람이 夭 (머리가 구부러져) 있는 '일찍죽을 요'

夭折요절

웃을 소

大夭(일찍죽을 요→소)에서 음을 취하고 竹(대나무) 소리가 웃음소리와 비슷해서 '웃을 소'

大笑대소 微笑미소 苦笑고소 冷笑냉소 失笑실소 可笑가소
拍掌大笑박장대소 : 손뼉을 치며 크게 웃음.

더할 첨

氵(물)에 적셔져서 증가한다는 뜻에다 음으로 忝(욕될 첨)을 넣어 '더할 첨'

添加첨가 添削첨삭 別添별첨 添附첨부 錦上添花금상첨화 : 비단 위에 꽃을 더한다는 뜻으로, 좋은 일 위에 또 좋은 일이 더하여짐을 비유적으로 이르는 말.

나라이름 오

머리를 夭(옆으로 기울여서) 口(입)으로 웃고 떠들기를 좋아하는 사람들이 사는 나라에서 '나라이름 오'

吳越同舟오월동주 : 서로 적의를 품은 사람들이 한자리에 있게 된 경우나 서로 협력하여야 하는 상황을 비유적으로 이르는 말.

그르칠 오

吳(웃고 떠들다 보면) 言(말) 실수해서 일을 망친다는 '그르칠 오'

正誤정오 誤答오답 錯誤착오 過誤과오 誤認오인 誤用오용
誤報오보 誤判오판

즐길 오

女(여자)와 吳(웃고 떠들며) 노는 '즐길 오'

娛樂오락 娛樂室오락실

신체 · 행동 189

머뭇거릴 유

목에 칼을 찬 尣(죄수)가 주저하는 '머뭇거릴 유'

잠길 침

氵(물) 앞에서 죄수가 尣(머뭇거리다) 뛰어들어 점점 가라앉는 '잠길 침', 성씨로는 '성 심'

沈沒침몰 浮沈부침 沈默침묵 沈水침수 陰沈음침 擊沈격침

베개 침

木(나무)로 만든 베개를 尢(편한 자세)로 베고 자는 '베개 침'

木枕목침 高枕而臥고침이와 : 베개를 높이 하고 누웠다는 뜻으로, 마음을 편안히 하고 잠잘 수 있음을 이르는 말

병부 절

무릎 꿇고 卩(巴) (앉아 있는 사람)의 옆모습을 그렸는데 뒤에 부절이란 뜻이 나와 '병부 절'

범할 범

犭(개)가 巳(사람)을 해치는 모습에서 '범할 범'

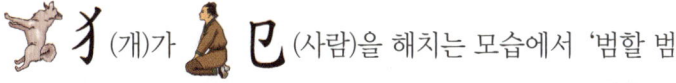
犯人범인 侵犯침범 犯罪범죄 犯法범법 主犯주범 眞犯진범 現行犯현행범

範
법 범

軓(차앞턱나무 범)에서 음을 취하고 竹(대나무)에서 보여주는 본보기, 예절, 절도를 뜻하는 '법 범'

模範모범　師範사범　規範규범　示範시범

御
거느릴 어

말 위에서 午(몽둥이=채찍)을 들고 허리를 굽힌) 마부가 彳(가다) 止(서다)를 반복하는 '① 거느릴 어', 뒤에 천자의 경칭으로 나와 '② 드릴 어'

① 制御제어　② 御用어용　御命어명　御酒어주　御前어전

遷
옮길 천

𤕦(양손으로 둥지)를 잡고 옮기면서 辶(걸어가는) '옮길 천'

遷都천도　變遷변천　左遷좌천　孟母三遷맹모삼천 : 맹자의 어머니가 아들을 가르치기 위하여 세 번이나 이사를 하였음을 이르는 말.

危
위태할 위

(사람)이 厂(절벽) 위에 떨어질 듯 서 있고 그 아래에 㔾(떨고 있는 사람)을 그려 '위태할 위'

危險위험　危殆위태　危急위급　安危안위　危重위중
危機一髮위기일발 : 여유가 조금도 없이 몹시 절박한 순간.

厄
액 액

厄(절벽) 위에 서 있던 사람이 떨어져서 보이지 않으니 액을 당했다는 '액 액'

厄運액운　橫厄횡액

신체·행동 ● 191

급할 급

厄(액) 당하기 전에  彐(사람을 손)으로 급하게 잡는  心(마음)에서 '급할 급'

危急위급 時急시급 急性급성 急增급증

하여금 령

 亼 (큰 집) 주인이  卩(무릎 꿇은) 하인으로 하여금 일을 시키고 명령한다는 '① 하여금 령' '② 명령 령'

| 주의~! 今(이제 금)과 다르다.

② 發令발령 法令법령 令狀영장

명령할 명

 令(령)을 내리는 윗사람의  口(입)에 의해 목숨이 왔다갔다 한데서 '① 명령할 명'과 '② 목숨 명'

① 命令명령 ② 生命생명 革命혁명 美人薄命미인박명 : 미인은 불행하거나 병약하여 요절하는 일이 많음.

찰 랭

 冫(얼음)이 꽁꽁 언 추운 날씨에서 '찰 랭'

冷麵냉면 冷凍냉동 冷戰냉전 冷房냉방

떨어질 령

 雨(빗방울)이 떨어진다는 데서 '① 떨어질 령'과 존재하지 않는 0(제로)의 숫자를 뜻하는 '② 영 령'

② 零點영점 零下영하 零細民영세민 : 수입이 적어 생활이 궁색함.

거느릴 령

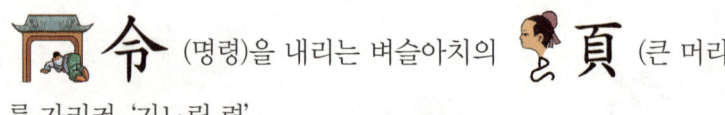 (명령)을 내리는 벼슬아치의 (큰 머리)를 가리켜 '거느릴 령'

大統領대통령 占領점령 要領요령 首領수령

고개 령

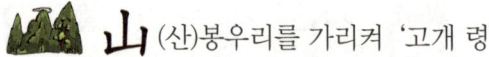 山(산)봉우리를 가리켜 '고개 령'

大關嶺대관령 嶺東영동 分水嶺분수령

나 앙

(남) 앞에서 (무릎 꿇고) 구걸하는 나의 모습에서 '나 앙'

| 주의~! 卯(토끼 묘)와 다르다.

우러를 앙

앞에 있는 (사람)을 올려다보는 卬(나)의 모습에서 '우러를 앙'

信仰신앙 推仰추앙 仰天앙천

맞을 영

 (가서) 卬(내)가 직접 맞이하는 '맞을 영'

歡迎환영 迎接영접 迎賓영빈 迎入영입
送舊迎新송구영신 : 묵은 해를 보내고 새해를 맞음.

도장 인

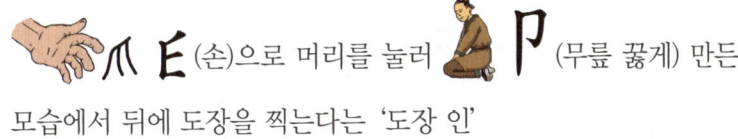(손)으로 머리를 눌러 (무릎 꿇게) 만든 모습에서 뒤에 도장을 찍는다는 '도장 인'

印鑑인감   印朱인주   刻印각인   印刷인쇄   印章인장   印紙인지   職印직인

누를 억

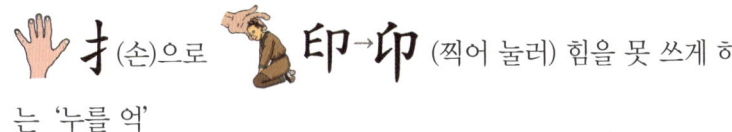(손)으로 (찍어 눌러) 힘을 못 쓰게 하는 '누를 억'

抑制억제   抑壓억압   抑止억지   抑留억류

빛 색

남녀가 사랑을 나누는 모습이라는 설과 (허리를 구부리고) 巴 (아랫사람)을 내려다보면서 안색을 살피는 데서 나왔다는 '① 얼굴 색' '② 빛 색'

① 才色재색   色慾색욕   ② 色盲색맹   色感색감

끊을 절

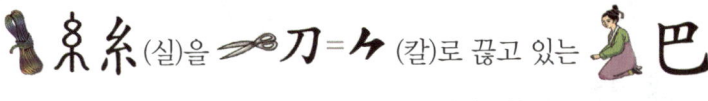(실)을 (칼)로 끊고 있는 (사람)의 모습에서 '① 끊을 절' '② 뛰어날 절'

① 絶交절교   拒絶거절   絶望절망
② 絶景절경   絶唱절창   絶色절색   絶世佳人절세가인

고을 읍

邑 (성 안의 사람)들이 생활하는 모습에서 '고을 읍'
阝(우부방)은 변형부수

邑面읍면   邑內읍내   都邑도읍   邑長읍장

나라 **방**

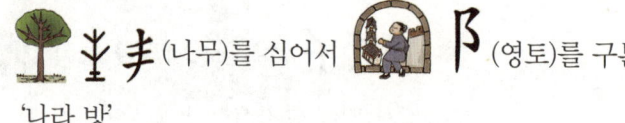(나무)를 심어서 ß(영토)를 구분한 '나라 방'

萬邦만방　友邦우방　聯邦연방　異邦人이방인

어찌 **나**

冄→冄(약할 염→나)에서 음을 취하고 ß(고을)을 어찌 지킬까 염려하는 데서 '어찌 나'

那落나락 : 불교에서 말하는 지옥.　支那지나 : 중국의 딴 이름.

심을 **예**

坴(흙 위에 나무)를 심느라 丮丸(몸)을 구부리고 있는 '심을 예'

재주 **예**

艹(새 잎)이 잘 자랄 수 있게 藝(나무 심는) 기술에서 '재주 예'

藝術예술　技藝기예　文藝문예　工藝공예　武藝무예　書藝서예　陶藝도예

더울 **열**

埶(심을 예→열)에서 음을 취하고 뜨거운 (불)을 넣어 '더울 열'

熱氣열기　熱望열망

勢
형세 세

 埶(심은 나무)가 새 환경에서 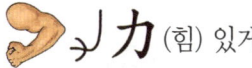 力(힘) 있게 자라는 기세에서 '형세 세'

大勢대세　權勢권세　威勢위세　强勢강세　騎虎之勢기호지세 : 호랑이를 타고 달리는 형세라는 뜻으로, 이미 시작한 일을 중도에서 그만둘 수 없는 경우를 비유적으로 이르는 말.

黑
검을 흑

얼굴과 양쪽 팔뚝에 먹물을 입힌 묵형 당한  黑(죄인)의 모습에서 '검을 흑'

黑色흑색　黑白흑백　黑人흑인　黑字흑자　黑心흑심　暗黑암흑

墨
먹 묵

 黑(검은) 土(흙)을 뭉쳐 만든 '먹 묵'

水墨수묵　墨刑묵형　墨香묵향　近墨者黑근묵자흑 : 먹을 가까이하는 사람은 검어진다는 뜻으로, 나쁜 사람과 가까이 지내면 나쁜 버릇에 물들기 쉬움을 비유적으로 이르는 말.

默
잠잠할 묵

黑(컴컴한) 밤이 되면 犬(개)도 짖지 않고 잠자코 있다는 '잠잠할 묵'

默念묵념　默秘權묵비권　默殺묵살　默認묵인　沈默침묵　默珠묵주
默默不答묵묵부답 : 잠자코 아무 대답도 하지 않음.

黃
누를 황

 艹(귀족)의 몸에 ◯ 日日(옥)을 차고 위엄을 과시하는 '누를 황'

黃色황색　黃金황금　黃人種황인종

橫 가로 횡

문 가운데를 가로지른 木 (빗장)에서 '① 가로 횡', 비정상적인 '② 제멋대로 횡'

① 縱橫종횡　橫斷횡단　② 橫財횡재　專橫전횡　公金橫領공금횡령 : 국가나 공공단체의 운영을 위하여 마련한 자금을 개인이 불법으로 가로채어 가지는 일.

廣 넓을 광

黃黃 (귀족, 황→광)이 살고 있는 广 (커다란 집)에서 '넓을 광'

廣大광대　廣場광장　廣告광고　廣範圍광범위
廣域광역　廣野광야

鑛 쇳돌 광

땅을 廣 (넓혀서) 金 (쇠) 같은 광물을 캐는 '쇳돌 광'

鑛石광석　鑛物광물　鑛産業광산업　炭鑛탄광　廢鑛폐광　鑛夫광부

擴 넓힐 확

扌 (손)을 움직여 부지런히 廣 (넓히고) 수리하는 데서 '넓힐 확'

擴大확대　擴張확장　擴充확충　擴散확산　擴聲器확성기

異 다를 이

머리에 괴상한 異 (가면을 쓰고 춤추는 사람)의 모습에서 '다를 이'

異常이상　異邦人이방인　異性이성　異端이단
異色이색　怪異괴이　同床異夢동상이몽

날개 익

 羽(두 날개)가 서로 異(다른) 좌우의 방향으로 나는 '날개 익'

左翼좌익 右翼우익

두려울 외

畏(기형적인 귀신)이 지팡이 짚고 서 있어 두렵고 공포스런 '두려울 외'

敬畏心경외심 畏敬외경

왕 왕

하늘과 땅 사이에 위엄과 권위를 가진 위대한  王(사람)을 가리켜 '왕 왕'

王國왕국 王中王왕중왕 王家왕가 王命왕명 王冠왕관

미칠 광

犭(개)처럼 미쳐 날뛰는 王(임금, 왕→광)에서 '미칠 광'

狂亂광란 狂犬광견 狂氣광기 狂風광풍 狂奔광분

구슬 옥

세 개의 구슬을 꿴 모양이 王(임금 왕)과 같자 구별하기 위해 玉(점)을 찍어 만든 '구슬 옥'

| 주의~! 다른 자와 결합할 때는 王(구슬옥변)으로 쓴다.

玉童子옥동자 白玉백옥 玉體옥체 玉石俱焚옥석구분

나눌 반

班(옥)을 (칼)로 잘라 '나눌 반'

班長반장　班常會반상회　兩班양반　越班월반　班列반열

희롱할 롱

王(구슬)을 廾(양 손)에 넣고 만지작거리는 모양에서 '희롱할 롱'

戲弄희롱　弄談농담　才弄재롱　吟風弄月음풍농월 : 맑은 바람과 밝은 달을 대상으로 시를 짓고 흥취를 자아내어 즐겁게 놂.

임금 황

화려한 白(왕관)을 쓰고 있는 王(왕)에서 최고의 권위를 가진 '임금 황'

皇宮황궁　皇恩황은　敎皇교황　皇室황실

임금 제

천신에게 제사지내는 帝(제단)을 그려 '임금 제'

皇帝황제　帝王제왕

윤달 윤

윤달이 되면 王(임금)은 출입을 삼가고 門(대궐문) 안에서 몸과 마음을 삼가는 기간인 '윤달 윤'

閏年윤년

 젖을 윤

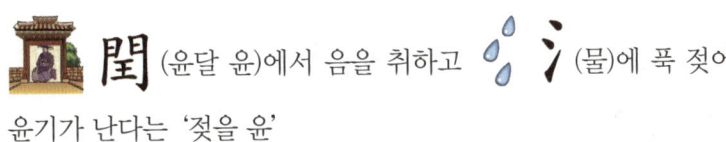 閏(윤달 윤)에서 음을 취하고 氵(물)에 푹 젖어 윤기가 난다는 '젖을 윤'

潤氣윤기 潤澤윤택 利潤이윤

 드릴 정

신하가 몸을 壬(세우고) 서서 口(입)으로 의견을 말하거나 물건을 바치는 '드릴 정'

贈呈증정

 길 정

禾(벼)가 자라고 있는 들판을 걸어가는 '길 정'

旅程여정 里程標이정표 過程과정 課程과정 日程일정

 성인 성

몸을 壬(세우고) 서서 남의 口(말)을 耳(귀) 기울여 듣고 초인석인 능력을 실행하는 성스러운 '성인 성'

聖人성인 聖賢성현 聖域성역 聖火성화 聖者성자 聖經성경 聖典성전

 조정 정

壬(계단 위에 신하)가 서 있다가 조정으로 천천히 (걸어 들어가는) 모습에서 소송을 하는 관아, 조정을 뜻하는 '조정 정'

朝廷조정 法廷법정 休廷휴정 開廷개정

뜰 정

 廷 (조정) 같은 큰 广 (건물) 안에 있는 정원을 뜻하는 '뜰 정'

庭園정원　家庭가정　校庭교정　親庭친정

빠를 극

二 (위아래가 막힌 동굴) 같은 데 갇혀 (몸을 구부리고 손으로 벽을 긁으며 입)으로 빨리 구해달라고 소리치는 '빠를 극'
하늘과 땅 사이의 거인이라는 설도 있다.

다할 극

木 (나무)로 되어 있는 동굴 같은 곳에 亟 (갇힌 사람)의 극도에 이른 감정에서 최상, 최종을 뜻하는 '다할 극'

極端극단　極度극도　南極남극　北極북극　極樂극락　極言극언　極刑극형

의심할 의

이리 갈까 저리 갈까 망설이는 (지팡이 든 노인)의 뒤에 의심스럽게 쳐다보는 (아이)를 그려 '의심할 의'

疑心의심　疑妻症의처증　懷疑회의　疑問의문

엉길 응

冫 (얼음)처럼 굳은 표정으로 疑 (의심)스럽게 쳐다보는 '엉길 응'

凝視응시　凝固응고　凝結응결　凝集力응집력　凝縮응축

介 낄 개

人 (사람) 사이로 丨 (끼어드는) 모습에서 '낄 개'

介入개입 媒介매개 仲介人중개인

界 지경 계

田 (밭)의 경계선을 가리켜 '지경 계'

世界세계 境界경계 視界시계 他界타계 外界외계 經濟界경제계

亦 또 역

亦 (사람의 겨드랑이)가 원뜻이었는데 뒤에 '또, 또한'을 뜻하게 되어 '또 역'

亦是역시

跡 발자취 적

亦 (역→적)에서 음을 취하고 足 (발자국)을 가리켜 '발자취 적'

遺跡유적 人跡인적 潛跡잠적 筆跡필적

赤 붉을 적

赤 (불 위에 사람)을 제물로 올려놓고 기우제를 지낼 때 활활 타오르는 불꽃에서 나온 '붉을 적'

赤字적자 赤十字적십자 赤色적색 赤潮적조 赤血球적혈구
赤信號적신호 赤道적도

6 이목구비

耳 (귀)의 모양을 본떠 만든 '귀 이'

耳順이순 牛耳讀經우이독경 : '쇠귀에 경 읽기'란 뜻으로, 우둔한 사람은 아무리 가르치고 일러주어도 알아듣지 못함을 비유하여 이르는 말.

자신의 잘못한 점이 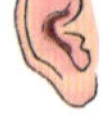 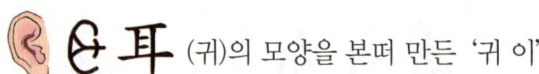 耳 (귀)에 들리는 순간 부끄러운 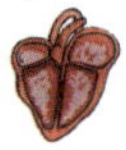 心 (마음)에 귓불이 붉어진데서 '부끄러울 치'

羞恥·心수치심 恥辱치욕

문장 뒤에서 의문사로 나오는 '어조사 야'

有耶無耶유야무야 : 있는지 없는지 흐리멍덩한 모양, 흐지부지한 모양.

부를 빙

甹(끌 병→빙)에서 음을 취하고 직접 耳(귀)로 안부를 듣기 위해 '① 부를 빙' '② 장가들 빙'

① 招聘초빙 ② 聘父빙부 : 장인 聘母빙모 : 장모

잡을 섭

扌(손)으로 聶(여러 귀)를 잡아당기는 '잡을 섭'

攝取섭취 攝生섭생 攝政섭정 攝理섭리

가질 취

전쟁 뒤 포로의 耳(귀)를 又(손)으로 잡고 잘라서 갖는 '가질 취'

爭取쟁취 取材취재 受取人수취인 奪取탈취 取得취득
取捨選擇취사선택 : 여럿 가운데서 쓸 것은 쓰고 버릴 것은 버림.

뜻 취

원하는 것을 얻기 위해 走(달려가서) 取(취)하는 '뜻 취'

趣向취향 趣旨취지 趣味취미 情趣정취 興趣흥취

가장 최

冃(투구)를 쓴 장군의 귀를 取(취)하는 것이 가장 좋다는 데서 '가장 최'

最古최고 最高최고 最初최초 最上최상 最下최하

目 눈 목

 目(눈)을 그려 '눈 목'

目標목표 目的목적 注目주목 品目품목

看 볼 간

目(눈) 위로 手(손)을 올려 먼 곳을 자세히 살피는 '볼 간'

看板간판 看病人간병인 看護간호 走馬看山주마간산 : 말을 타고 달리며 산천을 구경한다는 뜻으로, 자세히 살피지 아니하고 대충대충 보고 지나감을 이르는 말.

眉 눈썹 미

(눈썹) 아래에 目(눈)을 그린 '눈썹 미'

眉間미간
白眉백미 : 흰 눈썹. 여럿 중 가장 뛰어남.

夢 꿈 몽

(눈썹과 눈이 이불) 밖으로 보이고 꿈꾸는 시간인 夕(저녁 석)을 넣어 '꿈 몽'

解夢해몽 惡夢악몽 吉夢길몽 夢遊病몽유병
非夢似夢비몽사몽 : 완전히 잠이 들지도 잠에서 깨어나지도 않은 어렴풋한 상태.

冒 무릅쓸 모

(모자)로 가려진 아래 目(눈)만 드러내고 위험한 곳으로 돌진하는 '무릅쓸 모'

冒險모험

相 서로 상

 木(나무)를 자신의 目(눈)으로 직접 바라보며 관찰하는 모습에서 '서로 상'

相談상담　相對상대　觀相관상　相互상호　相扶相助상부상조 : 서로서로 도움.

想 생각 상

 心(마음)속으로 생각한다는 '생각 상'

思想사상　感想감상　想像상상
無念無想무념무상 : 무아의 경지에 이르러 일체의 상념을 떠남.

霜 서리 상

하늘에서  雨(빗방울)이 얼어서 내리는 '서리 상'

風霜풍상　霜葉상엽　秋霜추상　雪上加霜설상가상 : 눈 위에 서리가 덮인다는 뜻으로, 난처한 일이나 불행한 일이 잇따라 일어남을 이르는 말.

見 볼 견

 見(눈알)을 강조해 직접 육안으로 보고 있다는 '① 볼 견' '② 나타날 현' '③ (웃어른을) 뵐 현' | 주의~! 貝(조개 패)와 다르다.

① 見聞견문　異見이견　偏見편견　見物生心견물생심　② 讀書百遍義自見독서백편의자현 : 책을 백번 읽으면 뜻이 절로 나타난다. ③ 謁見알현

視 볼 시

 示=礻(제단) 위로 내려오는 신을 보기 위해 주의 깊게 살피는 데서 '볼 시'

透視투시　注視주시　視聽覺시청각　監視감시

나타날 현

王(옥)을 갈자 빛이 見(드러난다)는 '나타날 현'

出現출현 現場현장 現代현대 現夢현몽

법 규

원을 오차 없이 그리는 夫(컴퍼스)를 見(보고 있는) 데서 규칙, 본보기라는 뜻이 나와 '법 규'

規則규칙 規範규범 法規법규 規制규제

*氏
백성 민

포로의 目(눈)을 七(바늘)로 찔러 애꾸눈을 만들어 백성을 삼았다 하여 '백성 민'

國民국민 愚民化우민화 庶民서민 民法민법
與民同樂여민동락 : 임금이 백성과 함께 즐김.

잠잘 면

目(눈)을 감고 잠든 모습이 '잠잘 면'

睡眠수면 催眠최면 永眠영면 冬眠동면 休眠휴면

신하 신

임금 앞에서 臣(눈을 내리고) 절대복종하는 '신하 신'

臣下신하 奸臣간신 功臣공신
君臣有義군신유의 : 오륜(五倫)의 하나. 임금과 신하 사이의 도리는 의리에 있음을 이른다.

臥 누울 와

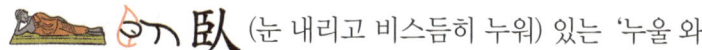 臥 (눈 내리고 비스듬히 누워) 있는 '누울 와'

臥佛와불 臥病와병 臥薪嘗膽와신상담 : 원수를 갚거나 마음먹은 일을 이루기 위하여 온갖 어려움과 괴로움을 참고 견딤.

臨 임할 림

 臥 (고개 숙여) 品 (물건들)을 내려다보는 '임할 림'

臨終임종 臨迫임박 降臨강림 臨戰無退임전무퇴 : 세속 오계의 하나. 전쟁에 나아가서 물러서지 않음을 이른다.

監 볼 감

 臥 (고개 숙여) 血 (대야 속 물)에 자신의 얼굴을 비추어 자세히 들여다보고 있는 '볼 감'

監督감독 監視감시 監査감사 監察감찰

鑑 거울 감

金 (청동)으로 만들어져 얼굴을 監 (볼 수) 있게 만든 '거울 감'

鑑定價감정가 鑑別감별 龜鑑귀감 鑑識감식 印鑑인감

濫 넘칠 람

대야에 氵(물)이 넘치듯 도를 넘어 함부로 사용하는 '넘칠 람'

濫用남용 濫發남발 濫伐남벌 濫獲남획 氾濫범람

이것이... 濫用

覽 볼 람

자신의 얼굴을 꼼꼼히  臨 (보는 것)처럼 주변을 자세히 見 (살펴보는) '볼 람'

觀覽관람 博覽會박람회 遊覽유람 展覽會전람회

鹽 소금 염

 監 (볼 감→염)에서 음을, 소금통을 그린 鹵 (소금 로)를 넣어 '소금 염'

鹽分염분 鹽田염전 鹽氣염기 食鹽水식염수

臤 굳을 견

 臣 (고개를 숙이고) 부지런히 又 (손)을 놀리는 '굳을 견'

주로 음으로 나온다.

堅 굳을 견

臤 (단단하게) 土 (흙)을 다지는 일을 열심히 하는 '굳을 견'

堅固하게

堅固견고 堅果견과 中堅作家중견작가 : 작품 활동 기간이 비교적 오래되어 문단에서 역량을 인정받은 작가.

賢 어질 현

臤 (단단히) 貝 (재물)을 잘 관리하는 현명한 인재를 뜻하는 '어질 현'

賢明현명 先賢선현 賢者현자 聖賢성현 竹林七賢죽림칠현 : 중국 진(晉)나라 초기에 노자와 장자의 무위 사상을 숭상하여 죽림에 모여 청담으로 세월을 보낸 일곱 명의 선비.

緊 긴할 긴

糸(실)을 臤(팽팽하게) 잡아당겨 곧 끊어질 것 같은 긴장된 모습에서 '긴할 긴'

緊張긴장 緊急긴급 緊縮긴축 緊迫感긴박감 緊密긴밀 要緊요긴

直 곧을 직

目(눈) 위에 │ 十(직선)을 넣어 똑바로 응시하는 것을 의미하는 '곧을 직'

直線직선 直視직시 直進직진 曲直곡직 直言직언 直輸入직수입

植 심을 식

木(나무)를 直 (곧게) 세워서 심는 데서 '심을 식'

植木日식목일 移植이식 植物식물 植民地식민지 植樹식수

値 값 치

亻(사람)은 直(곧고) 바르게 살아야 가치가 있다는 '값 치'

價値가치 平均値평균치 絕對値절대치 數値수치

置 둘 치

罒(그물)을 直(똑바로) 세워놓고 새를 잡는 데서 '둘 치'

安置안치 設置설치 放置방치 位置위치 代置대치 備置비치 處置처치

덕 덕

양심 있는 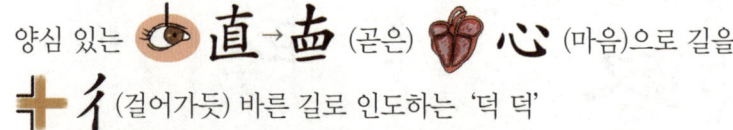 直→㥁 (곧은) 心 (마음)으로 길을 彳 (걸어가듯) 바른 길로 인도하는 '덕 덕'

道德도덕　人德인덕　德行덕행　德目덕목　德治主義덕치주의 : 덕망이 있는 사람이 도덕적으로 어두운 사람을 지도 교화하는 것을 정치의 요체로 삼는 사상.

들을 청

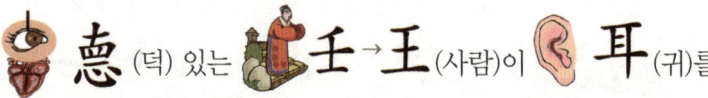 悳 (덕) 있는 壬→王 (사람)이 耳 (귀)를 세우고 경청하는 '들을 청'

視聽시청　聽衆청중　公聽會공청회　難聽난청　傾聽경청
視聽覺시청각　補聽器보청기

관청 청

백성들의 이런저런 소리를 聽 (귀담아 듣고) 일을 처리해야 하는 广 (큰 건물)을 가리켜 '관청 청'

官廳관청　市廳시청　廳舍청사　道廳도청　兵務廳병무청

그칠 간

가다 말고 艮 (눈을 돌려) 응시하는 노한 표정에서 '그칠 간.' 주로 음으로 나온다.

| 주의~! 良(좋을 량)과 다르다.

뿌리 근

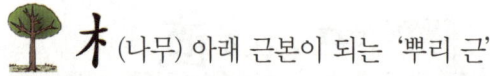 木 (나무) 아래 근본이 되는 '뿌리 근'

根本근본　根性근성　毛根모근　根幹근간　根源근원　根據근거
草根木皮초근목피 : 풀뿌리와 나무껍질이라는 뜻으로, 맛이나 영양 가치가 없는 거친 음식을 비유적으로 이르는 말.

한할 한

忄(마음) 깊은 곳에 艮(머물러, 간→한) 응어리진 한스런 심정에서 '한할 한'

恨歎한탄 餘恨여한 痛恨통한 怨恨원한 悔恨회한

한계 한

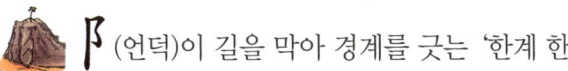
阝(언덕)이 길을 막아 경계를 긋는 '한계 한'

限界한계 限定한정 下限하한 期限기한 無限무한 權限권한

은 은

金(금속) 중에 艮(간→은)에서 음을 취한 '은 은'

金銀銅금은동 銀像은상 銀行은행 銀粧刀은장도 銀半指은반지

눈 안

目(눈동자)가 한곳으로 艮(머물러, 간→안) 응시하는 '눈 안'

眼鏡안경 老眼노안 近視眼근시안 眼科안과 雙眼鏡쌍안경 眼下無人안하무인 : 눈 아래에 사람이 없다는 뜻으로, 방자하고 교만하여 다른 사람을 업신여김을 이르는 말.

물러날 퇴

길을 彳辶(가다가) 멈춰 서서 艮(뒤돌아)보고 물러서는 '물러날 퇴'

退步퇴보 退場퇴장 退陣퇴진 退行퇴행 減退감퇴 退學퇴학

간절할 **간**

豤(파헤칠 간)에서 음을 취해 정성과 열망을 가득 담은 心(마음)에서 '간절할 간'

懇切간절 懇請간청 懇求간구 懇談會간담회 懇曲간곡

모양 **모**

가면을 쓴 사람의 모습인 皃(모양 모) 앞에 豸(벌레 치)를 넣어 '모양 모'. 豸(벌레 치)는 웅크리고 있는 맹수를 그렸는데 뒤에 발 없는 벌레를 가리켜 '벌레 치'로 부른다.

外貌외모 美貌미모 容貌용모 變貌변모 風貌풍모 全貌전모

끌 **만**

冒→冃(두건 아래 눈)만 보이게 又(손)으로 잡아당겨 늘어진 모습에서 '(길게)끌 만'. 주로 음으로 나온다.

거만할 **만**

忄(마음)이 曼(늘어져서) 해이해진 '① 게으를 만', 그리고 방자해진 '② 거만할 만'

① 怠慢태만 ② 傲慢오만 驕慢교만

漫
질펀할 **만**

氵(물)이 일정한 방향 없이 제멋대로 퍼져나가는 '질펀할 만'

漫畵만화 漫然만연 漫談만담 放漫방만 漫評만평 浪漫낭만 散漫산만

입 구

 口(입)을 보고 그린 '입 구'

窓口창구　食口식구　異口同聲이구동성 : 입은 다르나 목소리는 같다는 뜻으로, 여러 사람의 말이 한결같음을 이르는 말.

日
가로 왈

 曰(입에서 나오는 입김)을 그려 말한다는 '가로 왈' | 주의~! 日(해 일)과 다르다.

曰可曰否왈가왈부 : 좋으니 나쁘니 하고 떠들어댐.

喪
잃을 상

  (망자) 앞에 있는 사람들  口口 (입)에서 흐느끼며 비통해하는 '잃을 상'

喪家상가　問喪문상　弔喪조상　喪主상주

哭
울 곡

상(喪) 당한 유족들  口口 (입)에서  犬 (개)처럼 우~우~ 소리를 내며 신성한 소리를 내는 '울 곡'

哭聲곡성　大聲痛哭대성통곡 : 큰 소리로 목을 놓아 슬피 욺.

器
그릇 기

귀한  品 (그릇)들을 犬 (개)가 지키고 있는 모습에서 '그릇 기'

武器무기　器物기물　凶器흉기　器具기구　器官기관　大器晩成대기만성 : 큰 그릇을 만드는 데는 시간이 오래 걸린다는 뜻으로, 크게 될 사람은 늦게 이루어짐을 이르는 말.

옛 고

十(열) 세대에 걸쳐 口(입)으로 전해진 옛 이야기에서 '옛 고'

| 주의~! 右(오른 우)와 다르다.

古代고대 古稀고희 復古복고

연고 고

攵(칠 복)을 넣은 이 한자도 '① 옛 고'인데 뒤에 다양한 뜻으로 발전하여 '② 연고 고' '③ 일 고' '④ 일부러 고' '⑤ 죽을 고'

① 故鄕고향 ② 緣故연고 ③ 事故사고 故障고장 ④ 故意고의 ⑤ 故人고인

쓸 고

쓴맛이 나는 艹(풀)인 씀바귀에서 '쓸 고'

| 주의~! 若(같을 약)과 다르다.

苦生고생 忍苦인고 良藥苦於口양약고어구 : 좋은 약은 입에 쓰다는 뜻.

마를 고

古(오래) 되어 말라버린 木(나무)에서 '마를 고'

枯渴고갈 枯死고사 枯葉고엽

시어미 고

세월이 오래 지나 女(여자)가 시어머니가 되는 '시어미 고'

姑婦고부 姑母고모

居 살 거

한 곳에 古(오랫)동안 尸(앉아서) 생활하는 '살 거'

住居주거　居住地거주지　居處거처　居室거실　居士거사

固 굳을 고

古(오래) 버틸 수 있게 口(성벽)을 단단히 쌓은 '굳을 고'

堅固견고　固執고집　固守고수　固體고체

個 낱 개

물건이나 亻(사람) 하나하나를 세는 단위로 나오는 '낱 개'

個人개인　個別개별　個性개성　別個별개

胡 오랑캐 호

古(오래) 되어 축 늘어진 月(턱밑의 살)이었는데 뒤에 나온 뜻이 '오랑캐 호'

胡亂호란

湖 호수 호

고여 있는 氵(물)을 가리켜 '호수 호'

湖水호수　江湖강호

하품 흠

입을 크게 벌리고  欠 (하품)하는 모습에서 '하품 흠'

| 주의~! 攵(칠 복)과 다르다.

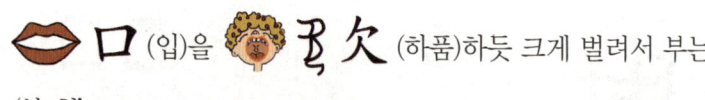
불 취

口 (입)을  欠 (하품)하듯 크게 벌려서 부는 '불 취'

鼓吹고취 : 의견이나 사상을 열렬히 주장하여 불어넣음.

버금 차

冫(숨기운)이나 침이 튈 정도로 크게 欠 (입 벌려) 계속 이어서 말하는 '버금 차'

次席차석   次男차남   目次목차   次善策차선책   次期차기   次例차례

재물 자

次 (다음, 차→자) 일을 계속하기 위해서 필요한 貝 (돈)을 가리켜 '재물 자'

資本자본   資金자금   資格자격   出資출자   資産자산   學資金학자금

모양 자

女 (여자)의 고운 맵시에서 '모양 자'

姿勢자세   姿態자태   高姿勢고자세   姿色자색

방자할 자

오만방자한 心(마음)에서 제멋대로 한다는 '방자할 자'

放恣방자 恣行자행

도둑 도

 次(침흘릴 연 : 침을 질질 흘리면서) 남의 값나가는

皿(그릇)을 탐내다 틈을 노려 훔치는 '도둑 도'

大盜대도 盜賊도적 强盜강도 盜用도용
盜聽도청 盜難도난

옳을 가

밭에서 일하다 흥에 겨워 可(입에서 좋~다)하며 소리치는 '① 좋을 가' '② 옳을 가' '③ 가히 가'

| 주의~! 司(맡을 사)와 다르다.

可望가망 可能가능 許可허가 可觀가관 可憎가증 不可불가

물 하

처음에는 氵(황하)를 가리켰다가 뒤에 일반적인 강을 뜻하는 '물 하'

河川하천 氷河빙하 山河산하 銀河水은하수 百年河淸백년하청 : 아무리 오랜 시일이 지나도 어떤 일이 이루어지기 어려움을 이르는 말.

노래 가

可(좋아~) 可(좋아~) 감탄이 절로 나오게 欠(입 벌리고) 부르는 '노래 가'

歌舞가무 歌手가수 歌唱가창 流行歌유행가
愛國歌애국가 校歌교가

何
어찌 하

(창을 메고 있는 사람)을 그렸는데 뒤에 '어찌, 무엇, 무슨, 어느'라는 의문사로 나와 '어찌 하'

幾何기하 如何여하 何如하여

荷
멜 하

본뜻을 잃어버린 何 (어찌 하) 위에 艹 (풀)을 어깨에 메고 가는 모습을 강조해 만든 '멜 하'

荷重하중 出荷출하 手荷物수하물

奇
기이할 기

大 (사람)이 可 (말)을 타고 있는 모습이 특이하다는 '기이할 기'

奇談기담 獵奇엽기 好奇心호기심
奇想天外기상천외 : 착상이나 생각 따위가 쉽게 짐작할 수 없을 정도로 기발하고 엉뚱함.

寄
부칠 기

宀 (집)안에 奇 (기이)한 기생충들이 몸을 맡기고 있어 '① 맡길 기', 맡겨달라고 부치는 데서 '② 부칠 기'

① 寄託기탁 寄生蟲기생충 寄宿기숙 寄附金기부금 ② 寄稿기고

騎
말탈 기

馬 (말)을 앞에 넣어 강조한 '말탈 기'

騎手기수 騎兵기병 騎虎之勢기호지세 : 호랑이를 타고 달리는 형세라는 뜻으로, 이미 시작한 일을 중도에서 그만둘 수 없는 경우를 비유적으로 이르는 말.

말씀 언

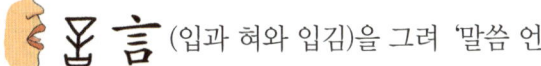 言 (입과 혀와 입김)을 그려 '말씀 언'

妄言망언 格言격언 宣言선언 名言명언 言中有骨언중유골 : 말 속에 뼈가 있다는 뜻으로, 예사로운 말 속에 단단한 속뜻이 들어 있음을 이르는 말.

말씀 어

입으로 나오는 言(말)에다 吾(나 오→어)에서 음을 취해 '말씀 어'

言語언어 熟語숙어 失語症실어증 語源어원 語法어법 語學어학 敬語경어

믿을 신

亻(사람)이 言(말)을 할 때는 믿음이 있어야 한다는 '믿을 신'

信用신용 信任신임 迷信미신 盲信맹신 信念신념
朋友有信붕우유신 : 오륜(五倫)의 하나. 벗 사이에는 믿음이 있어야 함을 이른다.

혀 설

舌 (입 밖으로 나온 혀)에다 침을 그려 '혀 설'

舌戰설전 口舌數구설수 毒舌독설

말씀 화

 言(말)할 때 舌(혀)가 보이는 '말씀 화'

手話수화 對話대화 會話회화 通話통화 逸話일화

살 활

(물)을 목마른 사람의 舌(혀)에 적셔서 살리는 '살 활'

活이란... 목을 축이는 물.

生活생활 復活부활 死活사활 活魚활어

해칠 해

(집안) 식구에게 (상처)를 주는 말을 하는 口(입)을 그려 '해칠 해'

加害者가해자 殺害살해 被害피해 自害자해 公害공해 害蟲해충 妨害방해

벨 할

(칼)로 害(해치는) 모습에서 '벨 할'

割腹할복 割引할인 役割역할 割愛할애 割當할당 割增料할증료
分割분할 割賦할부

법 헌

국가의 질서를 害(해치는) 사람을 (바른 눈과 마음)을 가진 사람이 벌을 주어 본보기로 삼는다는 '법 헌'

憲法헌법 憲章헌장 憲兵헌병 入憲입헌 改憲개헌 護憲호헌 制憲제헌

어찌 갈

입에서 曰(말하길) "어찌 이리도 살기 힘들까" 하면서 匃(구걸할 개 : 구걸)하는 데서 '어찌 갈'

| 주의~! 易(쉬울 이)와 다르다.

목마를 갈

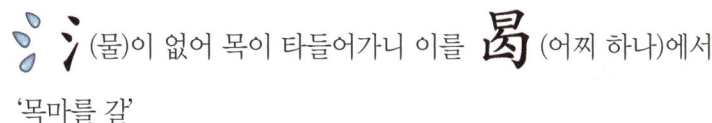(물)이 없어 목이 타들어가니 이를 曷(어찌 하나)에서 '목마를 갈'

渴症갈증 枯渴고갈 解渴해갈 渴求갈구 燥渴조갈

뵐 알

윗분을 직접 뵙고 言(여쭤보고) 曷(어찌, 갈→알) 해야 할지 결정한다는 '뵐 알'

謁見알현 拜謁배알

달 감

甘(입 안에 맛난 음식)이 들어가는 '달 감'

甘言감언 甘酒감주 苦盡甘來고진감래 : 쓴 것이 다하면 단 것이 온다는 뜻으로, 고생 끝에 즐거움이 옴을 이르는 말.

아무 모

甘(달콤)한 열매가 열린 木(매화나무)였는데 뒤에 성명을 모르는 사람이나 물건을 가리키는 뜻으로 '아무 모'

某年모년 某處모처

꾀할 모

某(아무개)와 은밀하게 言(말)을 주고받으며 일을 도모하는 '꾀할 모'

陰謀음모 謀議모의 共謀공모

중매 매

某(아무개)와 아무개를 소개시켜주는 女(여자)에서 '중매 매'

仲媒人중매인 媒體매체 媒介物매개물

어금니 아

牙(어금니)를 그린 '어금니 아'

齒牙치아 牙城아성 : 아주 중요한 근거지.

맑을 아

牙(아~아~)하고 우아하게 우는 隹(따까마귀)의 목소리에서 '맑을 아'

雅量아량 優雅우아 淸雅청아 端雅단아 雅號아호

싹 아

艹(풀)이 막 돋아나는 모습에서 '싹 아'

發芽발아 麥芽맥아

간사할 사

牙(아→사)에서 음을 취하고 阝(고을)의 질서를 어지럽히는 사악한 무리에서 '간사할 사'

奸邪간사 邪惡사악 邪說사설
破邪顯正파사현정 : 사견(邪見)과 사도(邪道)를 깨고 정법(正法)을 드러내는 일.

어조사 우

亏(말 기운)이 입 안에서 나오는 모양이었다가 뒤에 於(어조사 어 : ~에서, 에게)와 같은 뜻으로 쓰여 '어조사 우'

| 주의~! 干(방패 간)과 다르다.

집 우

亏(어조사 우)에서 음을 취한 (집)은 우주, 천하를 뜻하는 '집 우'

宇宙우주

더러울 오

고인 웅덩이의 氵(물)을 보고 한숨을 亏(내쉬는) '더러울 오'

汚染오염 汚名오명 汚辱오욕 汚點오점
貪官汚吏탐관오리 : 백성의 재물을 탐내어 빼앗는, 행실이 깨끗하지 못한 관리.

자랑할 과

大(크게) 자랑하며 言(말)할 때 나오는 亏(입김)을 그려 '자랑할 과'

誇張과장 誇示과시 誇大妄想과대망상 : 자신의 능력, 재산, 용모 따위의 현재 상태를 실제보다 턱없이 크게 과장하여 그것을 사실인 것처럼 믿는 일.

이에 내

목구멍에서 말이 乃(막힌) 모양으로 뒤에 부사로 해석하여 '이에 내'

人乃天인내천 乃至내지

秀⑦
빼어날 수

禾(벼)의 이삭이 패여 弓乃(길게 뻗어나가) 축 늘어진 모습에서 뛰어나다는 뜻인 '빼어날 수'

秀優美良可수우미양가 秀才수재 秀麗수려 俊秀준수

透⑪
통할 투

秀(빼어나게, 수→투) 막힘없이 뚫고 之(지나가는) 데서 '통할 투'

透明투명 透視투시 透徹투철 浸透침투

誘⑭
꾈 유

秀(빼어난, 수→유) 言(말)솜씨로 상대방을 꾀어낸다는 '꾈 유'

誘引유인 誘導유도 勸誘권유 誘惑유혹

音⑨
소리 음

音(목구멍에서 나오는 소리)를 그려 '소리 음'

音樂음악 發音발음 音盤음반 雜音잡음 音癡음치 錄音녹음 得音득음

暗⑬
어두울 암

日(해)가 떨어지면 音(소리)로 상대방에게 알렸다 하여 '① 어두울 암' '② 몰래 암'

① 明暗명암 暗黑암흑 暗室암실
② 暗示암시 暗去來암거래 暗殺암살 暗票암표

 뜻 의

心(마음) 속에 담고 있던 뜻을 音(소리)로 표현한 '뜻 의'

| 주의~! 章(글 장), 竟(마침내 경)과 다르다.

意志의지　意見의견　意向의향　意欲의욕　民意민의　敬意경의　弔意조의

 생각할 억

忄(마음)속에 자신의 意(뜻)을 새겨두고 기억하는 '생각할 억'

記憶기억　追憶추억

 억 억

亻(사람)의 意(속뜻)은 헤아리기 어려울 만큼 깊다는 데서 숫자 억을 뜻하는 '억 억'

億兆억조　億兆蒼生억조창생 : 수많은 백성.

 마침내 경

音(소리)를 내서 노래를 부르는 (사람)이 한 소절을 끝내는 데서 '마침내 경'

畢竟필경

 지경 경

土(땅)의 竟(끝)인 경계를 뜻하는 '지경 경'

地境지경　境界경계　國境국경　逆境역경　死境사경　心境심경

거울 경

얼굴이 비칠 때까지 ▭ 金(쇠)의 표면을 갈고 닦아 만든 '거울 경'

眼鏡안경　水鏡수경　望遠鏡망원경　破鏡파경　鏡臺경대
明鏡止水명경지수 : 맑은 거울과 고요한 물.

스스로 자

손가락으로 👃 😀 自(코)를 가리켜 자신을 가리킨데서 '① 스스로 자' '② 부터 자'

① 自身자신　自信感자신감　自動門자동문
② 自初至終자초지종 : 처음부터 끝까지의 과정.

코 비

👃 自(코) 아래 음으로 畀(비)를 넣어 다시 만든 '코 비'

鼻炎비염　鼻祖비조　耳目口鼻이목구비 : 귀,눈,입,코를 아울러 이르는 말. 또는 귀,눈, 입,코를 중심으로 한 얼굴의 생김새.

냄새 취

🐕 犬(개)가 🐶 自(코)로 냄새를 맡는다는 '냄새 취'

惡臭악취　脫臭劑탈취제　體臭체취

쉴 식

👃 自(코)로 숨을 쉴 때마다 ❤ 心(심장)이 뛰는 '쉴 식'

休息휴식　安息年안식년　消息소식　子息자식　歎息탄식

가 변

코와 입을 그린 🏻🏻 臱 (변)에서 음을 취하고 가장자리를 ✋ 辶 (걸어간다)는 뜻으로 '가 변'

邊方변방　邊境변경　海邊해변　江邊강변　周邊주변　身邊신변　大路邊대로변

머리 수

사람의 🏻🏻 首 (머리와 눈)을 강조해 머리, 첫째, 우두머리란 뜻을 가진 '머리 수'

首都수도　首席수석　元首원수　首弟子수제자
鶴首苦待학수고대 : 학의 목처럼 목을 길게 빼고 간절히 기다림.

길 도

사람의 🏻 首 (머리)가 길거리에 걸어 ✋ 辶 (다니는) '길 도'

茶道다도　道路도로　道德도덕　道敎도교　片道편도

인도할 도

✋ 道 (길)을 🖐 寸 (손)으로 가리키며 안내하는 '인도할 도'

引導인도　指導지도　矯導所교도소　善導선도　先導선도
半導體반도체　領導者영도자

고을 현

고을에 죄인의 목을 밧줄로 묶어 거꾸로 🏻🏻 縣 (매달아) 놓은 모습에서 '매달다' 는 뜻이었는데 뒤에 행정구역을 가리켜 '고을 현'

縣令현령　縣監현감

매달 현

죄인이 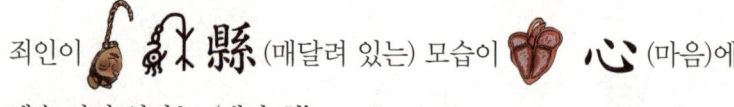 縣(매달려 있는) 모습이 心(마음)에 계속 남아 있다는 '매달 현'

懸案현안　懸板현판　懸隔현격　懸垂幕현수막
懸賞手配현상수배 : 범인을 신고하도록 유도하기 위해 상금을 내 걺.

얼굴 면

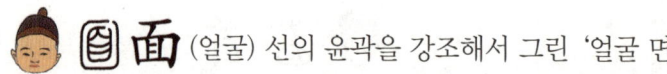 面(얼굴) 선의 윤곽을 강조해서 그린 '얼굴 면'

面目면목　面會면회　鐵面皮철면피　面接면접　面談면담

머리 혈

몸에 비해 頁(큰 머리)를 강조해 그린 측면의 모습에서 '머리 혈'

낯 안

彦(선비 언→안)에서 음을 취하고 頁(머리)가 있는 얼굴을 가리켜 '낯 안'

顔面안면　顔色안색　無顔무안　童顔동안　龍顔용안　紅顔홍안
厚顔無恥후안무치 : 뻔뻔스러워 부끄러움이 없음.

무리 류

비슷비슷하게 생긴 米(쌀) 알갱이와 犬(개)들의 頁(머리)를 분류하는 데서 '무리 류'

同類동류　分類분류　類似品유사품　衣類의류　酒類주류

번거로울 번

火(불)난 것처럼 頁(머리)에서 열나고 고민이 끊이지 않아 '번거로울 번'

煩雜번잡　百八煩惱백팔번뇌 :불교에서 나온 말로 인간의 과거, 현재, 미래에 걸친 108가지 번뇌

여름 하

여름 태양 아래 頁(머리)가 점점 뜨거워져 夂(천천히 걷고) 있는 사람 모습에서 '여름 하'

立夏입하　夏節하절　夏服하복
春夏秋冬춘하추동 : 봄, 여름, 가을, 겨울의 네 계절.

자주 빈

步(걷다가) 자주 頁(얼굴)의 미간을 찡그리는 데서 '자주 빈'

頻度빈도　頻繁빈번　頻發빈발

적을 과

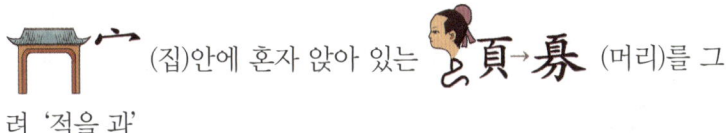
宀(집)안에 혼자 앉아 있는 頁→寡(머리)를 그려 '적을 과'

寡婦과부　寡人과인　寡慾과욕　獨寡占독과점
衆寡不敵중과부적 : 적은 수효로 많은 수효를 대적하지 못함.

근심 우

百(머리)를 ㄆ(손)으로 감싸고 괴로운 心(마음)으로 夂(걷고) 있는 '근심 우'

憂愁우수　憂患우환　憂慮우려
識字憂患식자우환 : 학식이 있는 것이 오히려 근심을 사게 됨.

넉넉할 우

亻(사람)이 憂(근심)을 떨쳐버리고 난 뒤의 홀가분한 마음에서 '① 넉넉할 우' '② 뛰어날 우' '③ 광대 우'

① 優柔不斷우유부단 : 어물어물 망설이기만 하고 결단성이 없음.
② 優越우월 優秀우수 優劣우열 優良우량 ③ 女優여우 俳優배우

으뜸 원

元(머리 큰 사람)이 서 있는 모습에서 첫째, 시초의 뜻으로 나와 '으뜸 원'

元首원수 元年원년 元老원로 元祖원조 元子원자 多元다원 紀元기원
壯元及第장원급제 : 과거에서, 갑과의 첫째로 뽑히던 일.

완전할 완

元(으뜸 원→완)에서 음을 취하고 宀(집) 수리가 완전히 끝나 완성되었다는 데서 '완전할 완'

完工완공 完全완전 完了완료 完結완결 完治완치 完成완성

집 원

阝(언덕)처럼 높은 담장이 있는 커다란 完(집)을 뜻하는 '집 원'

學院학원 病院병원 寺院사원 養老院양로원 大學院대학원
書院서원 法院법원

갓 관

성인이 막 된 元(머리 큰 사람) 머리 위로 (모자=갓)을 다른 사람의 寸(손)으로 씌우는 성인식에서 '갓 관'

冠禮관례 王冠왕관 衣冠의관 月桂冠월계관

亢 목 항

(목)을 길게 뽑고 있는 '목 항'
주로 음으로 나온다.

抗 겨룰 항

(손)을 치켜들고 (목을 쳐들고) 남과 다투는 '겨룰 항'

抵抗저항 抗拒항거 抗辯항변 抗議항의
對抗대항 反抗반항

航 배 항

(배)가 지나가는 길이었는데 뒤에 비행기가 하늘을 난다는 뜻으로 나온 '배 항'

航空항공 航海항해 航路항로 歸航귀항 運航운항 回航회항 缺航결항

而 말이을 이

할아버지가 (수염)을 만지며 "에, 그리고…" "그러나…"하며 말을 계속 잇는 '말이을 이'

似而非사이비 形而上學형이상학 學而時習之학이시습지

耐 견딜 내

할아버지의 (수염)을 손자가 寸(손)으로 잡아당기는 정도는 참고 견딜만하다는 데서 '견딜 내'

忍耐는 달다.

忍耐인내 耐久性내구성 耐熱性내열성

쓰일 수

 雨(비)가 내리기를 갈망하며 서 있는 而(사람)의 모습에서 '쓰일 수'

需要수요　必需品필수품　盛需期성수기　需給수급　祭需제수　婚需혼수
軍需物資군수물자 : 전투 식량, 군복, 병기 따위의 군대에 필요한 물품이나 재료.

선비 유

亻(사람)들이 需(바라는) 덕망 있는 학자를 뜻하는 '선비 유'

儒教유교　儒學者유학자　儒林유림　儒生유생　儒家유가

터럭 삼

빗질해서 가지런한 三彡(머리카락)과 빛나는 문양을 가리켜 '터럭 삼'

| 주의~! 三(석 삼)과 다르다.

모름지기 수

頁(머리)아래  彡(턱수염)을 만지작거리며 반드시 그래야 한다고 강조하는 '모름지기 수'

必須필수

보배 진

귀한 羊王(보배)가 彡(사람 머리카락) 사이로 광채가 나는 '보배 진'

珍貴진귀　珍風景진풍경　珍奇진기
山海珍味산해진미 : 산과 바다에서 나는 온갖 진귀한 물건으로 차린 맛이 좋은 음식.

참여할 **참**

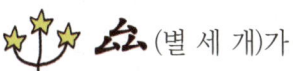(별 세 개)가 (머리) 위에서 반짝이는 모양에서 '석 삼', 뒤에 '참여할 참'

參與참여 參加참가 參考참고 參拜참배 參席참석 參酌참작 參照참조

참혹할 **참**

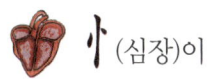(심장)이 (세 갈래) 네 갈래로 찢겨지는 아픔에서 '참혹할 참'

慘變참변 悲慘비참 慘死참사 無慘무참 慘敗참패 慘酷참혹 悽慘처참

漢字 7

손

손 수

手(다섯 손가락)을 펴고 있는 '손 수.' 扌(재방변)은 변형부수.

손과 관계있는 한자 : 又 / ナ / ㅋ / 廾 / 寸 / 支 / 攵 / 殳 / 爪

절 배

手(양손)을 모으고 (농작물) 앞에서 감사의 절을 하는 '절 배'

崇拜숭배　歲拜세배　再拜재배　參拜참배
禮拜예배　拜謁배알　敬拜경배

찾을 수

(늙은이 수 : 노인이 손에 촛불)을 잡고 집안 구석구석을 뒤지는 扌(손)을 강조해 '찾을 수'

搜索수색　搜査수사　搜所聞수소문

바꿀 환

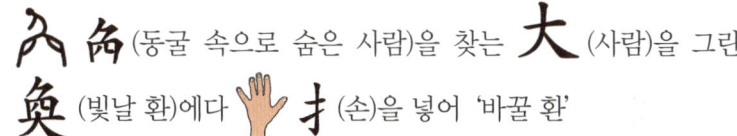(동굴 속으로 숨은 사람)을 찾는 大(사람)을 그린 奐(빛날 환)에다 扌(손)을 넣어 '바꿀 환'

換錢환전　交換교환　外換외환　換算환산　互換호환　轉換전환　換率환율

멜 담

詹(볼 첨→담)에서 음을 취하고 扌(손)으로 무거운 짐을 어깨에 메고 있는 '멜 담'

負擔부담　擔任담임　擔當담당　加擔가담　全擔전담　分擔분담

잃을 실

⺧(손)에서 ㇏(미끄러져) 놓치는 '잃을 실'

｜주의~! 矢(화살 시)와 다르다.

失手실수　失敗실패　失禮실례　失業者실업자　失語症실어증　失笑실소

차례 질

禾(볏단)을 失(잃지) 않도록 차곡차곡 쌓아두는 '차례 질'

秩序질서

흰 백

白(흰 엄지손톱)을 그려 '① 흰 백', 분명히 밝혀 알린다는 '② 말할 백'

① 白眼視백안시　白旗백기　潔白결백
② 告白고백

伯 맏 백

(사람) 중에 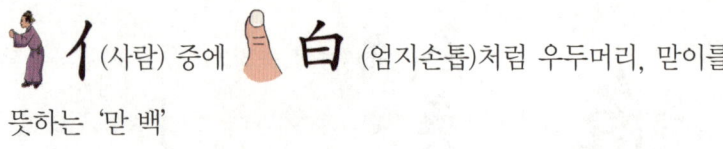(엄지손톱)처럼 우두머리, 맏이를 뜻하는 '맏 백'

伯父백부 伯仲백중 畵伯화백 伯仲之勢백중지세 : 서로 우열을 가리기 힘든 형세.

泊 머무를 박

배를 (물가)에 대고 날이 白(하얗게, 백→박) 밝을 때까지 머문다 하여 '머무를 박'

宿泊숙박 民泊민박

迫 핍박할 박

압박하면서 앞으로 (다가온다)는 '핍박할 박'

迫害박해 急迫급박 脅迫협박 開封迫頭개봉박두 : 새영화 상영이 가까워짐.

拍 칠 박

(손)으로 손뼉을 친다는 '칠 박'

拍手박수 拍車박차 拍子박자 拍掌大笑박장대소 : 손뼉을 치며 크게 웃음.

百 일백 백

숫자 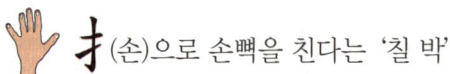(일)을 白(백) 위에 넣어 '일백 백'

百姓백성 百日백일 百日紅백일홍
百發百中백발백중 : 백 번 쏘아 백 번 맞힌다는 뜻.

3000년 전에는...

100   300

宿
잘 숙

 (집)안에  (사람)이   (자리)를 깔고 누워 잠자는 '잘 숙'

宿食숙식 寄宿舍기숙사 露宿者노숙자
合宿합숙

縮
줄일 축

宿(숙→축)에서 음을 취하고 糸 (실)이 열에 잘 오그라지고 줄어든다는 데서 '줄일 축'

縮小축소 伸縮性신축성 短縮단축 縮尺축척

又
또 우

 又 (오른 손)을 그려 같은 동작을 반복하는 데서 '또 우'

日新又日新일신우일신 : 날로 새로워짐

友
벗 우

 友 (손과 손)을 맞잡고 서로 도움을 주는 '벗 우'

友情우정 戰友전우 友愛우애 朋友붕우 友邦우방 歲寒三友세한삼우 : 추운 겨울철의 세 벗이라는 뜻으로, 추위에 잘 견디는 소나무, 대나무, 매화나무를 통틀어 이르는 말.

桑
뽕나무 상

누에를 치기 위하여 부지런히  叒 (손들)을 움직여 木 (뽕잎)을 따고 있는 '뽕나무 상'

桑田碧海상전벽해 : 뽕나무 밭이 변하여 푸른 바다가 된다는 뜻으로, 세상일의 변천이 심함을 비유적으로 이르는 말.

괴이할 괴

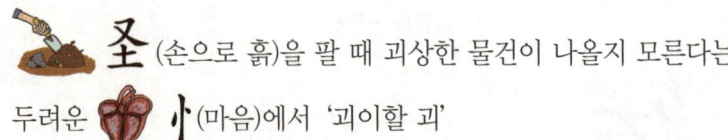 圣(손으로 흙)을 팔 때 괴상한 물건이 나올지 모른다는 두려운 마음(忄)에서 '괴이할 괴'

怪物괴물　怪談괴담　怪異괴이　怪力괴력　怪漢괴한　怪獸괴수

빠질 몰

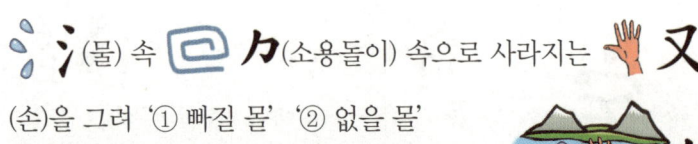 氵(물) 속 回刀(소용돌이) 속으로 사라지는 又(손)을 그려 '① 빠질 몰' '② 없을 몰'

① 沈沒침몰　沒頭몰두　沒入몰입　出沒출몰
② 沒常識몰상식　沒廉恥몰염치　沒人情몰인정

아비 부

父(손에 도끼)를 들고 열심히 일하는 가장의 모습에서 '아비 부'

父母부모　神父신부　祖父조부　父性부성　嚴父慈母엄부자모 : 아버지는 자식들을 엄격히 다루어야 하고 어머니는 자식들을 깊은 사랑으로 보살펴야 함을 이르는 말.

미칠 급

앞서 뛰어가는 ア(사람)을 따라가 등 뒤에서 又(손)으로 잡는 데서 도달하다는 뜻인 '미칠 급'

| 주의~! 乃(이에 내)와 다르다.

普及보급　莫及막급　言及언급　過猶不及과유불급

등급 급

糸(실)을 순서에 맞게 짜는 과정에서 '단계' '구분' 이란 뜻인 '등급 급'

等級등급　學級학급　階級계급　進級진급

마실 **흡**

공기나 물 따위를 들이마셔 口(입)까지 及(이르른)데서 '마실 흡'

吸入흡입 呼吸호흡 吸收흡수 吸血鬼흡혈귀

반대로 **반**

厂(암벽)에 오르려는 又(손)이 뒤집어질 것 같은 모습에서 '반대로 반'

| 주의~! 友(벗 우)와 다르다.

反對반대 違反위반 反感반감 反省반성 反復반복

돌이킬 **반**

辶(걸어가다) 反(반대로) 다시 되돌아오는 모습에서 '돌이킬 반'

返品반품 返還반환 返納반납 返送반송

밥 **반**

날마다 밥 食(먹는) 일을 반복한다는 데서 '밥 반'

飯店반점 茶飯事다반사 飯酒반주 朝飯조반

팔 **판**

貝(돈)을 받고 물건을 판다는 뜻에서 '팔 판'

販賣판매 販促판촉 街販가판 自販機자판기

조각 판

나무를 片(조각)내어 글자나 그림을 그릴 수 있게 만든 '조각 판'

出版출판　銅版동판　改訂版개정판　板權판권

널 판

널찍한 木(나무판)을 가리켜 '널 판'

坐板좌판　看板간판　鐵板철판　氷板빙판

아저씨 숙

朮(콩)을 수확하는 나이 어린 又(손)을 그려 '콩 숙'이었는데 뒤에 형제 중 어린 셋째를 뜻하다가 아버지의 어린 동생을 뜻하는 '아저씨 숙'

叔父숙부　外叔母외숙모　堂叔당숙

맑을 숙

叔(콩)을 담근 맑고 깨끗한 氵(물)에서 '맑을 숙'

淑女숙녀　靜淑정숙

감독할 독

땅에 떨어진 叔(콩, 숙→독)까지 目(눈)으로 세밀히 잘 살펴서 줍는 모습에서 '감독할 독'

監督감독　總督총독　提督제독　基督敎기독교

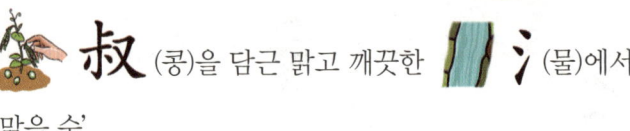

고요할 **적**

叔(숙→적)에서 음을 취하고 (집)안이 조용한 상태를 뜻하는 '고요한 적'

寂寞적막 寂寂적적 入寂입적 靜寂정적 閑寂한적

친척 **척**

동족을 적으로부터 지키기 위해 들고 있는 戉(창)에다 음으로 尗(콩 숙→척)을 넣어 '친척 척'

親戚친척 姻戚인척 外戚외척

힘 **력**

力(팔)에 힘을 주는 모습이 '힘 력.' 쟁기를 그렸다는 설도 있음.

| 주의~! 刀(칼 도)와 다르다.

國力국력 速力속력 氣力기력 努力노력

못할 **렬**

力(힘)이 少(적어) 부족하고 못났다는 '못할 렬'

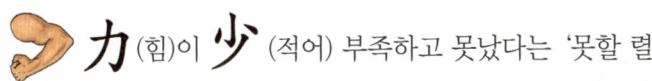
劣等感열등감 優劣우열 劣性열성 卑劣비열 劣惡열악

사내 **남**

田(밭)에서 力(힘껏) 일하는 사람은 '사내 남'

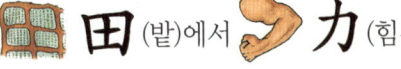
男子남자 長男장남 男兒남아 好男호남
善男善女선남선녀 : 성품이 착한 남자와 여자란 뜻으로, 착하고 어진 사람들을 이르는 말.

協 합할 협

十(열) 사람 이상이 (힘)을 합쳐 일하는 데서 '합할 협'

協力협력 協議협의 協贊협찬 協助협조

脅 협박할 협

月(신체)의 일부인 (팔)을 휘두르며 위협한다는 '협박할 협'

威脅위협 脅迫협박

加 더할 가

力(힘껏) 口(입) 모아 응원하는 데서 '더할 가'

加減가감 加速가속 加熱가열 加味가미

架 시렁 가

물건을 (얹어) 놓으려고 木(나무)로 만든 시렁에서 '시렁 가'

書架서가 十字架십자가 架橋가교
高架道路고가도로 : 기둥 따위를 세워 땅 위로 높이 설치한 도로.

賀 하례할 하

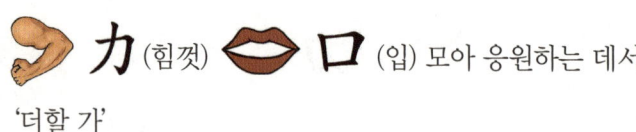貝(돈)이나 선물을 加(보태)주며 축하해 주는 데서 '하례할 하'

祝賀축하 賀客하객
謹賀新年근하신년 : 삼가 새해를 축하한다는 뜻으로, 새해의 복을 비는 인사말.

손●243

왼 **좌**

 (왼손)에  (도구)를 들고 일하는 '왼 좌' | 주의~! 在(있을 재), 有(있을 유)와 다르다.

左遷좌천 左翼手좌익수
左顧右眄좌고우면 : 이쪽저쪽을 돌아본다는 뜻으로, 앞뒤를 재고 망설임을 이르는 말.

도울 **좌**

 (사람)이  (손에 도구, 좌)를 들고 남의 일을 도와주는 '도울 좌'

補佐官보좌관

다를 **차**

축 늘어진  (벼이삭)을 → (왼손) 으로 잡고 있는 모습에서 틀리고 차이가 난다는 '다를 차'

| 주의~! 着(붙을 착), 羞(부끄러울 수)와 다르다.

差異차이 差等차등 差別차별 時差시차 隔差격차 快差쾌차 差減차감

오른 **우**

 (오른 손)으로 음식을  (입)에 넣는 모양 에서 '오른 우'

右翼우익 左右좌우 右向右우향우 右側우측
左衝右突좌충우돌 : 이리저리 마구 찌르고 부딪침.

같을 **약**

 右 (오른 손)으로 같은 모양의  (풀)을 뜯 는 데서 '① 같을 약', 망상을 떠난 지혜를 뜻하는 '② 반야 야'

① 明若觀火명약관화 : 불을 보듯 분명하고 뻔함.
② 般若心經반야심경 : 대반야바라밀다경의 요점을 간결하게 설명한 짧은 경전.

諾
허락할 낙

若(약→낙)에서 음을 취하고 다른 사람의 말에 동의하여 口(대답)한다는 '허락할 낙'

許諾허락 承諾승낙 受諾수락 應諾응낙

寸
마디 촌

(손목 아래 맥 짚는 자리)를 재는 약 3센티미터의 길이를 뜻하면서 약간, 근소한 수치를 뜻하는 '마디 촌'

| 주의~! 才(재주 재)와 다르다.

寸鐵殺人촌철살인 : 간단한 말로도 남을 감동시키거나 남의 약점을 찌를 수 있음을 이르는 말.

村
마을 촌

마을 어귀에 심어놓은 (나무)에서 시골을 뜻하는 '마을 촌'

村落촌락 村家촌가 村婦촌부 農村농촌 山村산촌 鄕村향촌

守
지킬 수

(집)을 지키기 위해 寸(손)으로 막고 있는 '지킬 수'

攻守공수 死守사수 遵守준수 固守고수
保守보수 守則수칙 守備수비

討
칠 토

잘못된 점을 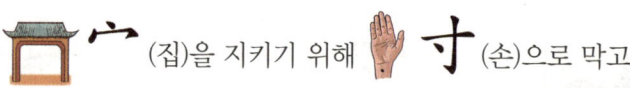言(말)하면서 寸(손)으로 지적하고 따지는 '칠 토'

聲討성토 討議토의 討論토론 檢討검토

찾을 심

左 + 右 = 尋 (오른손과 왼손)을 벌려 寸 (법칙)에 맞게 길이를 재는 데서 '찾을 심'

尋常심상 : 평범. 예사롭다.

줄 부

亻(어떤 사람)에게 寸 (손)에 물건을 들고 넘겨주며 부탁한다는 '줄 부'

交付교부 貸付대부 送付송부 發付발부
結付결부 還付환부

符
부호 부

竹 (대나무)에 글씨를 써서 반으로 잘라 증표로 사용한 부절(符節)에서 '부호 부'

符號부호 符合부합 符節부절 名實相符명실상부 : 이름과 실상이 서로 꼭 맞음.

附
붙을 부

阝(언덕)에 몸을 의지하고 기어 올라가는 데서 '붙을 부'

阿附아부 附着부착 添附첨부 附與부여 寄附기부
附和雷同부화뇌동 : 줏대 없이 남의 의견에 따라 움직임.

府
관청 부

물품과 문서를 보관하는 广 (관청)에 와서 付 (부탁)을 하거나 서류를 발부받는 '관청 부'

司法府사법부 政府정부 行政府행정부 幕府막부

썩을 부

府(관청) 안에서 肉(고기) 썩는 냄새가 진동하는 '썩을 부'

腐敗부패 豆腐두부
切齒腐心절치부심 : 몹시 분하여 이를 갈며 속을 썩임.

절 사

손님을 모시느라 止→土(발)과 寸(손)을 바쁘게 움직이며 수발드는 관청이었다가 뒤에 스님이 수행하는 절을 뜻하게 되어 '절 사'

寺刹사찰 寺院사원 山寺산사 佛國寺불국사

때 시

寺(사→시)에서 음을 취하고 日(해)의 움직임에 따라 시간이 흐른다는 데서 '때 시'

時間시간 時計시계 卽時즉시 時速시속
晚時之歎만시지탄 : 시기에 늦어 기회를 놓쳤음을 안타까워하는 탄식.

시 시

마음속 감정을 운율에 맞춰서 言(말)과 글로 표현해서 써 놓는 '시 시'

詩想시상 詩集시집 詩畵시화 序詩서시

모실 시

亻(손님)을 모시는 寺(관청)이나 절에서 '모실 시'

侍女시녀 侍從시종 內侍내시

持 가질 지

才(손)에 잡고 지키는 '가질 지'

所持소지 維持유지 支持지지 持參지참 堅持견지 持病지병 持續지속

待 기다릴 대

손님을 기다리느라 寺(관청) 앞 彳(거리)를 왔다 갔다 하는 '기다릴 대'

企待기대 待接대접 待遇대우 守株待兎수주대토 : 한 가지 일에만 얽매여 발전을 모르는 어리석은 사람을 비유적으로 이르는 말.

特 특별할 특

희생으로 바칠 특별한 牛(소)를 잡아 寺(관청) 과 절에서 제단에 바치는 데서 '특별할 특'

特別특별 特權특권 特使특사 特許특허

等 무리 등

寺(관청)에서 竹(죽간)에 쓴 공문서를 등급을 정하고 같은 종류끼리 묶는다 하여 '무리 등' '등급 등'

平等평등 等級등급 劣等感열등감 差等차등

爪 손톱 조

爪(새 발톱)을 그렸는데 뒤에 爪(잡아당기는 손)을 통칭하여 '손톱 조'. 爫(손톱머리)는 변형부수.

| 주의~! 瓜(오이 과)와 다르다.

妥 ⑦

온당할 **타**

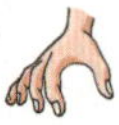 爫(손)으로  女 (여자)를 눌러 앉히는 행동이 타당하다는 '온당할 타'

妥當타당 妥協타협 妥結타결

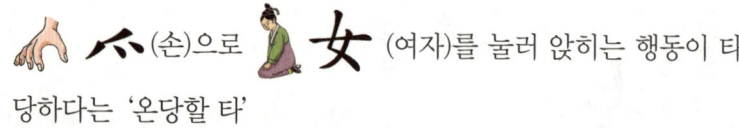

爵 ⑱

벼슬 **작**

천자가 제후에게 하사하던 청동으로 만든 (술잔)을 잡고 있는  寸(손)으로 뒤에 높은 벼슬을 뜻하게 되어 '벼슬 작'

爵位작위 公爵공작 高官大爵고관대작 : 지위가 높고 훌륭한 벼슬 또는 사람.

隱 ⑰

숨을 **은**

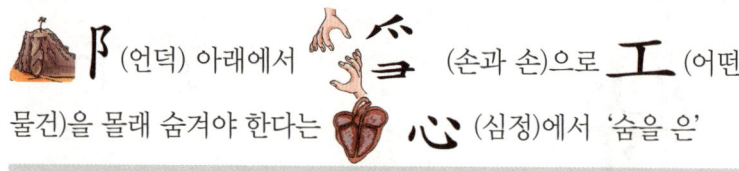

 阝(언덕) 아래에서  (손과 손)으로 工 (어떤 물건)을 몰래 숨겨야 한다는  心 (심정)에서 '숨을 은'

隱密은밀 隱語은어 隱匿罪은닉죄 隱者은자 隱居은거 隱身은신
隱忍自重은인자중 : 마음속에 감추어 참고 견디면서 몸가짐을 신중하게 행동함.

受 ⑧

받을 **수**

두 사람이 (물건)을 서로 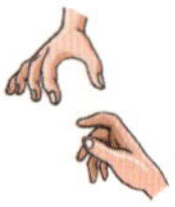 受 (주고받는 손)을 그려 '받을 수'

受納수납 受賞수상 買受매수 受益수익 接受접수 受驗生수험생

授 ⑪

줄 **수**

 受(받을 수) 앞에 물건을 건네주는 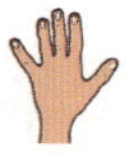 扌(손)을 추가하여 '줄 수'

授業수업 授與수여 授受수수 教授교수

캘 채

 (손)으로 木(나무)의 열매나 잎을 따고 있는 '캘 채.' 주로 음으로 나온다.

캘 채

才(손)을 다시 넣어 강조한 '캘 채'

採集채집 採點채점 採擇채택 特採특채

나물 채

 采(캐서) 먹을 수 있는 艹(풀)에서 '나물 채'

菜蔬채소 菜食채식 山菜산채 生菜생채 野菜야채

채색 채

采(캐는) 나물의 빛깔이 彡(고운) '채색 채'

色彩색채 光彩광채 異彩이채 水彩畵수채화

다툴 쟁

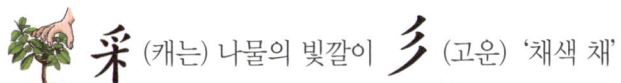 (물건)을 가운데 두고 서로 뺏으려고 (두 손)을 잡아당기며 싸우는 '다툴 쟁'

言爭언쟁 爭點쟁점 鬪爭투쟁 爭奪戰쟁탈전
紛爭분쟁 論爭논쟁 競爭경쟁

깨끗할 정

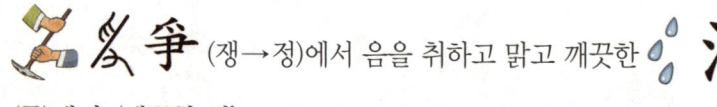(쟁→정)에서 음을 취하고 맑고 깨끗한 (물)에서 '깨끗할 정'

淨化정화　自淨자정　淸土정토
淸淨區域청정구역 : 오염되지 않도록 특별 관리하는 친환경지역.

고요할 정

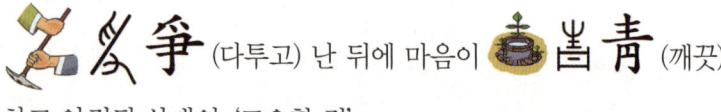(다투고) 난 뒤에 마음이 (깨끗)하고 안정된 상태인 '고요할 정'

動靜동정　靜中動정중동　鎭靜劑진정제　靜肅정숙

당길 원

물에 빠져 허우적대는 (손)을 잡기 위해 (손에 막대기)를 쥐고 잡아끄는 모습이 '당길 원.' 주로 음으로 나온다.

도울 원

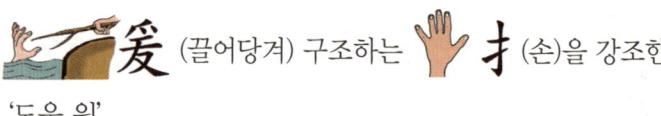(끌어당겨) 구조하는 (손)을 강조한 '도울 원'

救援구원　援助원조　援軍원군　支援지원　應援응원
孤立無援고립무원 : 고립되어 구원을 받을 데가 없음.

따뜻할 난

日(태양)만큼 따뜻한 (구원)의 손길에서 '따뜻할 난'

暖房난방　暖流난류　暖帶난대

느릴 완

(밧줄)로 (구조)를 마친 뒤 느슨해지고 여유가 있는 '느릴 완'

緩急완급 緩慢완만 緩和완화
緩行列車완행열차 : 빠르지 않은 속도로 달리며 각 역마다 정차하는 열차.

붓 율

(손)에 (붓)을 들고 있는 '붓 율'

붓 필

대롱을 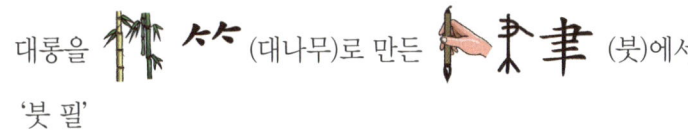(대나무)로 만든 (붓)에서 '붓 필'

筆記具필기구 鉛筆연필 粉筆분필 筆者필자 執筆집필 隨筆수필
一筆揮之일필휘지 : 글씨를 단숨에 죽 내리 씀.

법칙 률

(행)할 것과 행할 수 없는 규정과 법률을 (붓)으로 적어 놓은 '법칙 률'

法律법률 規律규율 自律자율 他律타율 戒律계율 調律조율
二律背反이율배반 : 서로 모순되어 양립할 수 없는 두 개의 명제.

다할 진

오래 써서 다 닳은 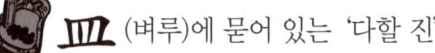(붓)의 (털)이 빠져서 (벼루)에 묻어 있는 '다할 진'

賣盡매진 脫盡탈진 消盡소진 無盡무진 盡忠報國
진충보국 : 충성을 다하여서 나라의 은혜를 갚음.

肅 엄숙할 숙

(손에 바늘)을 잡고 (자수)를 놓을 때는 신중하고 조심해야 한다는 '엄숙할 숙'

嚴肅엄숙 自肅자숙 肅然숙연 靜肅정숙

書 글 서

(붓)으로 (말)하는 내용을 쓰는 데서 '글 서'

書籍서적 書册서책 書店서점 書類서류 書信서신 著書저서 覺書각서

晝 낮 주

(글) 공부는 해뜨는 (아침)부터 시작된다는 '낮 주'

晝夜주야 白晝백주 晝間주간 晝耕夜讀주경야독 : 낮에는 농사짓고, 밤에는 글을 읽는다는 뜻으로, 어려운 여건 속에서도 꿋꿋이 공부함을 이르는 말.

畵 그림 화

(붓)을 들고 (밭과 경계선)을 그린 '그림 화'

西洋畵서양화 映畵영화 畵家화가 書畵서화 自畵像자화상
自畵自讚자화자찬 : 자기 그림을 자기가 칭찬함. 스스로 자랑함.

劃 그을 획

畵→畵 (그림) 위에 (칼)로 명확하게 그어서 구분하는 '그을 획'

計劃계획 區劃구획 企劃기획 劃數획수 劃期的획기적

세울 건

聿(붓)을 움직여 순서에 맞게 계획한 뒤 건물을 세우는 '세울 건'

建物건물 建國건국 建設건설 建築物건축물 建議건의 封建主義봉건주의 : 상위에 있는 자가 절대적 권력을 가지고 하위에 있는 자를 종속시켜 다스리는 사회지배 이념.

굳셀 건

亻(사람)이 몸을 建(세우고) 서 있다는 데서 건강하다는 '굳셀 건'

健康건강 健脚건각 健鬪건투

임금 군

크(손)에 丿(막대기)를 들고 있는 尹(다스릴 윤) 아래에 호령하는 口(입)을 넣으면 '임금 군'

君主군주 君臨군림 君師父一體군사부일체 : 임금과 스승과 아버지의 은혜가 같음.

고을 군

君(군주)가 다스리는 阝(고을)에서 나온 '고을 군'

郡守군수 郡廳군청

무리 군

君(우두머리=목동)을 따라다니는 羊(양)떼에서 '무리 군'

群衆군중 學群학군 群鷄一鶴군계일학 : 닭의 무리 가운데에서 한 마리의 학이란 뜻으로, 많은 사람 가운데서 뛰어난 인물을 이르는 말.

낮을 비

(손에 부채)나 몽둥이 따위를 들고 천한 일을 하는 사람을 가리켜 '낮을 비'

卑下비하 卑賤비천 卑屈비굴 卑劣비열 男尊女卑남존여비 : 남자를 여자보다 우대하고 존중하는 일.

계집종 비

女(여자)가 卑(천한) 신분으로 남의 집 종살이 한다는 '계집종 비'

奴婢노비 婢妾비첩

비석 비

묘지 옆에 卑(낮은) 石(돌)을 세워 생전의 업적을 기록한 '비석 비'

碑石비석 碑文비문 紀念碑기념비 墓碑묘비

사기 사

(붓으로 중심)을 잡고 사건, 사고를 기록하고 있는 (손)을 그려 '사기 사'

史記사기 歷史역사 國史국사 史劇사극 史官사관 史料사료

관리 리

一(한결)같은 마음으로 史(붓으로 중심)을 잡고 나랏일을 하며 백성을 다스리는 '관리 리'

官吏관리 清白吏청백리 貪官汚吏탐관오리 : 백성의 재물을 탐내어 빼앗, 행실이 깨끗하지 못한 관리.

하여금 사

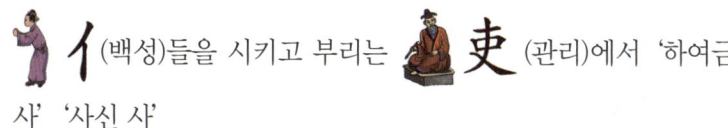
(백성)들을 시키고 부리는 (관리)에서 '하여금 사' '사신 사'

使役사역　使動사동　大使館대사관　密使밀사

일 사

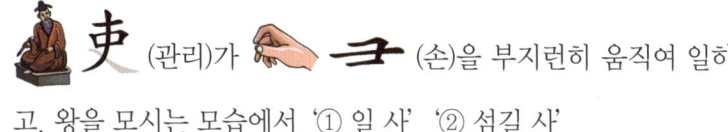
(관리)가 (손)을 부지런히 움직여 일하고, 왕을 모시는 모습에서 '① 일 사' '② 섬길 사'

① 事故사고　茶飯事다반사　事必歸正사필귀정 : 모든 일은 반드시 바른길로 돌아감.
② 事大主義사대주의 : 주체성이 없이 세력이 강한 나라나 사람을 받들어 섬기는 태도.

미칠 이

(손)으로 (동물 꼬리)를 잡았다는 데서 '미칠 이'

주로 음으로 나온다.

잡을 체

(따라가서) 꼬리를 (잡았다)는 '잡을 체'

逮捕체포

종 례

(어찌 내→례)에서 음을 취하고 (잡아들인 죄수)를 노예 삼은 '종 례'

奴隷노예　隷書예서　隷屬예속

겸할 겸

(두 개의 벼이삭)을 (손)에 쥐고 있는 데서 두 가지 이상을 아울러 맡은 '겸할 겸'

兼職겸직　兼任겸임

겸손할 겸

자신을 낮추어 言(말)하는 '겸손할 겸'

謙遜겸손　謙讓겸양　謙虛겸허

싫어할 혐

女(여자)를 원망하고 미워하는 감정에서 '싫어할 혐'

嫌惡혐오　嫌疑혐의

청렴할 렴

广(좁은 집)에서 살면서 조촐하게 생활하는 '청렴할 렴'

淸廉청렴　廉價염가　低廉저렴

함께 공

제단 앞에서 여럿이 함께 (그릇)을 八(손)에 받쳐 들고 있는 모습에서 '함께 공'

共同공동　公共공공　共生공생　共謀공모

供 ⑧
이바지할 공

여러 亻(사람)이 共 (함께) 바치는 제물에서 '받들 공' '이바지할 공'

提供제공　供給공급　供養공양

恭 ⑩
小(x)
공손할 공

제물을 바칠 때 갖는 경건한 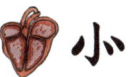 小 (마음)이 '공손할 공'

恭敬공경　恭待공대　恭遜공손

洪 ⑨
넓을 홍

장맛비처럼 氵(큰물)을 가리켜 '넓을 홍'

洪水홍수　洪範홍범

巷 ⑨
*己
거리 항

다 共 (함께) 巳(마을 사람)들이 사용하는 길거리에서 '거리 항'

閭巷여항　巷間항간　街談巷說가담항설 : 거리에 떠도는 소문.

港 ⑫
항구 항

배가 드나들 수 있게 된 氵(물)의 巷 (길)을 뜻하는 '항구 항'

港口항구　漁港어항

그 기

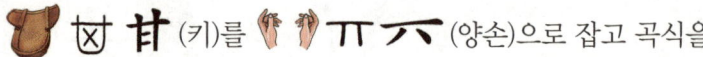 (키)를  (양손)으로 잡고 곡식을 까불어 필요한 '그것'만 골라내어 '그 기'

其他기타　其實기실
不知其數부지기수 : 헤아릴 수가 없을 만큼 많음.

터 기

 (삼태기)에  土(흙)을 담아 땅을 고르고 터를 잡는 '터 기'

基本기본　基礎기초　基金기금　基準기준

속일 기

 欠(입을 벌려) 남을 속이고 거짓말을 하는 '속일 기'

詐欺사기　欺瞞기만 : 남을 속임.

기약할 기

약속한 其(그) 날을 잊지 않으려고 🌙月(달)을 보며 날짜를 생각하는 '기약할 기'

時期시기　納期납기　學期학기　早期敎育조기교육 : 지능 발달이 빠른, 학령 이전의 어린이를 대상으로 일정한 교육 과정에 따라 실시하는 교육.

갖출 구

집 안에 다 갖춰져 있는  且(솥)을 (두 손)으로 들고 있는 '갖출 구'

| 주의~! 貝(조개 패)와 다르다.

家具가구　器具기구　具色구색　道具도구

함께 구

亻(사람)까지 함께 具(갖추었다)는 데서 '함께 구'

父母俱存부모구존 : 부모가 모두 살아계심.

*手
이을 승

承(양손으로 사람)을 받들고 있는 모습에서 '이을 승'

繼承계승 承繼승계 承服승복 : 납득하여 따름.

찔 증

함정에 빠진 사람을 구해주는 양손을 그린 丞(도울 승→증)에다 灬(불)을 때서 艹(풀)을 찌는 모습을 그려 '찔 증'

蒸氣증기 蒸發증발 汗蒸幕한증막 水蒸氣수증기

클 태

(양손)으로 水(물)을 적시는 편안한 모습에서 발전하여 나온 '클 태'

泰山태산 泰斗태두 泰然태연
天下泰平천하태평 : 정치가 잘 되어 온 세상이 평화로움.

받들 봉

(양손)으로 丰(묘목)을 조심스레 잡고 있는 모습에서 '받들 봉'

奉仕봉사 奉讀봉독 : 웃어른의 글을 삼가 읽음.

奏 아뢸 주

(양손)으로 (악기)를 잡고 연주하는 모습에서 '아뢸 주'

演奏연주 合奏합주 獨奏독주 伴奏반주

舁 마주들 여

두 사람이 위에 (양손)과 아래 (양손)으로 들어올리는 '마주들 여'

與 더불 여

두 사람이 (양손)으로 (새끼줄)을 함께 꼬며 돕는 데서 '① 더불 여' '② 줄 여' '③ 참여할 여'

① 與野여야 與民樂여민락 ② 附與부여 贈與증여 給與급여 受與수여 ③ 參與참여 關與관여

함께 꼬자~ 與

擧 들 거

手(손)을 들어올리는 '들 거'

擧手거수 選擧선거 列擧열거 擧事거사
行動擧止행동거지 : 몸을 움직여 하는 모든 짓.

譽 기릴 예

여러 사람과 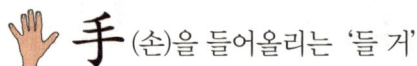(더불어) 言(말)하면서 칭찬하는 '기릴 예'

名譽명예 榮譽영예

수레 여

두 사람이 🤲 **㢲** (양손)으로 🛞 **車** (거마)를 끌고 가는 '수레 여'

興論여론 喪輿상여
大東輿地圖대동여지도 : 김정호가 오랜 세월 현장답사를 통해 완성한 우리나라 지도.

일어날 흥

두 사람이 🤲 **㢲** (함께) 가마를 메고 이동할 때 뜻이 **同** (맞으면) 흥이 절로 난다는 '일어날 흥'

感興감흥 興趣흥취 卽興詩즉흥시 興味흥미 興亡흥망

사나울 폭

☀ **日** (해)가 나오자 🤲 **廾→共** (두 손)으로 🌾 **米→氺** (쌀)을 광에서 꺼내 말리는 모습에서 '① 사나울 폭' '햇빛쪼일 폭' '② 사나울 포'

① 暴言폭언 暴行폭행 暴雪폭설 ② 暴惡포악 橫暴횡포 自暴自棄자포자기

터질 폭

🔥 **火** (불)이 붙어 ✋ **暴** (매섭게) 폭발하는 '터질 폭'

爆發폭발 自爆자폭 爆竹폭죽 爆彈폭탄 爆笑폭소 爆藥폭약

빌릴 가

⛰ **𠂉 月** (언덕에서 광물)을 채집하는 ✋ **㞢𠂇** (두 손)을 그렸는데 뒤에 발전하여 '거짓 가' '빌릴 가' 주로 음으로 나온다.

거짓 가

거짓을 일삼는 (사람)을 넣어 다시 만든 '① 거짓 가' '② 빌릴 가'

① 假面가면 假名가명 假稱가칭 假髮가발 假飾가식 ② 假借가차

여가 가

日(시간)을 잠시 叚(빌려) 여유를 즐기는 '여가 가'

休暇휴가 閑暇한가 餘暇여가 病暇병가

지탱할 지

支(손에 나뭇가지)를 꽉 쥐고 있는 '지탱할 지'

依支의지 支援지원 支配지배 支出지출 支部지부 支流지류

가지 지

木(나무)에서 가느다란 가지를 가리켜 '가지 지'

枝葉지엽 枝莖지경 : 가지와 줄기

재주 기

扌(손)에 도구를 支(잡고) 숙련되게 움직이는 '재주 기'

技術기술 妙技묘기 技巧기교 神技신기 球技구기 實技실기
演技연기 技法기법

몽둥이 수

긴 자루 달린 (몽둥이를 손)에 들고 때리고 부수는 '몽둥이 수'

던질 투

🤚扌(손)에 들고 있던 殳(몽둥이)를 던지는 '던질 투'

投資투자 投手투수 投入투입 投身투신 投書투서 投獄투옥 投宿투숙

부릴 역

彳(왔다갔다)하며 殳(몽둥이)를 들고 변방에서 보초를 서는 '① 일 역', 보초 서는 그 사람을 감시하는 '② 부릴 역'

① 役割역할 主役주역 服役복역 役軍역군 免役면역 ② 使役사역

베풀 설

일의 진행되는 순서를 言(말)하면서 殳(연장)을 진열하고 준비하는 '베풀 설'

建設건설 設置설치 設立설립 設計설계 假設가설 竝設병설 設定설정

조각 단

𠂤(언덕의 돌덩이)를 殳(몽둥이)로 깨부수어 떨어지는 '조각 단', 깨고 부수어 계단을 만들어 구분하는 '계단 단'

階段계단 段階단계 手段수단 初段초단 文段문단 段落단락

疫 전염병 역⑨

殳(몽둥이)로 맞은 것처럼 아프고 무서운 疒(질병)인 '전염병 역' | 주의~! 부수인 疒(병들어기댈 녁)은 환자가 침상에 누운 모습으로 '병, 상처'나 그로 인한 상태나 감각을 뜻한다.

疫病역병 防疫방역 免疫면역 檢疫검역

殺 죽일 살⑪

希(지네 : 돼지라는 설도 있음)를 殳(몽둥이)로 재빠르게 때려 죽여 조각난 모습에서
'① 죽일 살' '② 빠를 쇄' '③ 감할 쇄'

① 殺人살인 ② 殺到쇄도 ③ 相殺상쇄

攸 바 유⑦

亻(사람)이 攵(연장)을 들고 (물길)을 터 흐르게 하는 상황을 그린 '바 유' 주로 음으로 나온다.

修 닦을 수⑩

攸(삽으로 물길을 터, 유→수) 흐르게 하듯 彡(깔끔)하게 일을 정돈하는 '닦을 수'

修理수리 修養수양 修了수료 修練수련 修道수도
修學能力수학능력 : 일정 수준의 학업을 제대로 완수할 수 있는 능력.

悠 멀 유⑪

막혔던 攸(물길을 터) 유유히 흘러가는 모습을 보는 평온한 心(마음)에서 '멀 유'

悠久유구 悠悠自適유유자적 : 속세를 떠나 아무 속박 없이 조용하고 편안하게 삶.

가지 조

攸 (바 유→조)에서 음을 취하여 木 (나뭇가지)라는 뜻이 뒤에 갈라져 나온 물건이나 일을 의미하는 '가지 조'

條目조목 條項조항 條約조약 條例조례 條件조건 信條신조
金科玉條금과옥조 : 금이나 옥처럼 귀중히 여겨 꼭 지켜야 할 법칙이나 규정.

허물 우

尤 (손가락에 상처)가 난 모습에서 '허물 우'

ㅣ주의~! 尢 (절름발이 왕)은 정강이가 굽은 사람을 그린 것으로 부수에 나온다.

나아갈 취

높고 화려한 집들이 즐비한 京 (서울)로 올라간다는 데서 '나아갈 취'

就職취직 就業취업 成就성취
日就月將일취월장 : 날이 갈수록 실력이나 성적이 쑥쑥 오름.

8

발

足 ⑦ 발 족

足(발)을 그려 나아감과 그침을 나타내는 '① 발 족' '② 족할 족'. 足(발족변)은 변형부수.

① 手足수족 足球족구 蛇足사족 失足死실족사 ② 力不足역부족 滿足만족 充足충족 自給自足자급자족 : 필요한 물자를 스스로 생산하여 충당함.

促 ⑨ 재촉할 촉

亻(사람)에게 빨리 足(발) 빠르게 움직이라고 독촉하는 '재촉할 촉'

督促독촉 促進촉진제 促求촉구 促迫촉박 販促行事판촉행사 : 여러 가지 방법을 써서 수요를 불러일으키고 자극하여 판매가 늘도록 유도하는 행사.

捉 ⑩ 잡을 착

扌(손)으로 도망가는 사람의 足(발목)을 꽉 붙잡는 '잡을 착'

捕捉포착

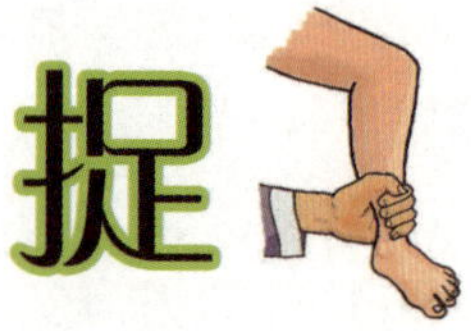

그칠 지

길을 가다 멈춰선 사람의 止 止(발자국)을 그려 '그칠 지'

禁止금지 廢止폐지 停止정지 解止해지 終止符종지부 止血지혈 防止방지

이 치

사람의 齒 齒(윗니와 아랫니)를 그린 위에 止(그칠 지→치)에서 음을 취해 '이 치'

齒牙치아 齒科치과 齒藥치약 齒石치석 脣亡齒寒순망치한 : 서로 이해관계가 밀접한 사이에 어느 한쪽이 망하면 다른 한쪽도 그 영향을 받아 온전하기 어려움을 이르는 말.

꾀할 기

人(사람)이 止(까치발)을 하고 서서 먼 곳을 바라보는 데서 발돋움한다는 '꾀할 기'

企業기업 企劃기획 大企業대기업
企圖기도 企待기대

까치발로 세상을 바라보는 企

이것 차

匕(사람)이 서 있는 자신의 止(발)을 가리켜 바로 이곳을 뜻하는 '이것 차'

彼此피차 此後차후 此日彼日차일피일 : 이날 저날 하고 자꾸 기한을 미루는 모양.

자줏빛 자

此(이것 차→자)에서 음을 취하고 糸(자주색 실)을 넣어 '자줏빛 자'

紫外線자외선 山紫水明山자수명 : 산은 자줏빛으로 선명하고 물은 맑다는 뜻으로, 경치가 아름다움을 이르는 말.

갈 지

 之 (출발선에서 떠나는 발)을 그려 '갈 지.' 뒤에 '~의 (조사), 그것(대명사)'로 해석함.

井底之蛙정저지와 : 우물 안 개구리.　人之常情인지상정 : 사람이면 누구나 가지는 보통의 마음.

걸음 보

왼발 모양인  止 (그칠 지)와 少 (오른발)이 합쳐져 '걸음 보'

進步진보　初步초보　步道보도　五十步百步오십보백보 : 본질적으로는 차이가 없음을 이르는 말.

건널 섭

氵(물) 위를 步 (걸어가는) '건널 섭'

涉獵섭렵　涉外섭외　交涉교섭　干涉간섭

늘일 연

止 (발걸음)을 가다 멈추다 하면서 질질 ノ (끌면서) 彳乁 (걸어가는) 모양에서 지체되고 시간을 미룬다는 '늘일 연' | 주의~! 廷(조정 정)과 다르다.

延期연기　延長연장　延命연명　延着연착　遲延지연

태어날 탄

言 (거짓말)을 延 (늘려, 연→탄) 과장하여 말하는 '거짓 탄' 이었는데 뒤에 제왕(帝王)이나 성인(聖人)들이 세상에 태어난다는 '태어날 탄'

誕辰日탄신일　誕生탄생　聖誕節성탄절

 정의(正義)를 위해 적의 (성)을 공격하는 (발)을 그려 '바를 정'

正答정답 正食정식 正義정의 正直정직
正面정면 訂正정정

 잘못된 것을 正(바르게) 고치기 위해 攵(매로 쳐서) 다스린다는 '다스릴 정'

政治정치 政事정사 政府정부 政黨정당 政權정권 善政선정 內政干涉내정간섭 : 다른 나라의 정치에 간섭하거나 또는 강압적으로 그 주권을 속박, 침해하는 일.

 군사를 이끌고 彳(가서) 잘못된 것을 正(바로잡기) 위해 정벌한다는 '칠 정'

征伐정벌 遠征원정 征服정복 長征장정

 疒(병)의 이름을 正(바르게, 정→증) 알아야 고친다는 '증세 증'

症勢증세 炎症염증 健忘症건망증 不眠症불면증

 宀(집)안에 正→疋(발)을 들여놓고 거처를 정했다는 '정할 정'

定期戰정기전 定價정가 定數정수
決定결정 檢定검정

 했다.

어찌 언

본래 노란색의 새 이름이었다가 뒤에 의문사로 나와 '어찌 언'

焉敢生心언감생심 : 어찌 감히 그런 마음을 품겠는가. 품을 수 없다는 뜻.

옳을 시

(태양)처럼 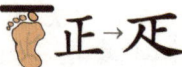(바르다)는 데서 '옳을 시'

是認시인 是正시정 國是국시 是是非非시시비비 : 여러 가지의 잘잘못. 옳고 그름을 따지며 다툼.

끌 제

(손)을 잡고 (옳은) 길로 잡아끄는 '끌 제'

提供제공 提起제기 提示제시 提案제안 提携제휴

둑 제

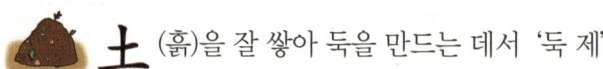(흙)을 잘 쌓아 둑을 만드는 데서 '둑 제'

堤防제방 防波堤방파제 防潮堤방조제

제목 제

첫 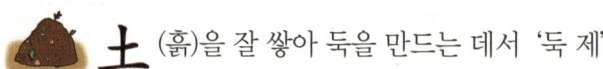(머리)에 쓰는 제목을 뜻하는 '제목 제'

題目제목 主題주제 問題문제 課題과제 宿題숙제

날 출

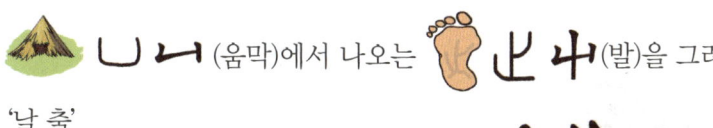(움막)에서 나오는 (발)을 그려 '날 출'

出入출입 出發출발 出刊출간 靑出於藍청출어람 : 제자나 후배가 스승이나 선배보다 나음을 이르는 말.

졸할 졸

✋才(손재주)가 기준에서 🌱出(벗어나는, 출→졸)데서 서툴다는 '졸할 졸'

拙劣졸렬 拙作졸작 拙丈夫졸장부 拙筆졸필 拙著졸저 稚拙치졸
拙速行政졸속행정 : 어설프게 서둘러 처리하는 업무.

굽힐 굴

움막에서 고개를 🧍尸(숙이고) 🌱出(나오는) 사람의 모습에서 복종의 뜻으로 '굽힐 굴'

屈辱굴욕 屈伏굴복 卑屈비굴 屈曲굴곡 屈折굴절
百折不屈백절불굴 : 어떠한 난관에도 결코 굽히지 않음.

각각 각

각각의 🐾夂(발)이 움막의 口(입구)에 도달한 모양에서 '각각 각'

各自각자 各個각개 各種각종 各處각처
各樣各色각양각색 : 각기 다른 여러 가지 모양과 빛깔.

격식 격

제 各(각각, 각→격) 잘 자란 🌳木(나무)가 표준, 규격에 딱 들어맞는다는 데서 '격식 격'

格式격식 規格규격 人格인격 性格성격 合格합격 破格파격 格言격언

略
간략할 략

남의 ▦ 田 (밭)을 강제로 빼앗아 대충 나눠가진데서 '① 간략할 략' '② 노략질할 략'

① 略字약자　省略생략　略式약식　② 侵略침략　攻略공략　略取약취

絡
이을 락

各 (각각, 각→락) 떨어져 있는 🧵 糸 (실)을 서로 이어 붙여 연결한 '이을 락'

連絡연락　經絡경락　脈絡맥락

閣
집 각

🏛 門 (대문)이 있는 대궐이나 누각 같이 큰 집을 뜻하는 '집 각'

閣下각하　改閣개각　樓閣누각　閣僚각료

落
떨어질 락

시들어 떨어지는 나뭇잎과 🌱 艹 (풀) 아래 洛 (물이름 락)에서 음을 취해 '떨어질 락'

脫落탈락　落書낙서　沒落몰락　陷落함락　落島낙도　落鄕낙향

客
손 객

🏠 宀 (집)안으로 제 各 (각각) 들어오는 손님을 뜻하는 '손 객'

賀客하객　乘客승객　客觀的객관적　客死객사

額 이마 액

 頁(머리)쪽 넓은 이마를 가리키는 '① 이마 액'에서 돈의 수량을 가리키는 '② 머릿수 액', 문 위나 방에 걸어놓은 '③ 편액 액'

② 金額금액　定額정액　高額고액　額數액수　③ 額子액자

路 길 로

두  足(발)이 제 各(각각) 길을 걷고 있는 '길 로'

道路도로　經路경로　迷路미로　歸路귀로　路線노선

露 이슬 로

 雨(비)처럼 떨어지는 이슬에서 발전해 이슬 맞으며 한데서 자면 하늘이 보인다는 뜻인 '① 이슬 로', 숨겼던 일이 알려진다는 '② 드러날 로'

① 人生朝露인생조로　露店노점　露宿者노숙자　② 露出노출　暴露폭로

先 먼저 선

앞서 간 사람의  止生(발자국)을 뒤따라가는 儿(사람)이 서 있는 모습에서 남보다 앞서 갔다는 '먼저 선'

先輩선배　先頭선두　先驅者선구자　先見之明선견지명 : 어떤 일이 일어나기 전에 미리 아는 지혜.

洗 씻을 세

氵(물)속에 제일 先(먼저) 발을 담그고 씻는 모습에서 '씻을 세'

洗手세수　洗濯세탁　洗車세차　洗禮세례

도울 찬

어려운 사람을 돕기 위해 남보다 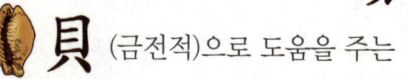 (먼저 더 먼저) 달려가 貝 (금전적)으로 도움을 주는 '도울 찬'

贊助金찬조금　贊成찬성　協贊협찬　贊同찬동

기릴 찬

남에게 贊 (도움)을 주는 사람을 言 (말)로 칭찬한다는 데서 '기릴 찬'

讚頌歌찬송가　稱讚칭찬　禮讚예찬　自畵自讚자화자찬 : 자기가 한 일을 스스로 자랑함을 이르는 말.

뜻 지

뜻한 바대로 목적을 향해 止→士 (발걸음)을 옮기는 心 (마음)에서 '뜻 지'

意志의지　志士지사　立志입지　寸志촌지　篤志家독지가
初志一貫초지일관 : 처음에 세운 뜻을 끝까지 밀고 나감.

기록할 지

言 (말)과 글로 志 (뜻)한 바를 기록한다는 '기록할 지'

日誌일지　雜誌잡지　會誌회지　校誌교지　誌面지면

달릴 주

走 (달리는 사람)을 그려 '달릴 주'

| 주의~! 赤(붉을 적)과 다르다.

走者주자　疾走질주　走馬燈주마등　競走경주　走行주행　走馬加鞭주마가편 : 달리는 말에 채찍질한다는 뜻으로, 잘하는 사람을 더욱 장려함을 이르는 말.

무리 도

╋彳亍(길거리)에 바쁘게 走(달리며) 일하는 사람들에서 '① 무리 도' '② 걸을 도' '③ 헛될 도'

① 花郎徒화랑도　生徒생도　徒黨도당　② 徒步도보
③ 無爲徒食무위도식 : 하는 일 없이 놀고 먹음.

넘을 월

㇀戊(도끼, 월)를 들고 높을 곳을 走(뛰어다니며) 한계를 넘는다는 '넘을 월'

越等월등　越班월반　卓越탁월　越南월남
優越우월　超越초월

어그러질 천

凡夅舛(두 발)이 서로 다른 방향을 향해 걷는 '어그러질 천'

뛰어날 걸

죄인의 凡舛(두 다리)를 잘라 木(나무) 위에 매달아 놓은 형벌에서 나온 桀(해 걸) 앞에 亻(사람 인)을 넣어 재주가 많다는 '뛰어날 걸'

傑出걸출　女傑여걸　傑作걸작　英雄豪傑영웅호걸 : 영웅과 호걸을 아울러 이르는 말.

눈깜짝할 순

目(눈)을 감은 순간을 뜻하는것에다 舜(순임금 순)에서 음을 취해 '눈깜짝할 순'

瞬間순간　瞬息間순식간　一瞬間일순간

없을 무

새의 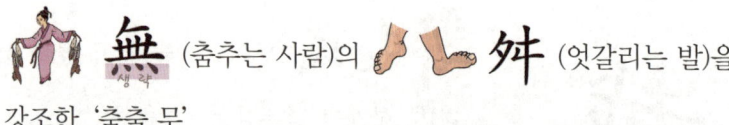 (깃털을 흔들며) 신전 앞에서 무아지경에 빠져 춤추는 '없을 무'

無償무상 無顏무안 無視무시 無病長壽무병장수 : 병 없이 건강하게 오래 삶.

춤출 무

(춤추는 사람)의 舛 (엇갈리는 발)을 강조한 '춤출 무'

舞踊무용 亂舞난무 舞臺무대
飮酒歌舞음주가무 : 술 마시고 노래 부르며 춤추는 행위.

내릴 강

阝 (언덕) 아래로 천천히 내려오는 夅 (두 발)을 그려 '① 내릴 강', 적에게 '② 항복할 항'

① 下降하강 降雪量강설량 昇降機승강기 降臨강림 ② 降伏항복 投降투항

높을 륭

阝 (언덕)이 夆 (높을 륭 : 높게) 솟아 있는 모습에서 '높을 륭'

隆起융기 隆盛융성 隆崇융숭

漢字 9
음식·재물

물건 품

여러 品(물건들)을 진열해 놓은 '물건 품'

金品금품　商品상품　賞品상품　品格품격　品種품종　品質품질

구분할 구

 品(물건들)을 ㄴㄷ(상자)에 넣어 구분한데서 구역을 나누고 구분한다는 '구분할 구'　편히자고 區分한 행정區域

區域구역　地區지구　區間구간　區廳구청
區內구내　區分구분　區別구별

몰 구

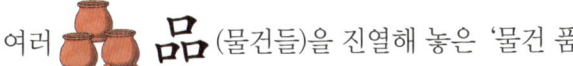 馬(말)을 때려가며 힘차게 달리게 하는 '몰 구'

先驅者선구자　驅逐구축　乘勝長驅승승장구

그릇 명

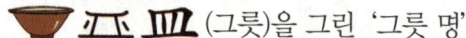 (그릇)을 그린 '그릇 명'

더할 익

皿(그릇)에 (물)이 넘쳐흘러 더욱 도움이 된다는 '① 더욱 익', 이롭게 하는 '② 더할 익'

① 富益富부익부 老益壯노익장 ② 利益이익
權益권익 差益차익 損益손익 國益국익

맏 맹

고대사회에서 子(장자)를 요리를 해서 皿(그릇)에 담아 놓은 모습에서 '① 맏 맹' '② 성씨 맹'

① 孟春맹춘 ② 孟子맹자

사나울 맹

犭(개)처럼 잔인하게 孟(요리한 장자)를 먹는 습속에서 '사나울 맹'

猛犬맹견 猛虎맹호 猛獸맹수 猛禽類맹금류 猛打맹타 勇猛용맹

피 혈

희생물인 소나 양의 (피)가 皿(그릇) 안으로 뚝뚝 떨어지고 있는 '피 혈'

血液혈액 獻血헌혈 貧血빈혈 血族혈족
血統혈통 血眼혈안 血書혈서

무리 중

원래 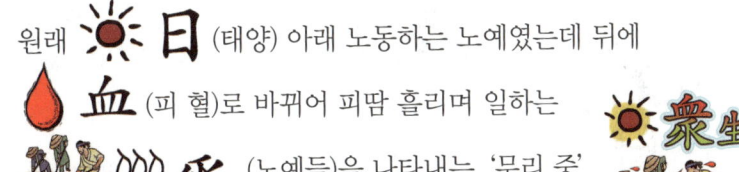 日(태양) 아래 노동하는 노예였는데 뒤에 血(피 혈)로 바뀌어 피땀 흘리며 일하는 (노예들)을 나타내는 '무리 중'

大衆대중   民衆민중   衆生중생   觀衆관중   群衆군중

합할 합

 (뚜껑)과 (그릇)이 합쳐지는 모습에서 '합할 합'

合法합법   合席합석   合葬합장   合流합류   合同합동
烏合之卒오합지졸 : 임시로 모여들어서 규율이 없고 무질서한 병졸 또는 군중을 이르는 말.

대답 답

 (대쪽)같이 딱 (맞게, 합→답) 질문에 답한다는 '대답 답'

對答대답   正答정답   應答응답   答案답안
愚問賢答우문현답 : 어리석은 질문에 대한 현명한 대답.

줄 급

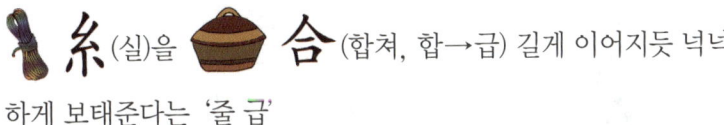 糸(실)을 合(합쳐, 합→급) 길게 이어지듯 넉넉하게 보태준다는 '줄 급'

給料급료   供給공급   給食급식   配給배급   月給월급   給與급여   需給수급
補給보급

주울 습

떨어진 물건을 扌(손)으로 주워 合(모으는, 합→습)에서 '① 주울 습', 숫자 十(열 십)과 통용하여 '② 열 십'

① 拾得物습득물   收拾수습   道不拾遺도불습유
② 拾億십억

塔 탑 탑

土(흙)이나 돌로 만든 塔(이끼 낀 탑)을 그려 '탑 탑'

石塔석탑 佛塔불탑 象牙塔상아탑 金字塔금자탑 管制塔관제탑

公 공평할 공

ㅂ厶(그릇 속 밥)을 공평하게 반으로 (나누는) 모습이 '공평할 공'

公私공사 公共공공 公平공평 公納金공납금

松 소나무 송

변함없이 公(공평, 공→송)함을 잃지 않는 木(나무)인 '소나무 송'

松林송림 老松노송 松葉송엽
落落長松낙락장송 : 가지가 길게 축축 늘어진 키가 큰 소나무.

訟 소송할 송

억울함을 言(하소연)하기 위해 관청에 가서 公(공평)한 판정을 요구하는 '소송할 송'

訴訟소송 訟事송사

頌 칭송할 송

위인의 頁(얼굴)을 우러러보는 모습이 '칭송할 송'

稱頌칭송 讚頌歌찬송가 頌德碑송덕비

음식·재물 ● 281

늙은이 옹

새의 목에 난 털에서 羽 (수염) 난 노인을 가리켜 '늙은이 옹'

老翁노옹
塞翁之馬새옹지마 : 인생의 길흉화복은 변화가 많아서 예측하기가 어렵다는 말.

먹을 식

食食 (뚜껑 닫은 그릇) 속에서 김이 솔솔 나는 '먹을 식'
飠=食 (먹을식변)은 변형부수로 음식물의 종류나 먹는 것과 관계 있다.

食事식사 食言식언 食堂식당 飽食포식 菜食主義채식주의 : 고기류를 피하고 주로 채소, 과일, 해초 따위의 식물성 음식만을 먹는 식생활이 좋다고 생각하는 태도.

마실 음

飠=食 (음식물)을 欠 (입 벌리고) 마시는 모습에서 '마실 음'

飮酒음주 試飮시음 飮食음식 飮料水음료수
飮福음복 過飮과음

飮

주릴 기

飠 (끼니)를 굶어 几 (탁자)에 축 늘어져 있는 '주릴 기'

飢渴기갈 飢餓기아 療飢요기 虛飢허기

꾸밀 식

飠 (식)에서 음을 취하고 亻(사람)이 巾 (수건)을 들고 닦고 꾸미는 '꾸밀 식'

裝飾장식 假飾가식 服飾복식
虛禮虛飾허례허식 : 정성이 없이 겉으로만 번드르르하게 꾸밈. 또는 그런 예절이나 법식.

일찍 증

曾 (김 올라오는 시루)를 그렸는데 뒤에 '이전에'란 뜻이 나와 '일찍 증'

| 주의~! 會(모일 회)와 다르다.

未曾有미증유 曾孫증손 曾祖증조

增
더할 증

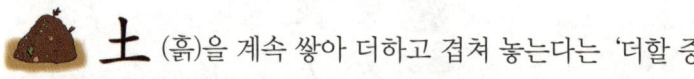土 (흙)을 계속 쌓아 더하고 겹쳐 놓는다는 '더할 증'

增加증가 增資증자 增築증축 急增급증 增額증액

憎
미워할 증

상대방을 질시하는 (마음)이 曾 (시루)에서 김 나오는 것 같은 상태에서 '미워할 증'

憎惡증오 愛憎애증 可憎가증

贈
줄 증

貝 (돈)의 가치가 있는 물건을 선물로 주는 '줄 증'

贈與稅증여세 贈呈증정 寄贈기증

僧
중 승

범어(梵語 : 고대 인도어)로 무리를 뜻하는 Sangha(僧伽)를 음역한 데서 부처가 되기 위하여 속세를 떠난 亻(사람)을 가리켜 '중 승'

僧侶승려 女僧여승 僧服승복 僧舞승무 破戒僧파계승 高僧고승

음식 · 재물 ● 283

층 층

曾(시루, 증→층)처럼 广→尸(지붕)이 층층이 겹쳐져 있는 '층 층'

一層일층 深層심층 層階층계
層層侍下층층시하 : 부모, 조부모 등의 어른들을 모시고 사는 처지.

모일 회

會(뚜껑 사이로 김이 나오는 그릇) 주변으로 사람들이 모이는 '모일 회'

會議회의 會場회장 會長회장 機會기회 敎會교회
會者定離회자정리 : 만나면 반드시 헤어지게 됨.

맛 지

匕(숟가락) 속의 음식물을 日(입)으로 맛보는 '맛 지'

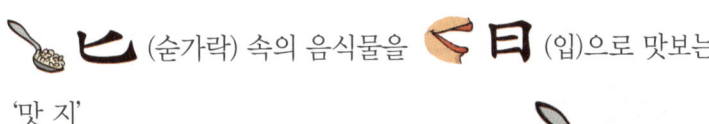

가리킬 지

扌(손가락)으로 방향을 가리키는 '손가락 지' '가리킬 지'

指示지시 指摘지적 指向지향 指針지침 長指장지
指鹿爲馬지록위마 : 윗사람을 농락하여 권세를 마음대로 함을 이르는 말.

참 진

匕(숟가락)으로 鼎/貝(솥) 안의 음식을 떠서 간이 맞는지 맛보는 데서 '참 진'

眞善美진선미 眞僞진위 眞實진실 寫眞사진
眞品진품 眞心진심 眞價진가 純眞순진

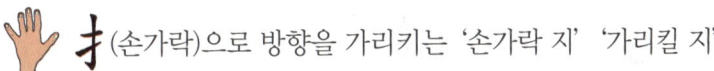

진압할 진

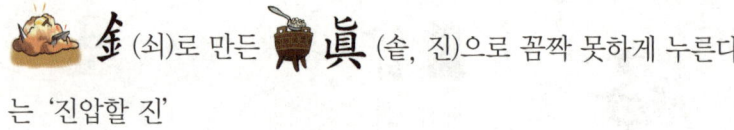 金(쇠)로 만든 眞(솥, 진)으로 꼼짝 못하게 누른다는 '진압할 진'

鎭壓진압 鎭靜劑진정제 鎭痛劑진통제 鎭火진화

삼갈 신

신중한 忄(마음)으로 眞(솥, 진→신) 안의 음식을 맛보는 '삼갈 신'

愼重신중 謹愼근신

인원 원

○口(둥근) 鼎→貝(솥) 주변으로 모인 사람들에서 '인원 원'

人員인원 教員교원 客員객원 乘務員승무원 黨員당원 委員會위원회

둥글 원

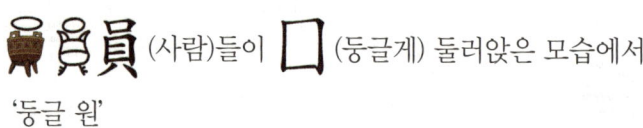 員(사람)들이 口(둥글게) 둘러앉은 모습에서 '둥글 원'

圓滿원만 圓形원형 圓卓원탁

덜 손

員(사람)들의 扌(일손)이 줄어든다는 데서 감소하다, 손해보다는 뜻인 '덜 손'

損害손해 破損파손 損失손실 損傷손상 名譽毀損명예훼손 : 공공연하게 다른 사람의 사회적 평가를 떨어뜨리는 사실 또는 허위 사실을 지적하는 일.

음식 · 재물 285

韻⑲
운 운

員(인원 원→운)에서 음을 취하고 音(소리)의 마지막 울림이란 뜻과 한시나 가곡에서 유사한 발음끼리 구분한 '운 운'

餘韻여운　韻字운자　韻文운문　韻致운치　韻律운율

貞⑨
곧을 정

鼎→貝(솥 정)에서 음을 취하고, 중요한 일을 앞두고 卜(점)을 쳐서 행동을 바로잡는다는 '곧을 정'

貞淑정숙　貞潔정결　貞操정조　不貞부정

則⑨
법칙 칙

鼎→貝(청동기)의 표면에 刂(칼)로 중요한 사건을 원칙에 맞게 새겨 넣는 데서 '법칙 칙'

法則법칙　原則원칙　規則규칙　反則반칙　學則학칙　附則부칙　變則변칙

測⑫
헤아릴 측

氵(물)의 깊이를 일정한 則(원칙)에 맞춰 재는 '헤아릴 측'

測定측정　測量측량　推測추측　觀測所관측소　實測실측
豫測예측　測雨器측우기

側⑪
곁 측

따르는 亻(사람)을 옆에 두고 있는 '곁 측'

側近측근　兩側양측　左側좌측

敗 패할 패 ⑪

잘못 만들어진 貝(청동기)를 몽둥이로 攵(때려서) 못쓰게 만드는 '패할 패'

勝敗승패 敗者패자 連敗연패 慘敗참패 腐敗부패
敗家亡身패가망신 : 집안의 재산을 다 써 없애고 몸을 망침.

卽 곧 즉 ⑨

皀(밥고소할 흡 : 음식) 앞에 卩(구부리고 앉아) 즉석 요리하는 모습에서 '곧 즉'

卽刻즉각 卽決즉결 卽時즉시 卽效즉효 卽席즉석 卽位즉위

節 마디 절 ⑮

竹(대 죽)의 마디처럼 卽(음식) 앞에서 절제를 해야 한다는 데서 '지조' '기간' '명절' 의 뜻이 나와 '마디 절'

節制절제 節度절도 節義절의 節電절전 節約절약 守節수절

旣 이미 기 ⑪

앞에 놓인 皀(음식)을 이미 배부르게 먹고 (고개를 돌린 사람)의 모습에서 '이미 기'

旣成服기성복 旣婚者기혼자 旣得權기득권 旣決기결
旣定事實기정사실 : 이미 결정되어 있는 사실.

槪 대개 개 ⑮

木(평미레)로 밀어서 대강 넘치지 않게 깎는 데서 대충 어림잡는다는 '대개 개'

大槪대개 槪論개론 槪略개략 槪念개념
氣槪기개 槪要개요 節槪절개

슬퍼할 개

旣(이미, 기→개) 일이 실패로 돌아간 뒤 (마음)으로 한숨을 쉬고 탄식한다는 '슬퍼할 개'

慨歎개탄　憤慨분개
感慨無量감개무량 : 마음속에서 느끼는 감동이나 느낌이 끝이 없음.

벼슬 경

왕의 (음식)을 마주보고 앉은 (지체 높은 분들)에서 높은 벼슬인 공경(公卿)을 뜻하는 '벼슬 경'

樞機卿추기경　公卿大夫공경대부 : 삼공과 구경, 대부를 아울러 이르는 말.

시골 향

높은 벼슬아치를 그린 (벼슬 경)과는 달리 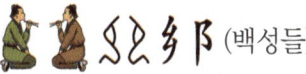(음식)을 마주보고 앉은 (백성들)의 화기애애한 모습에서 '시골 향'

故鄕고향　鄕愁향수　望鄕망향　失鄕民실향민　理想鄕이상향　歸鄕귀향

울릴 향

鄕(시골, 향)의 백성들이 음식을 나눠먹으며 부르는 흥겨운 音(노랫가락)이 울려퍼지는 '울릴 향'

交響樂교향악　響應향응　音響음향　影響영향　反響반향

닭 유

酉(술단지)를 그려 술과 관련 있으며 십이지의 열째 자리인 닭에 해당하여 '닭 유'

癸酉年계유년

술 주

 (술)이 들어 있는 酉 (술독)을 그려 '술 주'

洋酒양주 濁酒탁주 勸酒歌권주가 飮酒음주 藥酒약주

취할 취

酉 (술독)이 바닥나고 술자리가 卒 (마칠 졸 : 끝날) 때면 술에 취한다는 '취할 취'

醉客취객 滿醉만취 熟醉숙취 心醉심취
醉中眞談취중진담 : 술에 취해 횡설수설 하는 말 가운데 진실이 있음.

추할 추

酉 (술)에 취해 鬼鬼 (귀신 귀 : 도깨비)처럼 미쳐 날뛰는 행동에서 '추할 추'

醜女추녀 醜態추태 醜聞추문 醜行추행
醜雜추잡 醜惡추악

의원 의

医 (침통 속의 화살=침)과 외과용 도구인 殳 (몽둥이)와 소독에 필요한 酉 (술)을 그려 환자를 치료하는 '의원 의'

醫師의사 名醫명의 韓醫學한의학 專門醫전문의

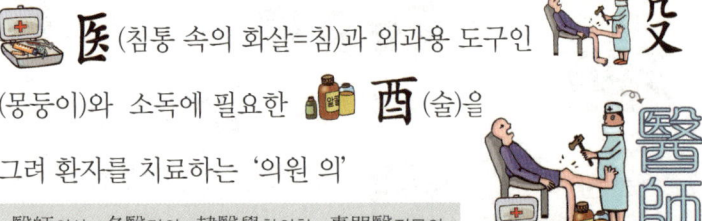

우두머리 추

八 (술 향기)가 피어오르는 酉 (술단지) 관리는 두목이 한데서 '우두머리 추'

酋長추장

음식·재물 ●289

오히려 유

酉(추→유)에서 음을 犭(개)처럼 생긴 큰 원숭이로 작은 소리만 나도 나무에서 못 내려오고 오히려 망설이며 겁내는 표정에서 '① 오히려 유' '② 망설일 유' '③ 같을 유' '④ 원숭이 유'

② 猶豫유예 : 망설이며 일을 결행하지 못함.   ③ 過猶不及과유불급

높을 존

酉(술 단지)를 寸(양손)으로 공손히 들고 신전에 바치는 모습에서 '높을 존'

尊敬존경   尊重존중   尊待語존대어   尊嚴존엄   自尊心자존심

따를 준

尊(술단지를 들고) 제사를 之 거행)하는 데서 '따를 준'

遵守준수   遵據준거   遵法精神준법정신 : 법률이나 규칙을 잘 지키는 정신.

부를 소

勹→刀(국자)로 酉口(술독) 안의 술을 퍼서 사람들을 불러모아 내집한데서 '부를 소'

召喚소환   召還소환   召集소집

부를 초

才(손짓)으로 召(부른다)는 데서 '부를 초'

自招자초   招待초대   招請초청   問招문초   招來초래

뛰어넘을 초

장애물도 가볍게 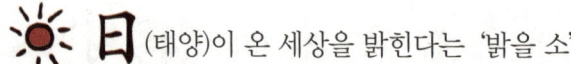走 (달려서) 뛰어넘어가는 '뛰어넘을 초'

超一流초일류 超特急초특급 超過초과 超人초인 超非常초비상
超黨초당

밝을 소

☀ 日 (태양)이 온 세상을 밝힌다는 '밝을 소'

昭詳소상 昭明소명

비출 조

🔥 灬 (불)을 밝혀 더 밝게 비춘다 하여 '비출 조'

照明조명 落照낙조 觀照관조 對照대조 參照참조

찰 복

🏺 畐 (술병)에 술이 가득 차 있는 '찰 복'

복 복

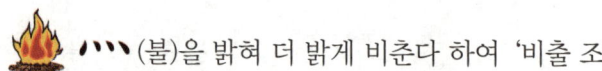示=礻 (제단)에 🏺 畐 (술병)을 올려 제사를 지내며 신에게 복을 달라고 비는 '복 복'

幸福행복 祝福축복 福券복권 裕福유복 冥福명복
轉禍爲福전화위복 : 재앙과 화난이 바뀌어 오히려 복이 됨.

富⑫
부자 부

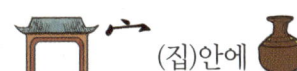 (집)안에 畐(술)을 만들어 저장해 놓은 '부자 부'

富者부자　富貴부귀　豐富풍부　富國强兵부국강
병 : 나라를 부유하게 만들고 군대를 강하게 함.

副⑪
버금 부

제단에 올린 畐(술)과 음식들을 刂(칼)로 잘라 따로 보관해 둔 여분에서 다음 두 번째라는 뜻인 '버금 부'

副業부업　副産物부산물　副次的부차적　副葬品부장품　副作用부작용

幅⑫
폭 폭

巾(옷감)의 너비인 '폭 폭'

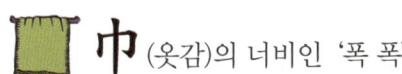

大幅대폭　步幅보폭　畵幅화폭　全幅的전폭적　路幅노폭

由⑤
말미암을 유

由(손잡이가 달린 단지)에서 물이나 기름 따위가 흘러나오는 데시 시작을 뜻하는 '말미암을 유'

| 주의~! 甲(갑옷 갑), 申(아뢸 신)과 다르다.

由來유래　緣由연유　經由경유　理由이유　事由사유　自由자유

油⑧
기름 유

由(단지)에서 흘러나오는 氵(물)을 가리켜 '기름 유'

石油석유　油田유전　輕油경유　油印物유인물
揮發油휘발유　香油향유　食用油식용유

뽑을 추

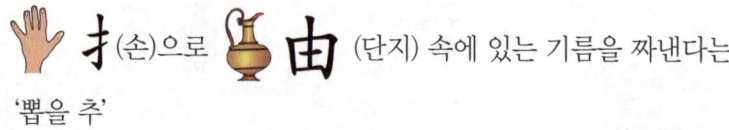
扌(손)으로 由(단지) 속에 있는 기름을 짜낸다는 '뽑을 추'

抽出추출 抽象추상

집 주

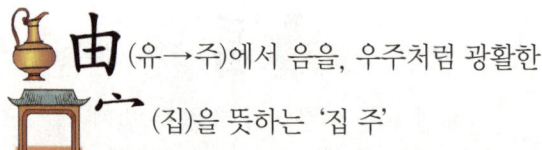
由(유→주)에서 음을, 우주처럼 광활한 宀(집)을 뜻하는 '집 주'

宇宙우주 宇宙船우주선

굽을 곡

曲(구부러진 나무)를 그려 '① 굽을 곡' '② 가락 곡'

① 曲線곡선 曲直곡직 曲解곡해 不問曲直불문곡직 : 옳고 그름을 따지지 아니함.
② 編曲편곡 歌曲가곡 曲目곡목

장군 부

술이나 장을 담는 배가 불룩하고 주둥이가 좁은 缶(질그릇)인 '장군 부'

질그릇 도

阝(언덕) 아래에서 匋(허리를 구부리고 질그릇)을 빚는 모습에서 '질그릇 도'

陶瓷器도자기 陶工도공 陶藝家도예가 陶冶도야
自我陶醉자아도취 : 스스로에게 황홀하게 빠지는 일.

寶 보배 보

(집)안에 비싼 (옥)과 (질그릇)과 貝(조개=돈)이 보관되어 있는 '보배 보'

寶石보석 寶物보물 七寶칠보 寶庫보고 家寶가보
金銀寶貨금은보화 : 금, 은, 옥 따위의 매우 귀중한 물건.

名 질그릇 요

(고기를 질그릇)에 넣고 흔들면서 흥에 겨워 장단을 맞추던 '질그릇 요'

搖 흔들 요

(손)으로 (질그릇)을 흔들고 장단을 맞추며 노래 부르는 '흔들 요'

搖動요동 搖籃요람 動搖동요 搖亂요란
搖之不動요지부동 : 흔들어도 꼼짝하지 아니함.

謠 노래 요

(말)하면서 노래도 부르며 (질그릇)으로 장단을 맞추는 '노래 요'

童謠동요 歌謠가요 俗謠속요 民謠민요

遙 멀 요

(가야 할) 길이 먼 '멀 요'

遙遠요원

者
놈 자

者(곡식과 야채)를 그릇에 넣고 음식을 만드는 사람과 장소와 물건을 뜻하는 '놈 자' '곳 자' '것 자'

記者기자 信者신자 學者학자 勤勞者근로자 富者부자
仁者無敵인자무적 : 어진 사람은 모든 사람이 사랑하므로 세상에 적이 없음.

都
도읍 도

者(사람)들이 많이 모여 생활하는 阝(고을)을 뜻하는 '도읍 도'

都邑도읍 都市도시 首都수도 都會地도회지 遷都천도
松都三絕송도삼절 : 송도의 세 가지 유명한 것. 서경덕, 황진이, 박연 폭포를 이른다.

緖
실마리 서

술술 풀리는 糸(실)에서 시작이라는 뜻을, 者(놈 자→서)에서 음을 취해 '실마리 서'

緖論서론 端緖단서 情緖정서

諸
모두 제

言(말)하는 모든 者(사람)들이란 뜻으로 '모두 제'

諸君제군 諸侯제후 諸子百家제자백가 : 춘추 전국 시대의 여러 학파.

著
지을 저

원래는 竹(대나무)가 들어간 箸(젓가락 저)와 같은 뜻이었다가 艹(풀 초)로 바뀌어 '지을 저'

著者저자 著述저술 著作저작 著名저명 共著공저

着 붙을 착

著(지을 저)의 속자로 나왔다가 뒤에 독립하여 '붙을 착'

| 주의~! 差(어긋날 차)와 다르다.

着用착용 着服착복 到着도착 執着집착 着眼착안 着工착공

署 관청 서

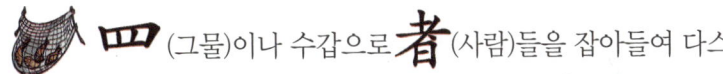四(그물)이나 수갑으로 者(사람)들을 잡아들여 다스리는 '관청 서'

部署부서 警察署경찰서 署長서장 本署본서
稅務署세무서 消防署소방서

暑 더울 서

뜨거운 日(태양) 아래 더위에 지쳐 걸어가는 者(사람)에서 '더울 서'

大暑대서 小暑소서 避暑피서

勺 구기 작

국물이 담긴 勺(국자)를 그려 '구기 작'

| 주의~! 句(글귀 구)와 다르다.

酌 잔질할 작

酉(술단지) 속의 술을 勺(국자)로 떠서 잔에 붓는 '잔질할 작'

無酌定무작정 酬酌수작 斟酌짐작 參酌참작

과녁 적

勺(구기 작→적)에서 음을 취해 白(흰) 과녁판을 뜻하는 '① 과녁 적', 뒤에 형용부사인 '② ~의 적'

① 的中적중 標的표적 ② 內的내적 法的법적
私的사적 物的물적 美的미적

맺을 약

糸(실)로 단단히 묶는 것에서 확실히 구분짓는 '맺을 약'

約束약속 節約절약 盟約맹약 約定약정 約婚약혼

고를 균

울퉁불퉁한 土(흙)을 평평하게 勻(고르는, 균) '고를 균'

均等균등 均衡균형 平均평균 均一균일 均配균배

말 두

긴 자루가 달린 국斗(국자) 모양에서 용량의 단위로 쓰여 '말 두'

北斗七星북두칠성 泰斗태두

과목 과

禾(벼)와 곡식을 종류와 등급에 따라 斗(국자)로 퍼서 분류하듯 학문을 구분하는 '과목 과'

科目과목 科學과학

음식·재물 297

料⑩
헤아릴 료

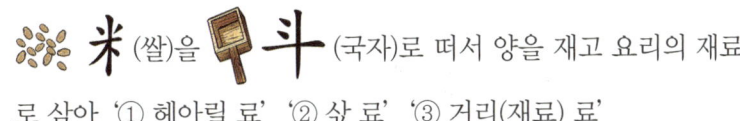 米(쌀)을 斗(국자)로 떠서 양을 재고 요리의 재료로 삼아 '① 헤아릴 료' '② 삯 료' '③ 거리(재료) 료'

① 料理요리 ② 料金요금 無料무료 ③ 材料재료 資料자료

必
반드시 필

斗→必 (낱알 담은 자루)로 딱 맞게 양을 재는 데서 '반드시 필'

必須필수 必需品필수품 生必品생필품 必勝필승 信賞必罰신상필벌 : 공이 있는 자에게는 반드시 상을 주고, 죄가 있는 사람에게는 반드시 벌을 준다는 뜻.

秘⑩
숨길 비

신령스런 示=礻(제단)에는 必 (반드시, 필→비) 신이 숨어 있다는 '숨길 비'

| 주의~! 秘(비)는 속자.

神秘신비 秘方비방 秘法비법 秘書비서 秘藏비장 秘訣비결

密⑪
빽빽할 밀

宓 (숨길 밀 : 숨겨져) 잘 보이지 않는 깊은 山(산)에서 '빽빽할 밀' '몰래 밀'

秘密비밀 密談밀담 密約밀약 過密과밀 密賣밀매 密使밀사 密酒밀주 密輸밀수 密告밀고

蜜⑭
꿀 밀

벌집 속에 꿀을 宓 (숨겨 놓는) 虫(벌레)에서 '꿀 밀'

蜜月밀월 蜂蜜봉밀 口蜜腹劍구밀복검 : 입에는 꿀이 있고 배 속에는 칼이 있다는 뜻으로, 말로는 친한 듯하나 속으로는 해칠 생각이 있음을 이르는 말.

되 승

 (말 두)와 달리 곡물이 들어 있는 됫박을 그린 (되 승)은 한 되 되는 용량을 재는 단위로 나와 '되 승'

오를 승

☀ 日(해)가 떠오르듯 올라간다는 '오를 승'

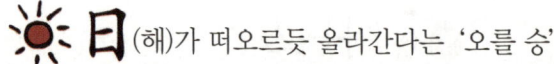
昇進승진　昇降機승강기　上昇상승　昇格승격　昇級승급　昇天승천

헤아릴 량

🥄 日(됫박)으로 주둥이를 벌린 🎒 重(자루)에 곡식을 퍼서 재는 '헤아릴 량'

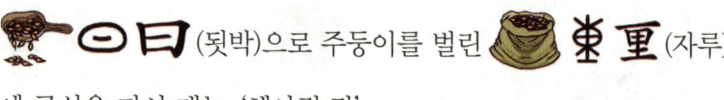
數量수량　少量소량　定量정량　質量질량

양식 량

🌾 米(쌀)을 🥄 量(헤아리고) 있는 '양식 량'

糧食양식　食糧식량　軍糧米군량미　糧穀양곡

절구 구

🏺 臼(곡식을 찧는) 움푹 파인 '절구 구'

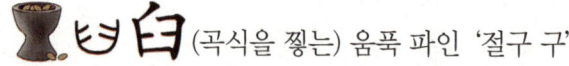

옛 구

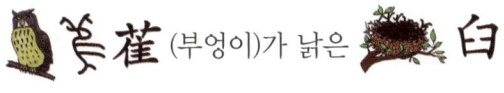 (부엉이)가 낡은 白(둥지)를 헐어버리는 오래된 습관에서 '옛 구'

新舊신구　舊式구식　舊態구태　舊正구정　親舊친구
送舊迎新송구영신 : 묵은 해를 보내고 새해를 맞음.

벼 도

 禾(벼)를 넣은  舀(절구 속에 손)을 넣고 뒤적이는 '벼 도'

稻熱病도열병 : 도열병균의 기생으로 다 자란 벼가 시드는 병.

헐 훼

 皀(절구)속 곡식을  殳(방망이)로 빻아서 부수는 '헐 훼'

毀損훼손　毀謗훼방

낮 오

午(절굿공이)를 땅에 꽂고 시간을 재는 모양인데 뒤에 십이지의 일곱 번째 지지로 쓰여 오전 11시부터 오후 1시까지의 시간을 가리켜 '낮 오' | 주의~! 牛(소 우)와 다르다.

午前오전　正午정오　午餐오찬　子午線자오선

허락할 허

午(절구질, 오→허)하면서 상대방과 言(말)을 나누며 편든다는 '허락할 허'

許諾허락　特許특허　免許면허　許可허가　許容허용

庚 곡식 경

 广(집집)마다 🪵🌾🀄(절구질)하는 모습에서 '곡식 경.' 뒤에 십간(十干) 중 일곱 번째에 해당되는 '일곱째천간 경'

庚申年경신년

康 편안할 강

 广 집집마다 🪵🌾🀄 (절구 속 곡식)을 찧는 평화로운 모습을 그린 '편안할 강'

康寧강녕 健康건강 康衢煙月강구연월 : 번화한 큰 길거리에서 달빛이 연기에 은은하게 비치는 모습을 나타내는 말로, 태평한 세상의 평화로운 풍경을 이르는 말.

庸 떳떳할 용

 广(집집)마다 🪵 肀(절구)를 用(사용)해서 곡식을 찧고 밥을 지어 먹는 일상적인 일에서 '① 떳떳할 용' ② 어리석을 용'

① 中庸중용 ② 庸劣용렬

唐 당황할 당

 广(집집)마다 🪵 肀(절구질)하며 호들갑스럽게 떠드는 👄 口(입)을 그려 '① 당황할 당' ② 당나라 당'

① 唐慌당황 荒唐황당 唐突당돌 ② 唐詩당시 唐麵당면

糖 엿 당

 米(쌀)을 불려 엿기름을 넣고 만든 엿과 사탕에서 '① 엿 당' ② 엿 탕'

① 糖尿당뇨 血糖혈당 糖分당분 糖度당도
② 砂糖사탕 雪糖설탕

음식·재물 ● 301

솥 격

발이 세 개 달린 鬲(솥)을 그려 '솥 격' '솥 력'

사이뜰 격

阝(언덕)이 앞을 가로 막고 있어 사이가 벌어진데서 시간이나 공간의 사이가 뜬다는 '사이뜰 격'

隔週격주 隔日격일 隔離격리 隔意격의 隔世之感격세지감 : 오래지 않은 동안에 몰라보게 변하여 아주 다른 세상이 된 것 같은 느낌.

드릴 헌

세 발 솥 위에 시루가 달린 鬳(솥, 권→헌)에다 犬(개)를 삶아 제물로 종묘에 바치는 의식에서 '드릴 헌'

獻金헌금 獻血헌혈 獻納헌납 獻上헌상 獻身헌신

獻身

漢字 10

제사·신

보일 시

示 示 (제단 위에 희생물)을 올리고 향을 피우면 신이 내려와 보인다는 '보일 시'. 示=礻 부수인 (보일시변)은 '제단, 제사, 신(神)'과 관계 있다.

示威시위 公示공시 揭示게시 暗示암시 教示교시 指示지시 誇示과시

제사 제

夕(고기)를 又→⺈(손)에 들고서 示(제단)에 올려 제사를 지내는 '제사 제'

祭壇제단 祭器제기 祭物제물 祭需제수 冠婚喪祭관혼상제 : 관례, 혼례, 상례, 제례를 이르는 말.

제사 사

示(제단) 앞에 巳(사람이) 뱀처럼 구부리고 앉아 제사를 지내는 '제사 사'

祭祀제사 告祀고사

제사 · 신 ● 303

토지신 사

 土(토지 신)에게 示=礻(제사)를 지내기 위해 모인 '① 토지신 사' '② 단체 사'

① 社稷사직 ② 會社회사 公社공사 社員사원 支社지사 社長사장

살필 찰

 (사당)에서 祭(제사)를 지낼 때 빠진 것은 없는지 꼼꼼히 살피는 데서 '살필 찰'

檢察검찰 警察경찰 考察고찰 視察시찰 觀察관찰 不察불찰

사이 제

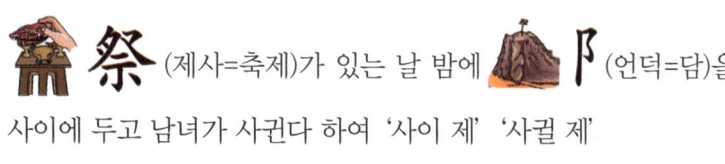 祭(제사=축제)가 있는 날 밤에 阝(언덕=담)을 사이에 두고 남녀가 사귄다 하여 '사이 제' '사귈 제'

交際교제 國際국제

마루 종

(사당) 안에 示(제단)과 위패를 모신 종갓집으로 가장 중심을 의미하는 '마루 종'

宗家종가 宗孫종손 宗廟종묘 宗敎종교 宗親종친

높을 숭

山(산)처럼 우뚝 솟은 宗(종가)를 받들어 모시는 '높을 숭'

崇尙숭상 崇拜숭배 崇高숭고

奈 어찌 내

大(크게) 示(보이려면) '어찌해야 하나?' 에서 '어찌 내' '어찌 나'

奈落나락 : 불교에서 말하는 지옥.

卜 점 복

거북의 배나 등껍질에 글자를 써서 卜卜(갈라진 금)을 보고 길흉을 점친데서 '점 복'

卜債복채 : 점을 치고 나서 점쟁이에게 주는 사례비.

占 점칠 점

卜(갈라진) 금을 보고 길흉을 口(말)하는 '① 점칠 점', 뒤에 차지하다는 뜻으로 쓰여 '② 차지할 점'

① 占星術점성술 占卦점괘 ② 獨占독점 先占선점 占有점유

店 가게 점

广(가게) 안에 물건을 진열해 놓고 파는 '가게 점'

書店서점 商店상점 支店지점 百貨店백화점

點 점 점

黑(검은) 색의 점을 뜻하는 '점 점'

短點단점 點心점심 汚點오점 觀點관점

朴 성씨 박

木(나무)껍질의 卜(갈라진) 부분을 그려 가공하기 전의 원목에서 순수하다는 '① 소박할 박', 우리나라에서는 성씨로 쓰여 '② 성씨 박'

① 素朴소박　質朴질박　② 朴氏박씨

赴 다다를 부

목적지를 향해 走(달려가는) 모습에서 '다다를 부'

赴任부임

兆 징조 조

거북의 껍질을 불에 그슬려 兆(갈라진) 모습을 보고 길흉을 점친데서 '① 징조 조', 무척 많은 숫자를 뜻하는 '② 억조 조'

① 兆朕조짐　吉兆길조　凶兆흉조　前兆전조　徵兆징조
② 一兆일조　億兆蒼生억조창생 : 수많은 백성.

逃 달아날 도

兆(조짐 조→도)에서 음을 취하고 辶(도망)간다는 '달아날 도'

逃亡도망　逃走도주　逃避도피

跳 뛸 도

足(발)로 힘껏 뛰어오르는 '뛸 도'

跳躍도약

돋울 도

扌(손)으로 긁어대 화를 돋구어 싸움을 건다는 '돋울 도'

挑發도발 挑戰도전

복숭아 도

복숭아 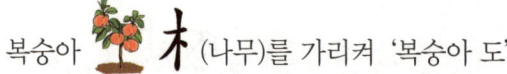 木(나무)를 가리켜 '복숭아 도'

天桃천도 桃花도화 武陵桃源무릉도원 桃園結義도원결의 : 도원에서 의형제를 맺다는 뜻으로, ①의형제를 맺음 ②서로 다른 사람들이 사욕을 버리고 목적을 향해 합심할 것을 결의함.

귀신 귀

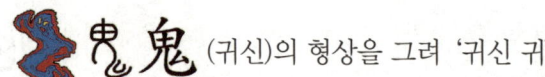(귀신)의 형상을 그려 '귀신 귀'

鬼神귀신 鬼才귀재 餓鬼아귀 惡鬼악귀

부끄러울 괴

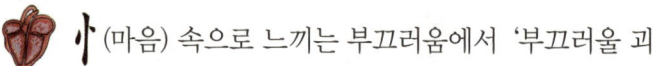忄(마음) 속으로 느끼는 부끄러움에서 '부끄러울 괴'

自愧心자괴심 慙愧참괴 不愧屋漏불괴옥루 : 군자는 남이 보지 않는 곳에서도 부끄러운 행동을 하지 아니함을 이르는 말.

흙덩이 괴

土(흙)이 뭉쳐 있는 덩어리에서 '흙덩이 괴'

金塊금괴 塊石괴석 : 돌멩이

豆 콩 두 ⑦

발이 높은 豆(제기)로 주로 제사 때 사용되었는데 뒤에 콩을 뜻하게 되어 '콩 두'

豆腐두부 豆乳두유 綠豆녹두

豐 풍년 풍 ⑬

수확한 곡식을 豐(제기 위에 풍성)하게 올려놓은 모습에서 '풍년 풍' *원래 豊(풍)은 豐(豆부수, 11획)의 약자.

豊年풍년 豊盛풍성 豊富풍부 豊滿풍만

禮 예도 례 ⑱

示=礻(제단)에 豊(풍성하게 담은 제기)를 올리고 신에게 예의를 갖춰 제사를 지내는 데서 '예도 례'

禮儀예의 禮物예물 茶禮차례 禮拜예배

體 몸 체 ㉓

骨(뼈)에 살이 豊(풍성)하게 붙어 있는 '몸 체'

身體신체 體感체감 體罰체벌 物我一體물아일체 : 외물(外物)과 자아, 객관과 주관, 또는 물질계와 정신계가 어울려 하나가 됨.

頭 머리 두 ⑯

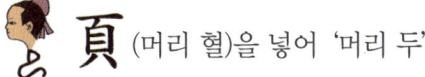頁(머리 혈)을 넣어 '머리 두'

頭髮두발 頭腦두뇌 沒頭몰두 龍頭蛇尾용두사미 : 용의 머리와 뱀의 꼬리라는 뜻으로, 처음은 왕성하나 끝이 부진한 현상을 이르는 말.

 오를 등

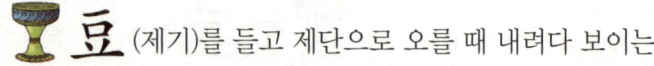 豆(제기)를 들고 제단으로 오를 때 내려다 보이는
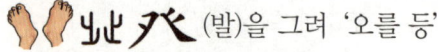 (발)을 그려 '오를 등'

登山등산　登校등교　登龍門등용문　登用등용

 등 등

어두운 제단을 🏺 登 (오를 때) 🔥 火(불) 밝히는 '등불 등'

電燈전등　提燈제등　燈火可親등화가친 : 등불을 가까이할 만하다는 뜻으로, 서늘한 가을 밤은 등불을 가까이 하여 글 읽기에 좋음을 이르는 말.

 증거 증

✋ 言(말)로 증명하는 '증거 증'

證明증명　物證물증　通行證통행증　僞證위증

 필 발

🏹 弓(활) 쏘는 모습에다 發(발로풀뭉갤 발)에서 음을 취해 출발을 뜻하는 '필 발'

出發출발　發明발명　發賣발매　一觸卽發일촉즉발 : 한 번 건드리기만 해도 폭발할 것같이 몹시 위급한 상태.

 폐할 폐

🏠 广(집)을 때려부숴 못쓰게 만들었다는 데서 '폐할 폐'

廢校폐교　廢家폐가　廢止폐지　廢車폐차

열째천간 **계**

세 갈래로 갈라진 (창)을 사방으로 꽂아 놓은 모습이었다가 천간(天干)의 하나로 쓰여 '열째천간 계'

또 **차**

조상의 (신위)를 그려 '또 차' 남근을 그렸다는 설도 있음.

重且대중차대 苟且구차

도울 **조**

어려운 사람을 (힘껏) 도와주는 '도울 조'

援助원조 救助구조 內助내조 助言조언 協助협조 助演조연

할아비 **조**

示=礻(제단) 위에 且(신위)를 올려놓고 조상에게 제사를 지내는 '할아비 조'

祖上조상 祖父조부 先祖선조 始祖시조 鼻祖비조

짤 **조**

糸(실)이 조직적으로 짜여져 있는 '짤 조'

組織조직 組成조성 組合조합 組閣조각 : 내각을 조직함.

조세 조

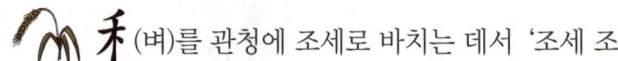 禾(벼)를 관청에 조세로 바치는 데서 '조세 조'

租稅조세

마땅할 의

宀(사당) 안에 且(신위)를 모셔놓고 제사를 지내는 것이 마땅하고 떳떳하다는 '마땅할 의'

宜當의당 便宜편의

조사할 사

且(또 차→사)에서 음을 취하고 木(나무)로 방책을 만들어 통행인을 조사한데서 '조사할 사'

調査조사 監査감사 踏査답사 審査심사 探査탐사 檢査검사 內査내사
中間考査중간고사 : 학기의 중간에 학력을 평가하기 위하여 실시하는 시험.

맡을 사

제사를 주관하는 (사람)의 口(입)을 그려 뒤에 큰 소리로 명령하는 직책을 맡은 신하를 뜻하는 '맡을 사'

| 주의~! 可(옳을 가)와 다르다.

司法사법 司憲府사헌부 司令官사령관

말 사

言(말)을 뜻하는 '말 사'

歌詞가사 作詞작사 代名詞대명사

11 생활도구

刀 칼 도

(칼)을 그려 '칼 도,' 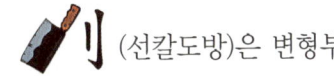(선칼도방)은 변형부수. |주의~! 力(힘 력)과 다르다.

執刀집도 面刀면도 竹刀죽도 短刀直入단도직입 : 여러 말을 늘어놓지 아니하고 바로 요점이나 본 문제를 중심적으로 말함을 이르는 말.

初 처음 초

옷을 만들기 위해 처음으로 (옷감)을  刀(칼)로 사르는 모습이 '처음 초'

最初최초 初期초기 初年초년
初志一貫초지일관 : 처음에 세운 뜻을 끝까지 밀고 나감.

刑 형벌 형

목에 (형틀)을 채우고 刂(칼)을 씌운 모습에서 '형벌 형' |주의~! 刊(간행할 간), 別(다를 별)과 다르다.

刑罰형벌 刑法형법 處刑처형 實刑실형

모양 형

开(나무틀)의 彡(무늬) 모양에서 '모양 형'

人形인형　形式형식　外形외형　形態형태　象形상형　成形성형
無形文化財무형문화재 : 연극, 무용, 음악, 공예 기술 따위의 무형의 문화적 소산으로 역사적 또는 예술적으로 가치가 큰 것.

나눌 분

刀(칼)로 八(나누는) 모습이 '나눌 분'

分裂분열　分校분교　分類분류　分析분석
分納분납　分明분명

가루 분

米(쌀)같은 곡류를 곱게 分(부수어) '가루 분'

粉食분식　製粉제분　粉筆분필　粉末분말

어지러울 분

糸(실)이 가닥가닥 分(나뉘어) 흩날리는 모습에서 '어지러울 분'

紛糾분규　紛亂분란　內紛내분　紛爭분쟁

가난할 빈

가난한 자들에게 가진 貝(재물)을 分(나누어) 주어 '가난할 빈' | 주의~! 貪(탐할 탐)과 다르다.

貧困빈곤　貧血빈혈　極貧層극빈층　貧富隔差빈부격차 : 가난함과 부유함의 차이.

칼날 인

햇빛을 받아 날카로운 刃 (칼날)이 번쩍거리는 '칼날 인'

참을 인

刃 (칼날)이 心 (심장)에 꽂히는 잔악한 모습에서 '① 잔인할 인', 이때 느끼는 고통까지 참아야 한다는 '② 참을 인'

① 殘忍잔인 ② 忍耐인내 忍辱인욕 忍苦인고

알 인

남의 言 (말)을 忍 (참고) 인정하며 허용하다는 '알 인' '인정할 인'

認定인정 默認묵인 確認확인 公認공인 認可인가 否認부인 承認승인

들보 량

刅 (상처 창→량)에서 음을 취해 氵(물) 위에 걸쳐놓은 木 (목조)로 만든 교량인 '① 다리 량', 뒤에 집안의 대들보를 뜻하는 '② 들보 량'

① 橋梁교량 ② 棟梁동량 梁上君子양상군자 : 도둑을 완곡하게 이르는 말.

말 물

짐승을 죽인 勹 (칼)에서 흐르는 (핏방울)을 보고 "죽이지 마!"하는 외침에서 금지의 뜻인 '말 물'

勿論물론 勿忘草물망초

물건 물

짐승의 대표인 牛(소)를 勿(도살)한 모습에서 천지 사이에 존재하는 모든 물건을 뜻하는 '물건 물'

物件물건 物價물가 物體물체 無用之物무용지물 : 쓸모없는 물건이나 사람.

갑자기 홀

갑자기 소홀하게 대하는 心(마음)이란 뜻으로 '① 갑자기 홀' '② 소홀할 홀'

① 忽然홀연 ② 忽待홀대 疎忽소홀

마를 제

朱(나뭇가지)를 刂(칼)로 쳐서 정리하듯 옷감이나 재목을 규정에 맞게 베고 잘라 바르게 한다는 '마를 제'

制限제한 節制절제 規制규제 制度제도 制止제지 統制통제

지을 제

制(나뭇가지 치기)하듯 衣(옷)을 자르거나 물건을 만드는 '지을 제'

製品제품 製作제작 製藥제약 製造제조 製紙제지 製糖제당

맺을 계

木→大(나무)에 刀(칼)로 丰丰(금을 새겨) 사건을 기억하거나 계약 내용을 새기는 '맺을 계'

契約계약 契員계원

깨끗할 **결**

아래 부분을 묶고 칼로 다듬은 絜(조촐할 결 : 실)을  (물)에 깨끗하게 세탁하는 '깨끗할 결'

純潔순결　潔白결백　淸潔청결　不潔불결　高潔고결　簡潔간결

새길 **록**

조각할 때 목공용 彔(칼 밑으로 부스러기)가 떨어지는 모습에서 '새길 록'

주로 음으로 나온다.

기록할 **록**

金(쇠)로 만든 청동그릇에 彔(조각)해서 후대까지 영원히 남긴다는 '기록할 록'

目錄목록　語錄어록　記錄기록　備忘錄비망록　芳名錄방명록
錄畵녹화　收錄수록

녹 **록**

示=礻(신)이 주시는 선물이라고 믿었던 관리의 봉급에서 '녹 록'

祿俸녹봉　國祿국록

푸를 **록**

푸른빛이 도는 糸(실)에서 '푸를 록'

綠色녹색　新綠신록　綠茶녹차　綠陰녹음　草綠同色초록동색 : 풀색과 녹색은 같은 색이라는 뜻으로, 같은 처지에 있는 사람들끼리 같이 어울리게 마련이라는 뜻.

인연 연

象(돼지달아날 단→연)에서 음을 취하고 옷의 가장자리를 싸서 돌린 糸(선)을 타고 올라가는 뜻에서 '① 인연 연' '② 좇을 연'

① 因緣인연 地緣지연 學緣학연 血緣혈연 緣分연분 ② 緣木求魚연목구어

도끼 근

斤(도끼)를 그렸는데 무게의 단위로 나오는 '도끼 근'

百斤백근

가까울 근

가까운 거리를 辶(걸어가는) '가까울 근'

近來근래 近海근해 近刊근간 近郊근교

빌 기

示=礻(제단) 近→斤(가까이) 가서 신에게 비는 모습이 '빌 기'

祈禱기도 祈雨祭기우제 祈願기원

쪼갤 석

木(나무)를 斤(도끼)로 쪼개 분석하는 '쪼갤 석'

分析분석 解析해석

斯 이 사

斤(도끼)로 자른 바로 其(그 자리)를 가리켜 '이 사'

斯界사계 : (지금 말하고 있는) 이 방면의 사회. 이 분야. 斯文亂賊사문난적 : 성리학에서, 교리를 어지럽히고 사상에 어긋나는 언행을 하는 사람을 이르는 말.

質 바탕 질

所(도끼 두 자루)를 貝(돈)과 맞바꿀 수 있는 가치가 있다는 데서 '바탕 질'

性質성질 質問질문 素質소질 良質양질 物質물질 氣質기질

兵 병사 병

斤(도끼)를 들고 있는 병사의 𠂇𠂉(양 손)을 그려 '병사 병'

兵士병사 兵權병권 兵器병기 兵務廳병무청 徵兵징병 私兵사병

斥 물리칠 척

斤(도끼)에 丶(점)을 찍어 적군과 싸워 물리치는 '물리칠 척'

斥和碑척화비 排斥배척

訴 호소할 소

남의 言(말)을 부정하고 斥(배척)하며 하소연하는 데서 '호소할 소'

呼訴호소 告訴고소 訴訟소송 敗訴패소

折 꺾을 절

才(손)에 斤(도끼)를 들고 나뭇가지를 자르는 '꺾을 절'

骨折傷골절상　折半절반
腰折腹痛요절복통 : 허리가 꺾이는 듯하고 배가 아픔.

哲 밝을 철

자신의 의견을 折(똑 부러지게, 절→철) 口(입)으로 밝히는 현명함에서 '밝을 철'

哲學철학　哲人철인

誓 맹세할 서

折(똑 부러지게) 言(말)하는 굳은 다짐에서 '맹세할 서'

誓約서약　盟誓맹서 : 〈맹세〉의 본딧말.

逝 갈 서

자신의 목숨을 折(부러뜨려서) 저승으로 辶(가는) 모습에서 세월이 가거나 죽는다는 '갈 서'

逝去서거　急逝급서 : 갑자기 세상을 떠남.

工 장인 공

장인(匠人)이 사용하는 工(자)나 工(연장)을 들고 물건 만드는 사람인 '장인 공'

工夫공부　工具공구　施工시공　陶工도공

칠 공

 工(연장)을 들고 攵(때리는) 공격의 뜻을 가진 '칠 공'

強攻강공 速攻속공 攻擊공격 專攻전공

공 공

工(장인)이 온 力(힘)을 다해 이룩한 결과물에서 '공적 공'

功勞공로 功德공덕 戰功전공 功臣공신 功績공적 功成身退공성신퇴 : 공을 이룬 뒤에 그 자리에서 물러남.

빌 공

텅 빈 穴(동굴)에서 부질없거나 비었다는 '빌 공'

空間공간 空想공상 空白공백 空念佛공염불 虛空허공
卓上空論탁상공론 : 현실성이 없는 허황한 이론이나 논의.

공교할 교

목수가 工(도구)로 丂(곡선)을 그려 기교를 부린 '공교할 교'

技巧기교 巧妙교묘 精巧정교 巧言令色교언영색 : (남의 환심을 사려고) 번지르르하게 하는 발라 맞추는 말과 알랑거리는 눈빛.

붉을 홍

붉은 색으로 염색한 糸(실)에서 '붉을 홍'

紅色홍색 紅一點홍일점 紅茶홍차 滿山紅葉만산홍엽 : 온 산이 단풍으로 울긋불긋 물듦.

貢⑩
바칠 **공**

工 (장인)들이 만든 물건과 貝 (화패)를 나라에 바치다는 데서 '바칠 공'

貢獻공헌　朝貢조공

項⑫
목 **항**

頁 (머리) 부분에 있는 목덜미를 가리켜 만든 '목 항'

項目항목　條項조항

江⑥
강 **강**

일반적인 氵(강)을 뜻하며 工 (장인 공→강)에서 음을 취해 '강 강'

漢江한강　江邊강변　江村강촌

鴻⑰
기러기 **홍**

江 (강) 위에 떠 있는 鳥 (새)를 대표하는 '기러기 홍'

鴻德홍덕　鴻雁홍안　鴻鵠之志홍곡지지 : 기러기와 고니처럼 크고 높은 뜻.

恐⑩
두려울 **공**

巩 (구부리고 앉아 연장)으로 물건을 만들 때 갖는 心 (마음)에서 '두려울 공'

恐怖공포　可恐가공　恐龍공룡　恐妻家공처가　恐喝罪공갈죄 : 남을 옥박질러 금품을 뜯어내거나 재산상의 이익을 얻음으로써 성립하는 죄.

쌓을 축

고대 악기인 筑 (축)에서 음을 취하고 木 (나무)로 틀을 만들어 건물을 세운 '쌓을 축'

建築건축　新築신축　築臺축대　改築개축

클 거

손잡이가 달린 巨 (커다란 자)를 잡고 있는 장인(匠人)의 모습에서 '클 거'

巨人거인　巨匠거장　巨大거대

막을 거

才 (손)으로 완강하게 거부하는 '막을 거'

抗拒항거　拒絕거절　拒否거부

떨어질 거

足 (발)과 발의 보폭만큼 떨어져 있는 정도를 뜻하는 '떨어질 거'

距離거리

방향 방

일정한 방법으로 네모 반듯하게 사방을 골고루 方 (쟁기)질 하는 데서 '① 방향 방' '② 방법 방' '③ 모 방'

① 四方사방　方位방위　② 方法방법　處方처방　③ 正方形정방형

芳
꽃다울 방

향기로운 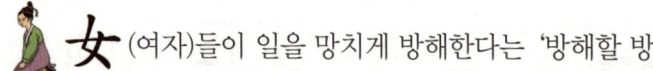(풀)이 方(사방)으로 퍼져 '꽃다울 방'

芳名錄방명록 芳年방년 芳草방초

妨
방해할 방

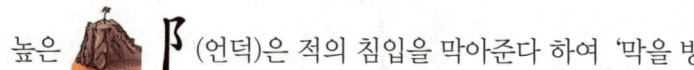女(여자)들이 일을 망치게 방해한다는 '방해할 방'

妨害방해

防
막을 방

높은 阝(언덕)은 적의 침입을 막아준다 하여 '막을 방'

防音방음 防寒服방한복 防疫방역 防止방지 防衛條約방위조약 : 집단 안전보장의 필요에 따른 방위를 목적으로 국가간에 맺는 조약.

訪
찾을 방

직접 찾아가 言(말)로 안부를 묻는 '찾을 방'

訪問방문 巡訪순방 禮訪예방 探訪탐방

房
방 방

户(집)안에 方(네모)난 방을 가리켜 '방 방'

監房감방 文房具문방구 茶房다방 獨守空房독수공방 : 혼자서 지내는 것.

곁 방

음으로 나온 旁(두루 방)에다 어떤 亻(사람)의 옆이란 뜻으로 나온 '곁 방'

傍聽客방청객 傍觀방관 傍若無人방약무인 : 곁에 사람이 없는 것처럼 아무 거리낌 없이 함부로 말하고 행동하는 태도가 있음.

놓을 방

方(사방)으로 뛰어다니며 막대기를 들고 攵(때려서) 내쫓거나 놓아버린다는 '놓을 방'

放出방출 放送방송 放學방학 放流방류
自由放任자유방임 : 각자의 자유에 맡겨 간섭하지 아니함.

본뜰 방

다른 亻(사람)을 따라하고 흉내낸다는 '본뜰 방'

模倣모방

거만할 오

出→土(나가서) 제멋대로 放(돌아다니며) 논다는 敖(놀 오) 앞에서 기만 떠는 亻(사람)을 넣어 '거만할 오'

傲慢오만

격할 격

氵(물)이 白(하얀) 거품을 내며 바위에 세차게 부딪치며 放(방류)하는 모습이 '격할 격'

過激과격 激動격동 激怒격노 激烈격렬
自激之心자격지심 : 자기가 한 일에 대하여 스스로 미흡하게 여기는 마음.

써 이

농부가 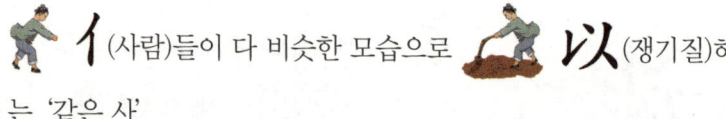(쟁기)를 사용해서 일하는 모습에서 어떤 일의 수단이나 도구를 나타내는 '써 이'

以心傳心이심전심 以上이상 以南이남 以熱治熱이열치열 : 열은 열로써 다스림.

같을 사

(사람)들이 다 비슷한 모습으로 以(쟁기질)하는 '같을 사'

似而非사이비 類似品유사품 近似値근사치
非夢似夢비몽사몽 : 완전히 잠이 들지도 잠에서 깨어나지도 않은 어렴풋한 상태.

우물 정

井(우물)을 그려 '우물 정'

井田정전 市井시정 坐井觀天좌정관천 : 우물 속에 앉아서 하늘을 본다는 뜻으로, 사람의 견문(見聞)이 매우 좁음을 이르는 말.

밭갈 경

井(정)자 모양으로 고르게 (쟁기)질하는 '밭갈 경'

耕作地경작지 農耕농경 水耕栽培수경재배 : 흙을 사용하지 않고 물과 수용성 영양분으로 만든 배양액 속에서 식물을 키우는 방법을 일컫는 말로, 물재배 또는 물가꾸기라고 함.

붉을 단

우물 모양인 口丹(굴) 안에서 캐낸 (붉은 주사=단사)가 반짝이는 데서 '붉을 단'

丹靑단청 丹楓단풍 丹粧단장 丹心단심

푸를 청

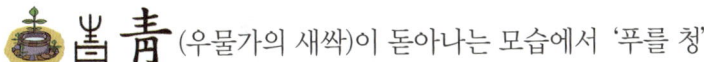(우물가의 새싹)이 돋아나는 모습에서 '푸를 청'

靑色청색　靑寫眞청사진　靑少年청소년
靑出於藍청출어람 : 제자나 후배가 스승이나 선배보다 나음을 비유적으로 이르는 말.

맑을 청

맑고 깨끗한 (물)에서 (푸른 빛)이 도는 '맑을 청'

淸貧청빈　淸談청담　淸掃청소　淸純청순　淸白吏청백리　淸濁청탁

갤 청

비온 뒤 日(해)가 나타나면서 靑(맑게) 개는 '갤 청'

快晴쾌청

청할 청

하고자 하는 일을 言(말)로 요청하거나 물건을 구한다는 '청할 청'

招請초청　請託청탁　請婚청혼　申請신청　要請요청　下請하청　懇請간청

뜻 정

사람들 忄(마음)속에서 우러나오는 靑(깨끗한, 청→정) 마음에서 '뜻 정'

感情감정　熱情열정　冷情냉정　多情다정　情緖정서　情趣정취　情勢정세

정할 정

米(쌀)을 靑(깨끗하고) 곱게 찧어놓은 '① 정할 정', 순수하고 맑은 영혼인 '② 마음 정'

① 精米所정미소 精密정밀 精算정산 精製정제 精油정유
② 精氣정기 精神정신

독 독

독이 든 主(풀)을 먹지 毋(말 물 : 말라)는 경고에서 '독 독'

毒藥독약 毒性독성 防毒面방독면 消毒소독 猛毒맹독 解毒해독

책 책

글을 적어놓은 冊(죽간)이나 목간을 그려 '책 책' 冊(책 책)과 같은 한자.

書冊서책 冊房책방 分冊분책 冊張책장

법 전

법률이나 본보기가 될 만한 내용이 적힌 冊(책)을 (두 손)으로 들고 있는 '법 전'

聖典성전 經典경전 辭典사전 法典법전 古典고전 原典원전

뭉치 륜

순서에 맞게 亼(모아서) 冊(책)을 분류한 '뭉치 륜'. 주로 음으로 나온다.

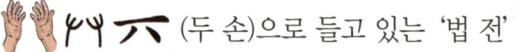

倫
인륜 륜

亻(인간) 사회에는 질서와 윤리를 지켜야 한다는 '인륜 륜'

人倫인륜 倫理윤리 三綱五倫삼강오륜

輪
바퀴 륜

車車(수레)의 바퀴를 가리켜 '바퀴 륜'

五輪旗오륜기 輪轉機윤전기 輪回說윤회설 年輪연륜

論
논할 론

선악과 우열을 조리 있게 비평하는 言(말)에서 '논할 론'

論述논술 論理논리 唯物論유물론 論說논설 論法논법 論文논문

扁
납작할 편

戶(집) 앞에 冊(죽간)으로 만든 울타리가 고르고 평평한데서 '납작할 편'

주로 음으로 나온다.

編
엮을 편

糸(실)로 扁(집의 울타리)를 얽어맨데서 '엮을 편'

編入편입 編著편저 續編속편 改編개편 編曲편곡 再編재편

篇 책 편

(대나무)로 묶어낸 '책 편'

短篇단편　長篇장편　玉篇옥편　全篇전편　千篇一律천편일률 : 여럿이 개별적 특성이 없이 모두 엇비슷한 현상을 비유적으로 이르는 말.

遍 두루 편

扁(울타리) 둘레를 辶(걸어가는) '두루 편'

普遍的보편적　遍歷편력

偏 치우칠 편

亻(사람)이 한 쪽으로 치우쳐 중용을 잃은 '치우칠 편'

偏愛편애　偏頗편파　偏見편견　偏重편중　偏食편식　偏母편모

卷 책 권

두 손으로 돌돌 말고 있는 (말 권) 아래 (말린 두루마리)를 넣어 '책 권'

卷數권수　下卷하권　壓卷압권　席卷석권

券 문서 권

약속한 문서의 내용을 刀(칼)로 새긴 뒤 두 쪽으로 나누어 가졌다가 만날 때 맞추어본 뒤 효력을 발휘했다는 '문서 권'

食券식권　旅券여권　福券복권　證券증권　入場券입장권　割引券할인권

拳 주먹 권

주먹을 쥐고 있는 手(손)을 뜻하는 '주먹 권'

拳鬪권투   拳法권법   拳銃권총

帚 빗자루 추

(손에 빗자루)를 들고 있는 모습에서 '빗자루 추'

掃 쓸 소

(손)에 (빗자루) 들고 청소하는 '쓸 소'

淸掃청소   掃除소제   一掃일소

婦 며느리 부

女(여자)가 帚(빗자루) 들고 집 안팎을 청소하는
'① 며느리 부' '② 아내 부'

① 姑婦고부   孝婦효부   ② 夫婦부부   寡婦과부
新婦신부   主婦주부   夫唱婦隨부창부수

歸 돌아갈 귀

혼인을 치룬 뒤에 신랑의 집으로 𠂤(따라가서) 집안 일을
하는 婦(신부)의 모습에서 '돌아갈 귀'

歸家귀가   歸京귀경   歸順귀순   歸農귀농   復歸복귀
事必歸正사필귀정 : 모든 일은 반드시 바른길로 돌아감.

침범할 침

亻(사람)이 帚→㣴(빗자루)들고 쓸어나가며 침범한다는 데서 '침범할 침'

侵入침입 侵犯침범 侵略침략 侵攻침공 南侵남침 不可侵불가침

잠길 침

氵(물)이 조금씩 계속해서 들어오는 '잠길 침'

沈水침수 浸透침투

잘 침

宀(집 안 평상) 주변을 㣴(빗자루)로 쓸고 난 뒤에 잠을 잔데서 '잘 침'

寢具침구 寢室침실 同寢동침 就寢취침 寢食침식 不寢番불침번

비 혜

彗(빗자루 잡은 손)을 그려 '비 혜'

彗星혜성 : 꼬리별. 어떤 분야에 갑자기 나타나 뛰어나게 드러나는 존재.

지혜 혜

탐욕을 彗(빗자루)로 쓸어버리는 참된 心(마음)에서 '지혜 혜'

智慧지혜 慧眼혜안

(그물의 코)를 회화적으로 그린 '그물 망', 網(그물 망)의 본래 글자.

2개의 변형부수인 罒, 罒 (그물 망)의 활용이 더 많다.

그물 망

새나 물고기를 (그물)로 잡아 亡 (없앤다)는 '없을 망'

聖恩罔極성은망극

없을 망

형벌의 도구인 (그물)로 非 (비리)를 저지른 사람을 잡아들이는 모습에서 '허물 죄'

罪人죄인 罪囚죄수 免罪符면죄부 犯罪범죄 罪惡죄악 謝罪사죄 無罪무죄

허물 죄

(그물)로 잡아들인 사람의 죄상을 言(말)하고 刂(칼)로 벌을 주는 '벌할 벌'

罰金벌금 天罰천벌 賞罰상벌 嚴罰엄벌
體罰체벌 罰則벌칙

벌할 벌

(그물 망→강)에서 음을 취하고 山(산)등성이를 뜻하는 '언덕 강'

| 주의~! 罔(없을 망)과 다르다.

언덕 강

綱
벼리 강

그물의 굵고 단단한 糸(벼리)를 들으면 전체가 다 딸려오는 데서 사회를 규제하는 도덕, 법칙을 뜻하는 '벼리 강'

紀綱기강   綱目강목   綱領강령   要綱요강   大綱대강

剛
굳셀 강

굵은 벼리를 끊을 수 있는 예리한 刂(칼)에서 '굳셀 강'

金剛山금강산   剛斷강단   內柔外剛내유외강 : 속은 부드러우나 겉은 강하게 보임.

鋼
강철 강

굵은 벼리를 끊을 수 있는 단단한 칼의 성분인 金(쇠)에서 '강철 강'

鋼鐵강철   鐵鋼철강   製鋼제강

買
살 매

罒(그물)로 건져 올린 貝(조개)로 물건을 사들여서 '살 매'

豫買예매   不買불매   買入매입   買氣매기

賣
팔 매

買(사들인) 물건을 出→士(내다 파는) '팔 매'

賣國奴매국노   販賣판매   非賣品비매품   急賣급매

읽을 독

물건 賣(파는) 상인처럼 크게 言(소리 내어) 책을 낭독한다는 '읽을 독'

必讀書필독서 講讀강독 讀解독해 牛耳讀經우이독경 : 쇠귀에 경 읽기라는 뜻으로, 아무리 가르치고 일러 주어도 알아듣지 못함을 이르는 말.

이을 속

糸(실)이 계속해서 이어지는 모습에서 '이을 속'

繼續계속 接續접속 勤續근속 手續수속

값 가

貝(돈) 될 만한 물건을 襾(덮어 놓은) 한자 賈(장사 고) 앞에 亻(손님)과 값을 흥정한다는 '값 가'

價格가격 價値가치 定價정가 同價紅裳동가홍상 : 같은 값이면 다홍치마라는 뜻으로, 같은 값이면 좋은 물건을 가짐을 이르는 말.

귀할 귀

虫(손에 든 바구니)에 귀한 貝(재물)을 담아 잘 보관하는 데서 '귀할 귀'

高貴고귀 貴賤귀천 稀貴희귀 富貴榮華부귀영화

남길 유

길을 辵(걷다가) 貴(귀한) 물건을 떨어뜨린 데서 ① 남길 유 ② 버릴 유

① 遺書유서 遺品유품 後遺症후유증 ② 遺棄유기

보낼 견

𠂉(손에 돌덩이)를 (나르는) 일을 시키기 위한 '보낼 견'

派遣파견

꿸 관

貝(조개)나 엽전에 구멍을 내서 毋(실로 꿰어) 놓은데서 하나로 통한다는 '꿸 관'

一貫性일관성 貫通관통 貫徹관철
初志一貫초지일관 : 처음에 세운 뜻을 끝까지 밀고 나감.

익숙할 관

貫(엽전구멍에 실을 꿰듯) 똑같은 일을 반복하다 보면
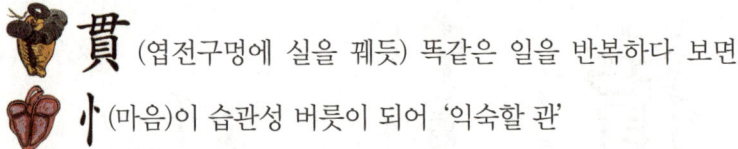忄(마음)이 습관성 버릇이 되어 '익숙할 관'

習慣습관 慣性관성 慣行관행

열매 실

宀(집)안에 貫(돈 꾸러미)가 가득 쌓여 있는
모습에서 씨가 잘 여문 열매를 뜻하는 '열매 실'

實力실력 實像실상 事實사실
名實相符명실상부 : 이름과 실상이 서로 꼭 맞음.

쓸 용

집 주변을 둘러싼 丱用(울타리)에서 쓸모 있다는
'쓸 용.' 用(통)을 그렸다는 설도 있음.

有用유용 濫用남용 用務용무 用兵術용병술 用法용법 借用證차용증

갖출 비

(사람) 옆에 (화살통)을 갖춰두고 필요할 때 바로 뽑아쓸 수 있게 준비해둔 모습에서 '갖출 비'

準備준비   無防備무방비   豫備예비   備忘錄비망록

솟을 용

甬(울타리 위로 봉긋 솟은 봉오리)에서 '솟을 용' 주로 음으로 나온다.

용기 용

甬→㽞(봉오리)가 올라오려고 力(안간 힘)을 쓰는 데서 '용기 용'

勇氣용기   勇敢용감   勇猛용맹   勇士용사

통할 통

甬(봉오리 올라온 울타리, 용→통) 사이를 막힘없이 辶(걸어가는)데서 '통할 통'

不通불통   通過통과   共通공통   通話통화   通路통로   通信통신

아플 통

疒(병들어 누운 환자)를 넣어 '아플 통'

痛症통증   痛恨통한   頭痛두통   陣痛진통   痛快통쾌   哀痛애통

외울 송

소리 내어 言 (읽고) 외운다는 '외울 송'

暗誦암송 誦讀송독 朗誦낭송 愛誦애송

장정 정

丁 (못)의 단단한 성질에서 '장정 정'

壯丁장정 兵丁병정 白丁백정

칠 타

扌 (손)에 망치를 들고 丁 (못)을 치는 '칠 타'

打者타자 亂打난타 代打대타 安打안타
連打연타 打倒타도

정수리 정

頁 (머리)의 꼭대기를 뜻하는 '정수리 정'

頂上정상 登頂등정 頂點정점
頂門一鍼정문일침 : 정수리에 침을 놓는다는 뜻으로, 따끔한 충고나 교훈을 이르는 말.

바로잡을 정

言 (문자나 문장)의 틀린 부분을 고친다는 '바로잡을 정'

訂正정정 改訂개정 校訂교정 修訂版수정판

쌓을 저

貝(재물)을 宁(멈출 저 : 저장함)에 보관해둔 모습에서 '쌓을 저'

貯金저금 貯蓄저축 貯藏저장

편안할 녕

(집)안에 곡식이 담긴 (그릇)을 보는 즐거운 心(마음)에서 '편안할 녕'

安寧안녕 康寧강녕

글귀 구

(입)에서 勹(꼬이고) 구부러져서 나오는 말에서 '글귀 구'

語句어구 文句문구 驚句경구 句節구절

잡을 구

扌(손)으로 범인을 잡아들인다는 데서 '잡을 구'

拘束구속 拘引구인 拘置所구치소

개 구

길들여진 가축 犭(개)를 가리켜 '개 구'

黃狗황구 羊頭狗肉양두구육 : 양의 머리를 걸어 놓고 개고기를 판다는 뜻으로, 겉보기만 그럴듯하게 보이고 속은 변변하지 아니함을 이르는 말.

구차할 구

句(구부정)하게 생긴 ⺿(풀)이름이었는데 뒤에 나온 뜻이 '진실로 구' '구차할 구'

苟且구차 : 몹시 가난하고 궁색함.

공경 경

등 굽은 노인의 등을 ✊攵(두드리는) 진실한 마음이 '공경 경'

恭敬공경 敬老경로 尊敬존경 敬天경천

놀랄 경

🐎馬(말)이 놀라서 뒷발로 서 있는 모습에서 '놀랄 경'

驚異경이 驚氣경기 驚天動地경천동지 : 하늘을 놀라게 하고 땅을 뒤흔든다는 뜻으로, 세상을 몹시 놀라게 함을 비유.

경계할 경

✋言(말)조심 해! 라는 '경계할 경'

警告경고 警覺心경각심 警察경찰 警護員경호원

두 량

좌우가 대칭인 ⚖兩(저울)의 모습에서 '두 량'

兩極양극 兩親양친 兩家양가
物心兩面물심양면 : 물질적인 것과 정신적인 것의 두 방면.

생활도구 339

滿 찰 만

가득찬 氵(물)과 균형 잡힌 㒼(저울)을 넣어 가득 찼다는 '찰 만'

滿點만점　肥滿비만　滿發만발
自信滿滿자신만만 : 자신감으로 꽉 차 있는 표정이나 언행.

稱 일컬을 칭

禾(벼)를 爫(손)으로 들어 冉(저울)에 올려 무게를 재는 모습에서 '일컬을 칭'

稱讚칭찬　呼稱호칭

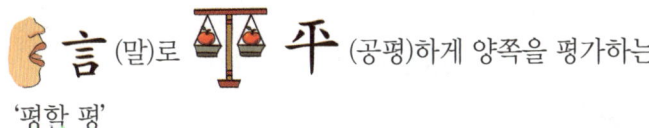

平 평평할 평

平(저울 위에 두 물건)이 균형 있게 올려져 있는 모습에서 '평평할 평' | 주의~! 乎(어조사 호)와 다르다.

平和평화　平野평야　平民평민　平均평균　平易평이
太平聖代태평성대 : 어진 임금이 잘 다스리어 태평한 세상이나 시대.

評 평할 평

言(말)로 平(공평)하게 양쪽을 평가하는 '평할 평'

評價평가　評點평점　寸評촌평　惡評악평　評判평판　評論평론

金 쇠 금

흙 속에서 金(금속이 반짝)거리는 모습이 ① 쇠 금', 성씨로 나와 '② 성 김'

① 金蘭之交금란지교　金品금품　② 金先生김선생

鐵 쇠 철

金(쇠)를 戩(모루) 위에 올려놓고 두드리고 있는 '쇠 철'

鐵器철기 鐵絲철사

鎖 자물쇠 쇄

쇠로 만든 쇠사슬이나 金(자물쇠) 앞에 貞(자개소리 쇄→쇄)에서 음을 취해 '자물쇠 쇄'

連鎖연쇄 鎖國쇄국 鎖骨쇄골 封鎖봉쇄

朋 벗 붕

화폐로 사용한 朋(조개 한 쌍)이 늘어진 모습에서 몰려다니는 한패, 벗이란 뜻에서 '벗 붕'

朋友붕우 朋黨붕당
朋友有信붕우유신 : 오륜(五倫)의 하나. 벗 사이에는 믿음이 있어야 함을 이른다.

崩 무너질 붕

山(산)이 힘없이 와르르 쏟아져내리는 '무너질 붕'

崩壞붕괴 崩御붕어 土崩瓦解토붕와해 : 흙이 무너지고 기와가 깨진다는 뜻으로, 어떤 조직이나 사물이 손을 쓸 수 없을 정도로 무너져 버림을 이르는 말.

圭 홀 규

천자가 제후를 봉할 때 내리는 圭(옥)으로 만든 신표를 뜻하는 '홀 규.' 따라서 제후가 천자를 조회할 때 손에 들고 있음.

봉할 봉

圭(흙)을 寸(손)으로 모아 국경을 만들어 영토로 삼은 '봉할 봉'

開封개봉 封鎖봉쇄 密封밀봉 封建制度봉건제도 : 천자가 여러 제후에게 토지를 나누어 주어, 제후가 각자의 영유 지역에 대하여 전권을 가지는 국가 조직.

아름다울 가

다른 亻(사람)보다 재주가 뛰어나거나 외모가 출중한 '아름다울 가'

佳作가작 佳人薄命가인박명 : 아름다운 여자는 수명이 짧음.

거리 가

圭(흙)으로 다져진 行(네거리)에서 '거리 가'

街路燈가로등 商街상가 市街시가 大學街대학가 街販가판

계수나무 계

향이 좋은 木(나무)로 圭(홀 규→계)에서 음을 취한 '계수나무 계'

桂皮계피 月桂冠월계관 桂林계림 桂冠詩人계관시인 : 17세기부터 영국 왕실에서 국가적으로 뛰어난 시인을 이르는 명예로운 칭호.

걸 괘

扌(손)으로 물건을 걸어둔다는 뜻에 卦(점괘 괘)에서 음을 취해 '걸 괘'

掛圖괘도 掛念괘념
掛鐘時計괘종시계 : 시간마다 종이 울리는 시계. 보통 벽에 걸어둔다.

물가 애

(강물)이 흐르는 厓(언덕)의 끝을 가리켜 생애의 끝자락을 의미하는 '물가 애'

生涯생애

즐길 락

(받침대 위에 현악기)를 올려놓고 (엄지손가락)을 튕기며 음악을 즐기고 좋아한다 하여 '① 풍류 악' '② 즐길 락' '③ 좋아할 요'

① 音樂음악 ② 快樂쾌락 ③ 樂山樂水요산요수

藥
약 약

아플 때 (약초)를 먹으면 몸과 마음이 樂(즐겁고) 편안해진다는 데서 '약 약'

丸藥환약 投藥투약 醫藥의약 藥局약국

북 고

壴(북) 치는 支(손과 북채)를 그린 '북 고'

申聞鼓신문고 鼓舞고무 鼓吹고취

기쁠 희

壴(북)을 치며 기뻐서 웃는 口(입)을 그려 '기쁠 희'

喜消息희소식 喜悅희열 喜悲희비
喜喜樂樂희희낙락 : 매우 기뻐하고 즐거워함.

豈豈(장식 달린 북)을 쳐서 승전을 알리니 "어찌 기쁘지 않겠는가?"에서 '어찌 기.' 한문 속에서 주로 나온다.

어찌 기

壴(북)을 寸(손)으로 세우는 '세울 주'
주로 음으로 나온다.

세울 주

木(나무)를 똑바로 尌(세워서) 심는 '나무 수'

植樹식수 樹木수목 樹立수립 街路樹가로수 果樹園과수원

나무 수

주먹을 尌(세우고) 서로 鬥(싸우는) '싸울 투'

鬪爭투쟁 戰鬪전투 亂鬪난투 鬪犬투견 決鬪결투 鬪魂투혼

싸울 투

声(석경)을 각퇴로 殳(치면서)
耳(귀)를 대고 듣는 데서 '소리 성'

名聲명성 假聲가성 聲優성우 聲討성토
高聲고성 聲東擊西성동격서

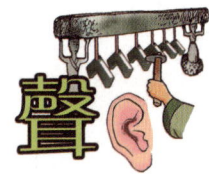

소리 성

업 업

종이나 북을 거는 도구인 業 (판자) 모양에서 발전하여 불교에서 인(因)을 과(果)로 하게 하는 업과 작업을 뜻하는 '업 업'

課業과업 業績업적 業報업보 産業산업 卒業졸업 企業기업

대할 대

對 (촛불)을 寸 (손에 잡고) 마주보고 있는 데서 '대할 대'

對面대면 對答대답 對等대등 對策대책
對外대외 對人대인

12 건축

문 문

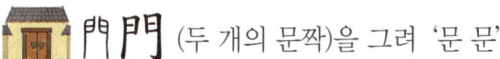 門門(두 개의 문짝)을 그려 '문 문'

家門가문 登龍門등용문 專門家전문가
門前成市문전성시 : 찾아오는 사람이 많아 집 문앞이 시장을 이루다시피 함을 이르는 말.

물을 문

 門(문) 앞에서 口(입)으로 물어보는 '물을 문'

問安문안 問答문답 探問탐문
不問可知불문가지 : 묻지 아니하여도 알 수 있음.

들을 문

 門(문) 앞에서 耳(귀)를 대고 듣는 '들을 문'

所聞소문 風聞풍문 見聞견문
百聞不如一見백문불여일견 : 백번 듣는 것이 한번 보는 것만 못하다.

열 개

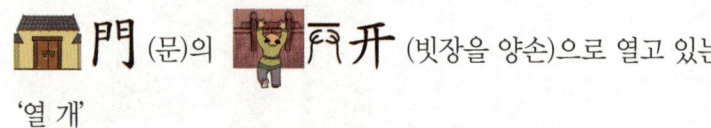門(문)의 开(빗장을 양손)으로 열고 있는 '열 개'

開花개화　開學개학　開會개회　未開미개

닫을 폐

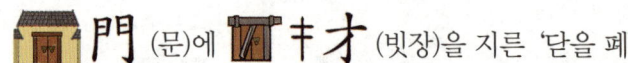門(문)에 才(빗장)을 지른 '닫을 폐'

開閉개폐　閉店폐점　閉業폐업　閉會폐회

한가할 한

門(문) 옆에 서 있는 木(나무)의 여유로움에서 '한가할 한'

忙中閑망중한　農閑期농한기　閑暇한가　閑散한산

사이 간

門(문) 사이로 日(해)가 보이는 '사이 간'

眉間미간　空間공간　間食간식　時間시간

대쪽 간

竹(대쪽)에 간단히 기록한데서 '① 대쪽 간' '② 간략할 간'

① 書簡文서간문　② 簡單간단　簡字간자　簡略간략

꿸 관

대문을 닫아거는 辫 絆 (빗장)을 그려 '꿸 관'

관계할 관

門 (대문)을 가로질러 닫아거는 絆 (빗장)에서 관문, 관계를 맺는다는 '관계할 관'

關係관계 關門관문 稅關세관 相關상관 關與관여 難關난관 通關통관

연이을 련

耳 (귀)에서 귀로 연이어 계속 연결되는 '연이을 련'

聯關연관 聯合연합 聯邦연방 聯盟연맹 聯想연상 聯立연립

집 호

일반 집의 戶 (한쪽 문짝)을 그려 일반 집이나 방의 출입구를 뜻하는 '집 호'

戶口호구 戶籍호적 戶主호주 門戶開放문호개방 : 세계 여러 나라가 서로 간의 통상과 항행을 자유롭게 개방하고, 경제적 이익 관계에서 균등한 기회를 도모함.

바 소

벌목하는 사람 戶 (집)에 斤 (도끼)가 놓인 곳을 가리켜 '① 곳 소', 방법, 일을 뜻하는 '② 바 소'

① 場所장소 名所명소 急所급소 住所주소
② 所聞소문 所望소망

열 계

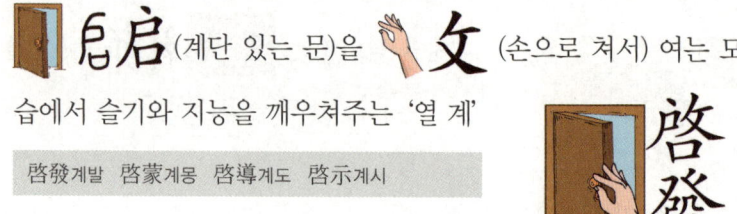
启(계단 있는 문)을 攵(손으로 쳐서) 여는 모습에서 슬기와 지능을 깨우쳐주는 '열 계'

啓發계발 啓蒙계몽 啓導계도 啓示계시

어깨 견

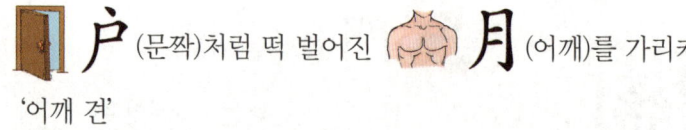
戶(문짝)처럼 떡 벌어진 月(어깨)를 가리켜 '어깨 견'

肩胛骨견갑골 肩章견장 比肩비견

눈물 루

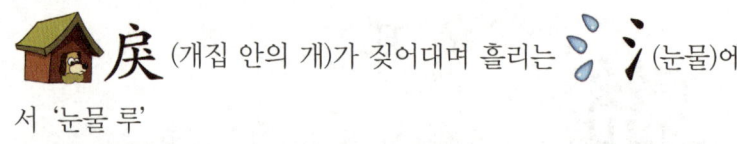
戾(개집 안의 개)가 짖어대며 흘리는 氵(눈물)에서 '눈물 루'

血淚혈루 催淚彈최루탄

돌아볼 고

雇(품팔이 고)에서 음을 취하고 頁(머리)를 돌려 다시 본다는 '돌아볼 고'

顧客고객 顧問고문 回顧錄회고록
四顧無親사고무친 : 의지할 만한 사람이 아무도 없음.

병풍 병

尸(집)의 방 안에 幷(나란히) 세워놓고 바람을 막거나 장식용으로 세워두는 '병풍 병'

屛風병풍

높은 高高(건물)을 사실적으로 그려 '높을 고'

高貴고귀 高價고가 高僧고승 天高馬肥천고마비 : 하늘이 높고 말이 살찐다는 뜻으로, 하늘이 맑고 모든 것이 풍성함을 이르는 말.

禾(벼)를 수확한 '볏단 고'에서 뒤에 초고를 가리켜 '원고 고'

草稿초고 原稿원고 稿料고료 脫稿탈고

高(높을 고)에다 음으로 丁(못 정)을 넣어서 망루가 있어 머물러 쉴 수 있는 건물인 '정자 정'

| 주의~! 享(누릴 향), 亨(형통할 형)과 다르다.

亭子정자

亻(사람)이 亭(정자)에서 잠시 발걸음을 멈추고 쉬고 있는 '머무를 정'

停止정지 停年정년 停戰정전 停車場정거장

高(높을 고→호)에서 음을 취하고 豕(돼지)처럼 생긴 호저를 가리켜 위기가 닥치면 꼬리의 바늘을 세워 적의 몸에 꽂는 호방한 모습에서 '호걸 호'

豪氣호기 豪雨호우 英雄豪傑영웅호걸 : 지혜와 용기가 뛰어나고 기개와 풍모가 있는 사람.

터럭 호

길고 가느다란  毛(털)에서 '터럭 호'

秋毫추호

장사 상

(성) 아래 口(물건)을 진열해 놓고 장사 하는 '장사 상'

商人상인 商街상가 商店상점 商業상업 商去來상거래 商標상표

높을 교

어린나이에 목이 부러져 죽은 夭(요절할 요→교)에서 음을 취해 高(높을 고)처럼 크고 긴 건물인 '높을 교'

다리 교

물 위에 길게 세워진 木(나무)로 만든 '다리 교'

橋脚교각 橋梁교량 陸橋육교 架橋가교
懸垂橋현수교 鐵橋철교 烏鵲橋오작교

바로잡을 교

휘어진 矢(화살)을 곧게 펴는 '바로잡을 교'

矯正교정 矯導官교도관
矯角殺牛교각살우 : 소의 뿔을 바로잡으려다가 소를 죽인다는 뜻으로, 잘못된 점을 고치려다가 그 방법이나 정도가 지나쳐 오히려 일을 그르침을 이르는 말.

건축●351

서울 경

높은 언덕 위에 세운 京(망루)를 중심으로 많은 사람들이 모여 살면서 도시가 되어 '서울 경'

上京상경 歸京귀경 京城경성

서늘할 량

冫(얼음)처럼 시원한 바람이 京(큰 집, 경→량)으로 불어오는 '서늘할 량'

淸凉청량 納凉납량

살펴알 량

사정을 잘 살펴 공손하게 言(말)하는 뜻에다 京(서울, 경→량)에서 음을 취해 '살펴알 량'

諒解양해 諒知양지

노략질할 략

대궐 같은 京(집)은 도둑의 扌(손)을 탄다는 데서 '노략질할 략'

掠奪약탈

볕 경

日(태양)이 京(큰 집) 위에서 빛나고 있는 '볕 경'

風景풍경 景致경치 景福宮경복궁 景氣경기

그림자 영 影⑮

景(햇볕) 아래 彡(그림자)가 빗질한 듯 비치는 '그림자 영'

影像영상　投影투영　影響영향

누릴 향 享⑧

조상신을 모신 享(종묘)에서 제사를 지내는 자손은 그 복을 누린다 하여 '누릴 향'

享年향년　享有향유　享樂향락　享受향수

형통할 형 亨⑦

享(종묘)에서 제사를 了(마칠 료: 마치고) 나면 만사가 잘 풀린다는 '형통할 형'

萬事亨通만사형통

외성 곽 郭⑪

성 위에 지어진 享(망루)에다 백성들이 살고 있는 阝(도읍)을 넣어 성밖에 겹으로 둘러싼 '외성 곽'

城郭성곽　外郭외곽

도타울 돈 敦⑫

享(누릴 향→돈)에서 음을 취하고 서로 치고 攵(때리면서) 도타운 관계가 된다는 '도타울 돈'

敦篤돈독　敦厚돈후

누구 **숙**

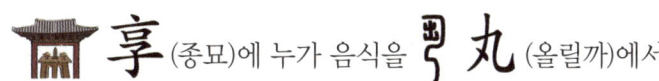 享(종묘)에 누가 음식을 丮丸(올릴까)에서 '누구 숙'

문장 속에서 의문사로 주로 쓰인다.

익을 **숙**

孰(누구 숙)에서 음을 취하고 灬(불)을 넣어 '익을 숙'

完熟완숙　熟眠숙면　熟練숙련　熟成숙성　未熟兒미숙아　熟達숙달

좋을 **량**

艮良(회랑)을 걸을 때의 기분에서 나온 '좋을 량'

| 주의~! 艮(그칠 간)과 다르다.

良好양호　不良불량　良心양심　改良개량

물결 **랑**

제멋대로 출렁이는 氵(물결)에서 '① 물결 랑'과 '② 방랑할 랑' '③ 함부로 랑'

① 波浪파랑　風浪풍랑　② 放浪방랑　浮浪부랑　流浪유랑
③ 浪費낭비　浪說낭설

계집 **낭**

결혼하지 않은 女(여자)를 뜻하는 '계집 낭'

娘子낭자

郞 사내 랑

邑(고을)을 적으로부터 지키는 남자에서 '사내 랑'

新郞신랑　郞君낭군　花郞화랑

廊 행랑 랑

郞(사내)들이 거처하는 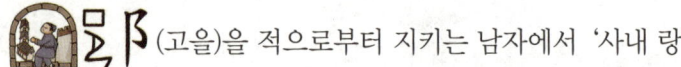广(집)인 곁채와 복도를 뜻하는 '행랑 랑'

舍廊사랑　行廊행랑　回廊회랑　畵廊화랑

穴 굴 혈

인류가 최초로 살았던 穴(동굴 집)에서 '굴 혈'. 변형부수인 穴(구멍혈머리)는 '집, 동굴'과 관계 있다.

穴居혈거　不入虎穴不得虎子불입호혈부득호자 : 호랑이굴에 들어가지 않고는 호랑이 새끼를 잡을 수 없다.

窓 창 창

穴(집)의 ㄙ(창문)을 열면 시원한 바람이 心(마음) 속까지 들어온다는 '창 창'

窓門창문　窓口창구　同窓동창　車窓차창　鐵窓철창
學窓時節학창시절 : 학생 신분으로 학교에 다니던 시기.

窮 다할 궁

穴(동굴) 속에서 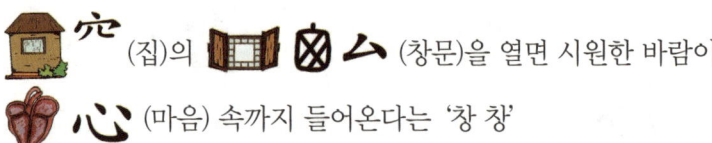躬(몸 궁 : 몸을 화살처럼 구부리고) 가다가 꽉 막혀버린 '① 궁할 궁', 그래도 끝까지 있는 힘을 다해 빠져나가는 '② 다할 궁'

① 窮乏궁핍　窮地궁지　② 窮究궁구　窮理궁리　無窮花무궁화

竊 훔칠 절

穴(남의 집)에 몰래 들어가 米→釆(쌀)을 훔쳐서 나오는 모습에다 卨(사람이름 설→절)에서 음을 취해 '훔칠 절'

竊盜절도 剽竊표절

寒 찰 한

한겨울 宀(움막) 안에 茻(짚 풀)을 덮은 발 아래 冫(얼음)이 얼어 추위에 떨고 있는 '찰 한'

寒氣한기 寒波한파 防寒服방한복 寒食한식 惡寒오한 三寒四溫삼한사온 : 한국을 비롯하여 아시아의 동부, 북부에서 나타나는 겨울 기온의 변화 현상.

塞 변방 새

적의 침입을 막기 위해 垚(벽돌)을 쌓아 宀(요새)를 만드는 '① 변방 새' '② 막을 색'

① 塞翁之馬새옹지마 ② 窮塞궁색 拔本塞源발본색원 : 좋지 않은 일의 근본 원인이 되는 요소를 완전히 없애버려서 다시는 그러한 일이 생길 수 없도록 함.

向 향할 향

向(집의 창문)을 열면 연기가 사방으로 향하는 데서 '향할 향'

方向방향 外向외향 意向의향 風向計풍향계 南向남향 偏向편향

尙 숭상할 상

向(집의 창문) 사이로 八(연기)가 나와 위로 퍼져 올라가는 데서 '숭상할 상'

尙武상무 高尙고상

항상 상

아랫도리를 가리는 巾(천)은 항상 입고 있어야 떳떳하다는 데서 '떳떳할 상' '항상 상'

常習상습 常識상식 常時상시 常存상존 人之常情인지상정 : 사람이면 누구나 가지는 보통의 마음.

치마 상

항상 아랫도리를 가렸던 衣(옷)인 치마를 구체적으로 가리켜 '치마 상'

衣裳의상 綠衣紅裳녹의홍상 : 연두저고리에 다홍치마라는 뜻으로, 젊은 여자의 고운 옷차림을 이르는 말.

맛볼 상

음식을 만들 때 旨(맛 지 : 맛)을 본다는 '맛볼 상'

臥薪嘗膽와신상담 : 섶에 누워 쓸개를 씹는다는 뜻으로, 원수를 갚으려고 온갖 괴로움을 참고 견딤을 이르는 말.

손바닥 장

손바닥을 가리키는 手(손)을 넣어 '손바닥 장'

合掌합장 如反掌여반장 掌握장악 拍掌大笑박장대소 : 손뼉을 치며 크게 웃음.

마땅 당

자기가 농사지을 田(밭)은 마땅히 감당해야 한다는 ① 마땅 당' ② 감당할 당' ③ 맞을 당'

① 當然당연 宜當의당 不當부당 正當정당 ② 一當百일당백
③ 妥當타당 當番당번 當選당선

堂 집 당 ⑪

土(흙)을 높게 쌓은 위에 지어진 집을 가리켜 '집 당'

食堂식당　聖堂성당　天堂천당　慈堂자당　講堂강당　書堂서당
威風堂堂위풍당당 : 풍채나 기세가 위엄 있고 떳떳함.

黨 무리 당 ⑳

묵형 당한 黑(죄인)들이 자신의 이익을 위해 흑심을 품고 모인 '무리 당'

政黨정당　野黨야당　與黨여당　朋黨붕당　黨爭당쟁　黨派당파　脫黨탈당

賞 상줄 상 ⑮

좋은 일을 한 사람에게 貝(재물)로 보답하는 '상줄 상'

賞品상품　受賞수상　賞狀상장　賞罰상벌　懸賞金현상금
論功行賞논공행상 : 공적의 크고 작음 따위를 논의하여 그에 알맞은 상을 줌.

償 갚을 상 ⑰

亻(다른 사람)에게 재산상 손해를 입히면 그 대가를 치르는 '갚을 상'

辨償변상　償還상환　補償金보상금

庶 여러 서 ⑪

广(움막) 앞에 灬(불 위에 그릇)을 올려놓고 사람들이 둘러 앉아 먹는 모습에서 '① 여러 서', 뒤에 첩의 자식을 뜻하는 '② 서자 서'

① 庶民서민　② 庶子서자　庶出서출　嫡庶적서

席
자리 석

庀(여러 사람들)이 모여 앉을 때 깐 巾(돗자리)에서 '자리 석'

坐席좌석 卽席즉석 末席말석 缺席결석 席卷석권 私席사석

度
법도 도

庀(여러 서→도)에서 음을 취하고 又(손)으로 길이를 재어 기준을 정하는 '법도 도'

法度법도 節度절도 尺度척도 角度각도 高度고도 民度민도 速度속도

渡
건널 도

氵(물)을 건너 통과한다는 '건널 도'

過渡期과도기 不渡부도 渡江도강 渡美도미

倉
곳집 창

곡식을 보관하는 倉(창고)의 창문과 계단을 그린 '곳집 창'

倉庫창고 穀倉地帶곡창지대 : 쌀 따위의 곡식이 많이 나는 지대.

創
비롯할 창

처음으로 刂(칼)로 물건을 자르는 데서 최초라는 '비롯할 창'

創造창조 創始창시 創建창건 創刊號창간호 創案창안 創出창출
創意力창의력

푸를 창

 (풀)처럼 푸른색을 가리켜 '푸를 창'

蒼空창공 蒼天창천 萬頃蒼波만경창파 : 한없이 넓고 넓은 바다.

믿음 단

많은 곡식을  (창고) 안에 보관할 때 든든한 마음에서 '믿음 단.' 주로 음으로 나온다.

박달나무 단

깊은 산에서 자라며 재질이 단단해서 건축재로 쓰는 (나무)는 '박달나무 단'

檀君단군 檀紀단기

단 단

(흙)을 고르고 높게 쌓아 (건물, 단)을 올린 '단 단'

壇上단상 敎壇교단 講壇강단 祭壇제단 文壇문단 樂壇악단

집 사

임시로 지은 (움막)을 그린 '집 사'

寄宿舍기숙사 幕舍막사 官舍관사 舍宅사택 畜舍축사

捨
버릴 사

才(손)으로 임시거처인 舍(움막)을 철거하고 떠나는 '버릴 사'

喜捨희사 取捨選擇취사선택 : 취하거나 버릴 것을 가려 적당한 것을 선택함.

余
나 여

지붕을 받치는 나무 기둥을 그린 余(집)이었는데 뒤에 자신을 뜻하게 되어 '나 여.' 주로 음으로 나온다.

| 주의~! 舍(집 사)와 다르다.

餘
남을 여

(먹을 것)이 넉넉한 余 (집)을 뜻하는 '남을 여'

餘裕여유 餘分여분 餘罪여죄 餘波여파 餘白여백
窮餘之策궁여지책 : 궁한 나머지 생각다 못하여 짜낸 계책.

徐
천천히 서

余(집, 여→서) 밖으로 천천히 (걸어가는) '천천히 서'

徐行서행

除
덜 제

阝(언덕=층층계단)이 있는 余 (집, 여→제)의 먼지를 깨끗하게 제거한데서 '섬돌 제' '덜 제'

免除면제 除去제거 削除삭제 除雪제설 除外제외 除籍제적

길 도

 余(집) 밖에 나가면 ╋ 辶(다닐) 수 있게 뻗어있는 '길 도'

中途중도   途中도중

칠할 도

집 옆 涂(도랑)에 있는 土(진흙)을 바른다는 데서 '칠할 도'

塗料도료   塗炭도탄   塗裝도장 : 물체의 겉에 도료를 곱게 칠하거나 바름

비낄 사

余(여→사)에서 음을 취하고 斗(말 두 : 국자)를 비스듬히 기울이는 데서 '비낄 사'

斜線사선   斜視사시   傾斜경사   斜陽사양

펼 서

막대기로 攴(치면서) 차례대로 배열한다는 데서 '차례 서' '펼 서'

敍述서술   敍事詩서사시   自敍傳자서전   追敍추서

차 다

余→余(여→다, 차)에서 음을 취하고 녹차 艹(잎)을 뜻하는 '① 차 다' '② 차 차'

① 茶道다도   茶飯事다반사   茶房다방   ② 綠茶녹차   紅茶홍차   茶禮다례, 차례

 밝을 **총**

(창문)으로 들어오는 맑고 투명한 빛이  心
(마음)과 하나로 통한다는 '밝을 총'
주로 음으로 나온다.

 묶을 **총**

 糸(실)로 하나로 모아 묶는다는 '묶을 총'

總計총계 總帥총수 總評총평 總長총장 總角총각 總額총액 總點총점

 귀밝을 **총**

사람의 말을 잘 알아들어  耳(귀)가 밝다는 '귀밝을 총'

聰氣총기 聰明총명

 깊을 **심**

(동굴) 속 水→木(물)의 깊이를 더듬거리며 알아보는 '깊을 심'

 깊을 **심**

 氵(물) 속 깊이를 재는 '깊을 심'

水深수심 深層심층 深海심해 深化심화 夜深야심
深思熟考심사숙고 : 깊이 잘 생각함.

探 찾을 탐

 扌(손)으로 더듬거리며 '찾을 탐'

探査탐사 探索탐색 探究탐구 探訪탐방 探情탐정 探險탐험

復 돌아올 복

앞뒤가 통하는 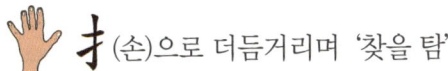(움집)을 통과해서 다시 되돌아 (걸어오는) '돌아올 복'

주로 음으로 나온다.

腹 배 복

月(신체)의 일부인 복부를 가리켜 '배 복'

腹痛복통 腹部복부 割腹할복 空腹공복 心腹심복 異腹이복

複 겹칠 복

衤(옷감)을 여러 겹 겹쳐놓고 마름질하는 '겹칠 복'

複寫복사 複製복제 複線복선 複雜복잡 複合복합

復 회복할 복

彳(갔던 길)을 复(다시 되돌아)온다는 뜻인 '① 다시 부' '② 회복할 복'

① 復活부활 復興부흥 ② 回復회복 往復왕복 復職복직 復習복습 復歸복귀

뒤집을 복

그릇 위에 ◯ 西 = 西 (덮어놓은) 뚜껑을 뒤집어 엎는다는 '뒤집을 복'

覆面복면　覆蓋복개　飜覆번복　覆水복수

밟을 리

◯ 復 (왔다갔다) 하기 위해 몸을 ◯ 尸 (구부려) 신발을 신는 '신발 리' '밟을 리'

履歷書이력서　瓜田不納履과전불납리 : 오이 밭에서는 신을 고쳐 신지 말라는 뜻으로, 의심받기 쉬운 행동은 하지 말아야 함을 이르는 말.

얽을 구

나무와 나무를 연결해 쌓아 올린 ◯ 冓 (구조물)에서 '얽을 구'

얽을 구

◯ 木 (나무)를 ◯ 冓 (구조물) 앞에 넣어 다시 만든 '얽을 구'

構造구조　構成구성　構想구상　虛構허구　構築구축

강론할 강

다른 사람 앞에서 ◯ 言 (말)할 때 ◯ 冓 (구조물)처럼 짜임새 있게 풀어서 설명하는 '강론할 강'

講義강의　講論강론　講士강사　講師강사　講演會강연회　受講수강

13 교통

다닐 행

┼ 彳行 (네거리)를 걸어가며 어떤 행동을 하는 '① 다닐 행' '행할 행', 서열에 맞춰 가는 모습에서 '② 항렬 항'

| 주의~! ┼ 彳行 (다닐 행)의 왼쪽 부분을 ┼ 彳(두인변)이라 부른다. 한자 속에서 '길거리'나 '행동'과 관계 있다.

저울대 형

┼ 彳行 (헤엄쳐 가는) 魚→奐 (물고기)가 좌우로 평형을 유지하는 모습을 천칭의 균형 잡는 저울대에 비유해 '저울대 형'

均衡이 중요해!

衡平형평 平衡평형 均衡균형 度量衡도량형

얻을 득

길을 ┼ 彳(가다가) 떨어져 있는 貝→旦 (재물)을 寸(손)으로 줍는 '얻을 득'

拾得습득 獲得획득 旣得權기득권 不得不부득불
得票득표 不勞所得불로소득

수레 거

위에서 내려다 본 車(수레, 전차)를 그려 '① 수레 거', 현대로 오면서 음이 변해서 '② 수레 차'

① 自轉車자전거 停車場정거장
② 列車열차 乘用車승용차 停車정차 電車전차

곳집 고

車(수레)와 물건을 보관하는 广(창고)를 뜻하는 '곳집 고'

車庫차고 文庫문고 倉庫창고 冷藏庫냉장고

진칠 진

阝(언덕)에 車(전차)들이 진을 친데서 '진칠 진'

| 주의~! 陳(베풀 진)과 다르다.

背水陣배수진 布陣포진 鶴翼陣학익진 陣痛진통 退陣퇴진

연할 연

車(수레)의 바퀴가 欠(빠져) 헐거워진 모습에서 부드럽다는 '연할 연'

柔軟유연 軟食연식 軟弱연약 軟骨연골 軟體動物연체동물 : 후생동물의 한 문. 몸은 머리, 내장, 다리, 외투막의 네 부분으로 되어 있으며, 뼈가 없다.

이을 련

車(전차)들이 줄지어 辶(행군)하는 '이을 련'

| 주의~! 運(돌 운)과 다르다.

連勝연승 連結연결 連行연행 連坐연좌 連敗연패 連覇연패

연꽃 련

진흙 속에서 ▨▨ 艹(식물)의 뿌리와 줄기가 連(연이어) 난다는 '연꽃 련'

蓮花연화 蓮根연근

군사 군

(병사)가 車(전차)를 타고 있는 모습에서 '군사 군'

軍人군인 强行軍강행군 我軍아군 敵軍적군

돌 운

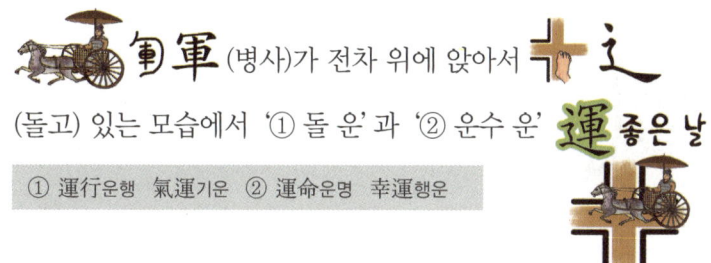
(병사)가 전차 위에 앉아서 (돌고) 있는 모습에서 '① 돌 운'과 '② 운수 운'

① 運行운행 氣運기운 ② 運命운명 幸運행운

휘두를 휘

지휘관이 扌(손)으로 軍(병사)들에게 지시하는 '휘두를 휘'

指揮지휘 發揮발휘 一筆揮之일필휘지 : 글씨를 단숨에 죽 내리 씀.

빛날 휘

무기와 갑옷이 번쩍이며 光(빛)나는 軍(병사)의 모습에서 '빛날 휘'

光輝광휘 輝煌燦爛휘황찬란 : 번쩍번쩍 빛나고 화려함.

무릇 범

물 위에 뜬 범선의 凡(돛)을 그려 보편적이란 뜻인 '① 무릇 범'과 '② 평범할 범'

② 非凡비범 凡打범타 平凡평범

바람 풍

바람을 잔뜩 먹은 風(돛에 벌레)가 달라붙은 모습에서 '바람 풍'

東風동풍 風景풍경 強風강풍 風前燈火풍전등화 : 바람 앞의 등불이라는 뜻으로, 사물이 매우 위태로운 처지에 놓여 있음을 비유적으로 이르는 말.

봉황 봉

옛날에는 凡(돛)에 바람을 일으키는 鳥(새)가 봉황이라 믿었다는 데서 '봉황 봉'

鳳凰봉황 鳳雛봉추 : 봉황의 새끼. 아직 세상에 드러나지 않은 영웅.

한가지 동

冂(돛)에 口(구멍)이 나서 그곳을 통해 바람이 분다는 '한가지 동'

同名동명 同等동등 同格동격 同感동감
附和雷同부화뇌동 : 줏대 없이 남의 의견에 따라 움직임.

골 동

氵(물)이 同(한 방향)으로 흘러가는 '① 통할 통', 골짜기와 마을이 생겨 물을 함께 쓰며 생활하는 '② 골 동'

① 洞察力통찰력 洞達통달
② 洞里동리 洞事務所동사무소 : 동(洞)의 행정 사무를 맡아보는 기관.

구리 동

 金(금속)의 일종인 '구리 동'

銅像동상 銅賞동상 銅錢동전 靑銅器청동기

배 주

나무로 만든  夕 舟(작은 배)를 그려 '배 주'

一葉片舟일엽편주 : 한 척의 조그마한 배.

앞 전

앞으로 나아가는  前(배 위에 발과 물살)을 그려 '앞 전'

前後전후 前者전자 前夜전야 前例전례 前生전생

일반 반

 舟(배) 위에서 사공이 殳(손에 노)를 잡고 한 바퀴 도는 모습에서 '일반 반'

一般일반 諸般제반 全般전반 般若반야

소반 반

한 바퀴 빙 돈다는 般(일반 반)에다 둥근  皿(쟁반)을 넣어 '소반 반'

音盤음반 盤石반석 巖盤水암반수 原盤원반
骨盤골반 基盤기반

나 짐

舟→月(배)가 고장이 나지 않았는지 炎(손에 횃불)이나 공구 들고 살피는 모습인데 진시황 이후에 천자의 자칭으로 쓰여 '나 짐'

이길 승

朕(나 짐→승)에서 음을 취하고 力(힘껏) 싸워서 이긴다는 '이길 승'

必勝필승 勝利승리 勝算승산 決勝결승 完勝완승 壓勝압승
龍蛇飛勝용사비승 : 용과 뱀이 하늘로 날아오르듯 생동감 넘치는 글씨.

오를 등

朕(나 짐→등)에서 음을 취하고 힘차게 뛰어오르는 馬(말)에서 '오를 등'

急騰급등 暴騰폭등 反騰반등

보낼 송

炎(양손에 횃불)을 들고 밤길을 之(가는데) 불 밝혀 배웅하는 '보낼 송'

歡送환송 返送반송 送金송금 郵送우송
運送운송 送還송환

대답할 유

舟(통나무가 물살을 헤치고) 부드럽게 나아가는 모습에서처럼 그렇다고 바로 대답하는 '대답할 유'
주로 음으로 나온다.

나을 유

물살을 가르며 흐르는 배처럼 心(마음)이 유쾌해지면서 병이 다 나았다는 '나을 유.' 癒와 통용됨.

愈出愈怪유출유괴 : 갈수록 더 괴상하여짐.

보낼 수

車(수레)나 兪(배, 유→수)로 물건을 실어 나르는 모습에서 '보낼 수'

輸入수입 輸出수출 輸送수송 輸血수혈 運輸운수 密輸밀수

漢字 14
의류·직물

衣 옷 의

(윗도리)를 그려 '옷 의'
변형부수인  衤(옷의변)은  礻(보일 시)와 다르다.

衣類의류　衣裳의상　衣食住의식주　囚衣수의
白衣從軍백의종군 : 벼슬 없이 군대를 따라 싸움터로 감.

依 의지할 의

亻(사람)이  衣(옷)을 입어 신체를 가리고 의지한다는 데서 '의지할 의'

依支의지　依他心의타심　依賴의뢰　依存의존　歸依귀의

哀 슬플 애

衣(옷)으로 口(입)을 가리고 슬픔에 겨워 우는 '슬플 애'

哀痛애통　哀歡애환　悲哀비애　哀愁애수
哀而不悲애이불비 : 슬프지만 겉으로는 슬픔을 나타내지 아니함.

쇠할 쇠

衣(옷)이 丑(너덜너덜)해져 못쓰게 되어 세력이 기울거나 감소한다는 뜻으로 '쇠할 쇠'

衰退쇠퇴　衰弱쇠약　老衰노쇠　衰落쇠락　盛衰성쇠

겉 표

主(털)이 衣(옷) 밖으로 드러난 모습에서 '겉 표'

表情표정　表示표시　公表공표　代表대표
表裏不同표리부동 : 마음이 음흉하고 불량하여 겉과 속이 다름.

마칠 졸

卒(가죽 조각)을 이어 만든 옷을 입은 최하급의 병사는 전쟁터에서 삶을 마친다는 데서
'① 병사 졸' '② 마칠 졸'

① 兵卒병졸　卒兵졸병　② 卒業式졸업식　大卒대졸

구할 구

동물의 털로 만든 求(가죽 옷)은 누구나 구한다는 데서 '구할 구'

要求요구　求職구직　請求청구　欲求욕구

공 구

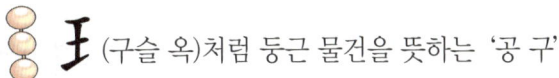
王(구슬 옥)처럼 둥근 물건을 뜻하는 '공 구'

地球지구　電球전구　野球야구　排球배구

救 구원할 구

위험에 빠진 사람을 求(구하려고)  攵(손에 든 나뭇가지)를 붙잡게 하는 '구제할 구'

救援구원 救濟구제 救助구조 救急車구급차

東 동녘 동

 東(자루) 양쪽을 꽁꽁 묶은 모습인데 뒤에 해뜨는 동쪽을 가리켜 '동녘 동'.

東海동해 東南亞동남아 馬耳東風마이동풍 : 말의 귀에 동풍이 불어도 아랑곳하지 아니한다는 뜻으로, 남의 말을 귀담아듣지 아니하고 지나쳐 흘려 버림을 이르는 말.

凍 얼 동

 (얼음)처럼 춥고 얼었다는 '얼 동'

冷凍냉동 凍傷동상 解凍해동 不凍液부동액

陳 베풀 진

 阝(언덕) 아래 東(자루)들을 늘어놓은 '① 베풀 진', 오래 되어 '② 묵을 진' | 주의~! 陣(진칠 진)과 다르다.

① 陳列진열 陳述진술 陳情書진정서 陳頭진두
② 陳腐진부 新陳代謝신진대사

重 무거울 중

 (사람)이 무거운 東 田(짐)을 土(땅) 위로 들어올리는 모습에서 '무거울 중'

重力중력 重量중량 重大중대 重視중시
重要중요 莫重막중 偏重편중

의류·직물 375

움직일 동

重(무거운 짐)을 力(힘)을 주어 들어올리는 '움직일 동'

動力동력 動作동작 動靜동정 動搖동요 動物동물 不動産부동산 亂動난동

씨 종

禾(벼)와 각종 씨앗을 넣은 重(무거운, 중→종) 자루에서 '씨 종'

種子종자 種類종류 種族종족 雜種잡종 人種인종 純種순종

부딪칠 충

重(무거운, 중→충) 짐을 싣고 거리를 (다니다) 보면 다른 짐꾼들과 부딪친다는 '부딪칠 충'

衝突충돌 衝擊충격 折衝절충 士氣衝天사기충천

수건 건

巾(수건)이나 옷감 종류가 걸려 있는 '수건 건'

베 포

(손)으로 巾(옷감)을 펴고 있는 데서 '① 베 포' '② 펼 포'

① 布衣포의 布木포목
② 分布분포 宣布선포 流布유포 公布공포

바랄 희

爻→爻 (성글게) 짠 시원한 巾 (옷감)을 여름에 바란다는 '바랄 희'

希望희망

드물 희

禾 (벼)의 싹이 말라서 드문드문 난데서 '드물 희'

古稀고희　稀少性희소성　稀代희대　稀貴희귀　稀薄희박

저자 시

市 (깃대 아래 깃발)을 그려 사람이 많고 매매가 이루어지는 '저자 시'

市場시장　市長시장　都市도시

허파 폐

몸의 月 (장기) 중에 허파를 가리켜 '허파 폐'

| 주의~! 원래는 市(나눌 폐)가 음으로 나와 4획으로 쓰는 것이 원칙이었으나 뒤에 서체에 따라 市(저자 시)와 혼용해서 씀.

손윗누이 자

女 (손윗누이)를 가리켜 '손윗누이 자'

| 주의~! 원래는 朿(자)였는데 뒤에 市(시)로 모양이 바뀜.

兄弟姉妹형제자매　姉兄자형　姉妹結緣자매결연 : 한 지역이나 단체가 다른 지역이나 단체와 서로 돕거나 교류하기 위하여 친선 관계를 맺는 일.

의류 · 직물 • 377

비단 백

白(흰색, 백)의 巾(비단 천)을 뜻하는 '비단 백'

帛書백서 : 비단에 쓴 글, 또는 글이 쓰인 비단.

비단 금

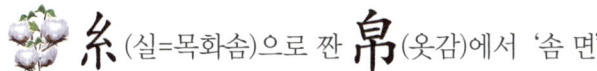金(황금, 금)빛이 아름다운 귀한 帛(비단)을 뜻하는 '비단 금'

錦繡江山금수강산 錦衣夜行금의야행 : 비단옷을 입고 밤길을 다닌다는 뜻으로, 자랑삼아 하지 않으면 생색이 나지 않음을 이르는 말.

綿
솜 면

糸(실=목화솜)으로 짠 帛(옷감)에서 '솜 면'

綿織物면직물 綿絲면사 純綿순면 綿密면밀

실 사

고치에서 뽑은 絲(실타래)에서 '실 사'
부수인 糸(실사변)은 '끈, 직물, 실 짜는 일'과 관계 있다.

原絲원사 鐵絲철사 一絲不亂일사불란 : 한 오라기 실도 엉키지 아니함이란 뜻으로, 질서가 정연하여 조금도 흐트러지지 아니함을 이르는 말.

본디 소

물들이지 않은 圭(하얀) 糸(명주실)을 뽑아내고 있는 모습에서 본바탕이 희다는 '① 본디 소' '② 흴 소'

① 素質소질 素養소양 儉素검소 ② 素服소복

索⑩ 찾을 색

굵은 ▌糸(새끼줄)을 꼴 때 ⼧(끄나풀)을 찾아 비비꼬는 모습에서 '찾을 색'

索引색인　索出색출　搜索수색　檢索검색
思索사색　探索탐색

累⑪ 포갤 루

▌糸(실)로 田(물건)을 꽁꽁 묶어 쌓아놓은 '포갤 루'
| 주의~! 細(가늘 세), 畜(가축 축)과 다르다.

累積누적　累進稅누진세　連累연루　累卵之勢누란
지세 : 몹시 위태로운 형세를 비유적으로 이르는 말.

絹⑬ 비단 견

고치에서 뽑은 ▌糸(명주실)에다 肙(작은벌레 연→견)에서 음을 취해 '비단 견'

絹絲견사　絹織物견직물　人造絹인조견

濕⑰ 젖을 습

氵(물)속에 㬎(실타래)를 넣어 '젖을 습'

濕氣습기　濕度습도　除濕제습　濕地습지　高溫多濕고온다습 : 기온이 높고 매우 습하며 열대 해안 지대의 기후 특성이 나타나는 지대.

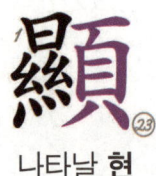
顯㉓ 나타날 현

日(햇빛) 아래에서 㬎(실타래)를 보는 사람의 頁(머리)를 그려 실올이 분명하게 드러나는 '나타날 현'

顯微鏡현미경　顯忠日현충일
破邪顯正파사현정 : 사견(邪見)과 사도(邪道)를 깨고 정법(正法)을 드러내는 일.

이을 계

(손)으로 (명주실)을 들고 계속 이어서 묶는 모습에서 '이을 계'

系統계통 系譜계보 直系직계 體系체계 母系모계

맬 계

(사람)이 물건을 실로 (연이어) 묶는 '맬 계'

關係관계 係長계장

손자 손

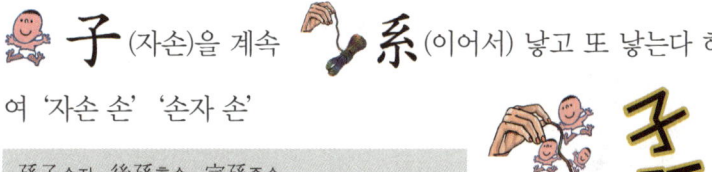

子(자손)을 계속 系(이어서) 낳고 또 낳는다 하여 '자손 손' '손자 손'

孫子손자 後孫후손 宗孫종손
子孫萬代자손만대 : 대대손손

작을 요

실의 幺(끄트머리)를 그려 미세한 것을 뜻하는 '작을 요'.
뱃속의 幺(태아)를 그렸다는 설도 있음.

어릴 유

아직은 幺(미약)하게 力(힘)을 쓰는 어린아이에서 '어릴 유'

幼兒유아 幼稚園유치원 幼年期유년기 長幼有序장유유서 : 어른과 어린이 사이에는 엄격한 차례가 있고 복종해야 할 질서가 있음을 뜻한다.

그윽할 유

山(산)속에 은밀하게 가려져 幺幺(미세)하게 보이는 데서 '그윽할 유'

幽靈유령　幽明유명 : ① 어둠과 밝음 ② 저승과 이승.

뒤 후

彳(길거리)를 죄수가 夊(밧줄에 묶인 발)로 뒤쳐져 걸어가는 '뒤 후'

後進후진　後發후발　後悔후회　後記후기　後輩후배

몇 기

幺幺(날실) 앞에 人(여자)가 戈(북)을 들고 베틀에 앉아 길쌈질하면서 얼마나 했나 살피는 데서 '몇'

幾何기하 : 얼마. 기하학.　幾微기미

틀 기

木(나무)로 만들어진 幾(베틀)을 가리켜 '① 틀 기' '② 때 기'

① 機械기계　機關기관　機具기구　航空機항공기
② 時機시기　投機투기　機會기회　危機위기

경기 기

幾(몇 기)에서 음을 취하고 왕도 주변의 오백리 이내의 田(땅)을 가리켜 '경기 기'

京畿경기　京畿道경기도　畿內기내

물줄기 경

물이 흐르는 것처럼 보여 '물줄기 경'이라 했지만 사실은 巠(베틀에 걸린 날실) 즉, 세로줄을 그린 모습. 주로 음으로 나온다.

지날 경

베틀에 직선으로 곧게 뻗은 糸(날실)을 강조해 '① 날실 경' '② 지날 경, 다스릴 경' 성인(聖人)의 저서를 뜻하는 '③ 책 경'

① 經緯書경위서 經度경도 ② 經過경과 經濟경제
③ 經書경서 聖經성경 佛經불경

가벼울 경

전쟁에서 적진을 향해 나르듯 공격하는 작은 車(전차)에서 '가벼울 경'

輕車경차 輕薄경박 輕快경쾌 輕傷경상
輕油경유 輕率경솔

지름길 경

돌아가지 않고 곧장 지름길로 彳(질러가는) '지름길 경'

半徑반경 直徑직경 捷徑첩경

끊을 단

베틀에 걸린 㡭(실)을 斤(도끼=가위)로 끊는 '끊을 단'

斷絕단절 斷言단언 斷罪단죄 斷機之敎단기지교 : 맹자의 어머니가 베틀의 실을 끊었다는 말로, 학문을 중도에서 그만두면 아무 쓸모가 없다는 뜻.

이을 계

끊어진 것을  糸(실)로 다시 잇는다는 '이을 계'

繼續계속　繼母계모　繼承계승　繼走계주　中繼放送중계방송 : 극장, 경기장, 국회, 사건 현장 등 방송국 밖에서의 실황을 방송국이 중계하여 방송하는 일.

북방 임

실을 감아두는 (실패) 모양이었는데 뒤에 십간의 아홉 번째 간지로 쓰였으며, 방위로 북쪽에 해당하여 '북방 임'

壬辰倭亂임진왜란 : 조선 선조 25년(1592)부터 31년(1598)까지 2차에 걸쳐서 우리나라를 침입한 일본과의 싸움.

맡길 임

(북방 임)에서 음을 취하고 (사람)에게 책임을 맡기는 '맡길 임'

任務임무　責任책임　擔任담임　任用임용
辭任사임　離任이임　任期임기

품삯 임

일을  任(맡기고) 대가로  貝(돈)을 지불하는 '품삯 임'

賃金임금　賃貸임대　無賃무임　運賃운임　賃貸借임대차

음란할 음

(손으로 실패)를 잡고 만지작거리는 듯 음탕한 행동이 (물들어) 버린 '음란할 음'

淫亂음란　姦淫간음　淫蕩음탕　淫行음행

나 여

베틀의 날실 사이를 왔다 갔다 하는 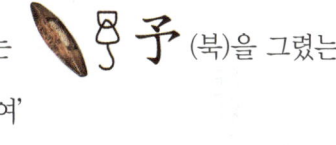予(북)을 그렸는데 뒤에 일인칭대명사로 나와 '나 여'

| 주의~! 矛(창 모)와 다르다.

차례 서

予(나 여→서)에서 음을 취하고 广(집)의 토담을 순서대로 지나가는 데서 '차례 서'

序文서문 順序순서 序列서열 序曲서곡 序詩서시

들 야

시골 里(마을)에서 보이는 들판에서 시골, 거칠다, 천하다는 뜻이 나와 '들 야'

野生야생 野心야심 野外야외 野菜야채 野薄야박 廣野광야 野球야구

오로지 전

물레 앞에서 叀(방추)를 寸(손)에 쥐고 오로지 정신을 모아 실을 잣는 '오로지 전'

專門家전문가 專攻전공 專有物전유물 專決전결
專用전용 專賣전매

전할 전

亻(사람)을 보내 소식을 전했다는 '전할 전'

傳達전달 傳統전통 傳道전도 傳授전수 傳記전기

轉 구를 전

 車(수레바퀴)가 굴러가는 '구를 전'

轉移전이　轉學전학　轉向전향　轉機전기　回轉회전
轉禍爲福전화위복 : 재앙과 화난이 바뀌어 오히려 복이 됨.

團 둥글 단

 ○ 口(빙글빙글) 돌리는 專(방추)의 둥근 모습에서 '둥글 단'

集團집단　團體단체　團員단원　合唱團합창단
一致團結일치단결 : 여럿이 마음을 합쳐 한 덩어리로 굳게 뭉침.

惠 은혜 혜

 叀(방추)를 돌리며 자식을 생각하는 자애로운 어머니의 心(마음)에서 '은혜 혜'

恩惠은혜　惠澤혜택　互惠호혜

亂 어지러울 란

 (양손)으로 周(실패에 엉킨 실)을 푸느라 乚(고개를 숙이고) 있는 모습에서 '어지러울 란'

亂場난장　亂離난잡　亂動난동　淫亂음란　亂刀난도　騷亂소란

辭 말씀 사

 𤔔(엉킨 실)처럼 싸움이 나서 죄인에게 죄상을 말하고 辛(묵형)을 실시하는 '① 말씀 사' '② 사양할 사' '③ 사퇴할 사'

① 祝辭축사　讚辭찬사　② 辭讓사양　③ 辭退사퇴　辭表사표　辭任사임

다스릴 련

絲(실)처럼 엉켜 풀어지지 않을 것 같은 言(말)을 잘 풀려는 '다스릴 련.' 주로 음으로 나온다.

그리워할 련

絲(엉켜) 버린 실처럼 心(마음)속에 응어리져 미련을 버리지 못하는 '그리워할 련'

戀慕연모 失戀실연 戀愛연애 戀歌연가 悲戀비련

변할 변

絲(엉킨) 일을 攵(때려서) 조금씩 변화를 주는 '변할 변'

變化변화 變動변동 變身변신 變心변심 變節변절 變換변환 變遷변천

검을 현

玄(손에 검은 실)을 들고 있는 모습에서 '검을 현'

玄武현무 玄米현미 玄孫현손 天地玄黃천지현황: '하늘은 검고 땅은 누렇다'라는 뜻으로, 중국 남북조시대 양나라의 주흥사(周興嗣)가 지은 천자문의 첫 구절이다.

줄 현

악기에 걸려 있는 糸(실)이 玄(현묘)한 소리를 내는 '줄 현'

絃樂器현악기

거느릴 솔

그물을 들어 끌고갈 때에 率 (딸려오는) 모습에서 '① 거느릴 솔', 좌우대칭을 하고 있어 '② 비율 률'

① 統率力통솔력　引率인솔　率先垂範솔선수범 : 남보다 앞장서서 행동해서 몸소 다른 사람의 본보기가 됨. ② 比率비율　勝率승률　確率확률

이것 자

玄 (검을 현)을 두 번 써서 가까운 사물을 가리켜 '이것 자'

今玆금자

사랑 자

玆=兹 (이것 자)에서 음을 취하고 어머니가 자식을 낳아 애지중지 키우는 心 (마음)에서 '사랑 자'

慈愛자애　慈母자모　慈悲心자비심　慈堂자당　無慈悲무자비

짐승 축

소나 염소 따위를 玄 (밧줄)로 묶어 田 (밭)에다 기르는 '짐승 축'

家畜가축　畜舍축사　畜産業축산업　牧畜業목축업

모을 축

畜 (가축)에게 먹일 艹 (풀)을 쌓아놓거나 저장하는 데서 '모을 축'

貯蓄저축　含蓄함축　備蓄비축　蓄財축재

어찌 해

(손)에 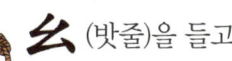(밧줄)을 들고 (노예)를 잡아끌고 가고 모습에서 '어찌 해'

| 주의~! 系(이을 계)와 다르다.

시내 계

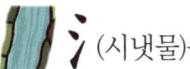 奚(어찌 해→계)에서 음을 취해 氵(시냇물)을 가리켜 '시내 계'

溪谷계곡　淸溪川청계천

닭 계

 奚(어찌, 해→계) 집에서 기르는 鳥(새) 가 날 수 있겠는가? 에서 나온 '닭 계'

鷄卵계란　養鷄場양계장　鬪鷄투계　蔘鷄湯삼계탕
群鷄一鶴군계일학

잠깐 사

잠깐 乍(옷깃을 꿰매는) 모습에서 '잠깐 사'

지을 작

亻(사람)이 옷을 乍(꿰매어) 만드는 모습에서 '지을 작'

始作시작　作業작업　拙作졸작　作曲작곡　作別작별　作文작문

어제 작

 乍(잠깐) 사이에 日(해)가 떨어지면 오늘이 어제 된다는 '어제 작'

昨今작금 昨年작년 昨日작일

속일 사

乍(잠깐) 짧은 시간으로도 言(말)로 남을 속일 수 있다는 '속일 사'

詐欺사기 詐稱사칭 詐取사취 詐術사술

옷길 원

길고 치렁치렁한 衣(옷) 때문에 가다가 止→土(멈춘) 모습에서 '옷길 원'

주로 음으로 나온다.

멀 원

袁 辶(갈 길)이 멀다는 데서 공간적, 시간적으로 '멀 원'

遠近원근 望遠鏡망원경 永遠영원 疏遠소원 久遠구원

동산 원

囗(울타리)를 쳐서 채소나 꽃을 심은 '동산 원'

公園공원 花園화원 樂園낙원 農園농원 田園전원

놀라서볼 **경**

놀란 四(눈)으로 치렁치렁한 袁→裛(옷)을 입고 둘러보고 있는 '놀라서볼 경'

고리 **환**

동그랗게 만든 ○ 王(옥)에서 '고리 환'

花環화환 環境환경 循環순환

돌아올 **환**

辶(갔다가) 빙글빙글 돌아 되돌아오는 '돌아올 환'

返還반환 還收환수 還元환원 還俗환속 還生환생 奪還탈환 歸還귀환

품을 **회**

속에 품은 생각 때문에 (눈에 눈물)이 (옷)으로 뚝뚝 떨어지는 모습에서 '품을 회'
주로 음으로 나온다.

품을 **회**

忄(마음)속으로 褱(눈물을 흘리며) 그리워하는 '품을 회'

懷古회고 懷柔회유 懷疑회의 感懷감회 述懷술회

무너질 괴

 襄(옷에 눈물방울, 회→괴)이 떨어지듯

土(흙덩이)가 위에서 허물어져내리는 '무너질 괴'

崩壞붕괴 壞滅괴멸 破壞파괴 壞血病괴혈병

도울 양

衣(옷)을 벗고 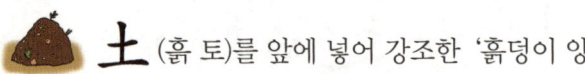 𡈼(흙)을 파서 농사를 도와주는 '도울 양'

주로 음으로 나온다.

흙덩이 양

土(흙 토)를 앞에 넣어 강조한 '흙덩이 양'

土壤토양 擊壤歌격양가 天壤之差천양지차 : 하늘과 땅 사이와 같이 엄청난 차이.

사양할 양

言(말)로 정중하게 襄(도움)을 거절하는 '사양할 양'

辭讓사양 分讓분양 移讓이양 讓渡양도 讓步양보
辭讓之心사양지심 : 사단의 하나로 겸손히 남에게 사양하는 마음을 이른다.

짝 필

 匹(상자 속에 옷감 두 필)에서 하나를 뜻하는 '① 홀 필'과 배우자를 뜻하는 '② 짝 필'

① 匹馬필마 匹夫匹婦필부필부 : 평범한 남녀.
② 配匹배필

甚 심할 심

평생을 함께 한  匹(짝)을 만나 너무 오랫동안 甘(달콤한) 생활에 빠진데서 '심할 심'

莫甚막심　極甚극심　甚難심난

帶 띠 대

옛날 지위가 높은 사람의 허리에 두른  帶(띠)에서 '띠 대'

革帶혁대　地帶지대　亞熱帶아열대　携帶휴대

滯 막힐 체

氵(물길)이  帶(띠)처럼 둘러 있어 '막힐 체'

滯症체증　急滯급체　停滯정체　延滯料연체료

敝 옷해질 폐

巾(옷)이 (너덜너덜)해지도록 방망이로 攵 (때려) 못쓰게 된 '옷해질 폐'

주로 음으로 나온다.

弊 폐단 폐

犬→廾(개)가 敝(해진 옷)을 끌고다니다가 지쳐 쓰러진데서 '폐단 폐'

弊端폐단　弊害폐해　民弊민폐　疲弊피폐

화폐 폐

화폐였던 巾(비단)이 攵(너덜)거릴 정도로 곳곳을 돌아다니는 데서 '화폐 폐'

貨幣화폐 紙幣지폐 僞幣위폐 幣物폐물 造幣조폐

덮을 폐

艹(풀)로 敝(해진 옷)을 덮어 가린다는 '덮을 폐'

隱蔽은폐 建蔽率건폐율

15 전쟁·무기

매울 신

죄인의 살에 먹물을 새겨 넣은 ▼후辛(형벌의 도구)에서 고통과 매운 맛을 뜻하는 '매울 신'

香辛料향신료　千辛萬苦천신만고 : 천 가지 매운 것과 만 가지 쓴 것이라는 뜻으로, 온갖 어려운 고비를 다 겪으며 심하게 고생함을 이르는 말.

재상 재

판결하는 ⌂宀(관청)에 ▼辛(형구)를 갖춰 놓고 죄인을 심문하고 재판을 주재하는 벼슬아치이 '재상 재'

宰相재상　主宰주재

말잘할 변

辛辛(죄인서로송사할 변 : 두 죄수)가 억울함을 호소하며 言(말다툼)을 하는 데서 '말잘할 변' '다툴 변'

辯護士변호사　抗辯항변　代辯人대변인
達辯달변　雄辯웅변　熱辯열변

辨 분별할 변

辛辛(두 죄수)의 논쟁을 (칼)로 자르듯 분명하게 판정한다는 '분별할 변'

辨明변명　辨理士변리사　辨別판별　辨償변상

妾 첩 첩

묵형 당한 辛(죄인)이나 포로로 끌려온 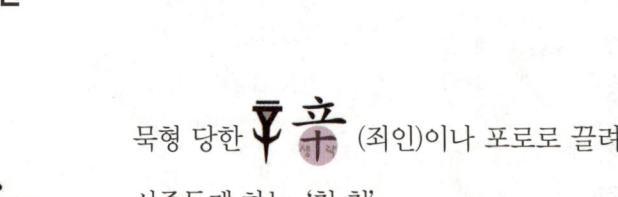(여자)를 시중들게 하는 '첩 첩'

妻妾처첩　小妾소첩　妾室첩실　愛妾애첩

接 이을 접

妾(첩)의 才(손)을 사내가 끌어당겨 붙이려는 데서 '이을 접'

接骨접골　接近접근　接見접견　接待접대　接合접합　接着접착

新 새 신

辛(매울 신)에서 음을 析(도끼로 자른 나무)에서 새 나무 결이 드러난 생나무에서 '새 신'

新人신인　革新혁신　更新갱신　謹賀新年근하신년　新鮮신선

親 친할 친

辛(매울 신→친)에서 음을, 木(자른 나무)를 가까이 가서 見(살펴보는)데서 '① 친할 친' '② 어버이 친' '③ 친척 친'

① 親舊친구　親愛친애　② 兩親양친　先親선친　父親부친　③ 親戚친척

아이 동

묵형의 형구인 辛(신)으로 見→里(눈)을 찔러 노예로 만드는 모습인데 뒤에 15세 이하의 어린이를 가리켜 '아이 동'

童顔동안　兒童아동　童心동심　童畫동화

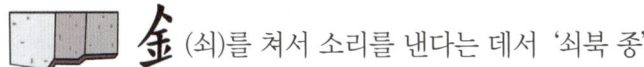
童의 굴욕

쇠북 종

金(쇠)를 쳐서 소리를 낸다는 데서 '쇠북 종'

自鳴鐘자명종　打鐘타종　鐘閣종각　鐘路종로

글 장

조각하는 辛(칼)로 그릇에 새겨 넣은 曰(무늬)에서 문채, 문장으로 발전하여 '글 장'

文章문장　印章인장　樂章악장　憲章헌장

막을 장

章(글 장)에서 음을 취하고 阝(언덕)이 가로막혀 있는 '막을 장'

障碍物장애물　障壁장벽　保障보장　故障고장　支障지장

임금 벽

尸(죄수)의 죄를 口(말)하는 집행관이 辛(칼)을 든 모습에서 형을 집행하는 최고 우두머리인 '임금 벽'

壁 벽 벽

 土(흙)을 다져서 만든 '벽 벽'

壁畵벽화 壁報벽보 絶壁절벽 城壁성벽

避 피할 피

형을 집행하는 辟(임금)과 마주치지 않으려고 멀리 피해 (가는) '피할 피'

避暑피서 避身피신 逃避도피 回避회피 避難民피난민 忌避기피

斬 벨 참

車(수레)를 달려 사지를 찢어 죽이는 거열형(車裂刑)과 斤(도끼)로 목을 베는 잔혹한 형벌에서 '벨 참'

斬首참수 斬刑참형

慙 부끄러울 참

斬(참형)을 당하는 죄수의 心(마음)에서 '부끄러울 참'

慙悔참회 破戒無慙파계무참 : 계율을 어기면서 부끄러워함이 없음.

漸 점점 점

氵(물)이 점점 차 들어오는 '점점 점'

漸次점차 漸進점진 漸入佳境점입가경 : 들어갈수록 점점 재미가 있음.

잠깐 잠

참수 당할 때 ☀ 日(해)가 잠깐 눈에 보였다 사라지는 '잠깐 잠'

暫時잠시　暫定잠정

다행 행

죄인의 목과 손과 발을 결박하는 형구인 🔲 ⚔ 幸(칼)과 차꼬를 그려 체포한 뒤 다행이라고 생각하는 '다행 행'

| 주의~! 辛(매울 신)과 다르다.

幸福행복　多幸다행　不幸불행　幸運행운　幸運兒행운아

잡을 집

🔲 ⚔ 幸(차꼬)를 채운 👤 丸(무릎 꿇은 죄인)을 그려 체포를 완료한 모습에서 '잡을 집'

執行집행　執權집권　執着집착　固執고집　我執아집

갚을 보

🔲 ⚔ 幸(차꼬)를 채운 👤 ㄹ(죄인을 손)으로 잡고 싱부에 알리는 '① 알릴 보', 지은 죄 값은 갚아야 한다는 '② 갚을 보'

① 報告보고　豫報예보　② 報復보복　報答보답

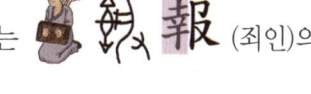
옷 복

🛶 月(배)를 저으며 일하는  報(죄인)의 모습에서 '① 복종할 복' '② 옷 복'

① 服從복종　屈服굴복　服用복용　② 衣服의복　校服교복　軍服군복

형 집행관의 👁 罒(눈)이 🧍幸(차꼬 찬 죄수)를 꼼꼼히 살피는 모습이 '엿볼 역.' 주로 음으로 나온다.

남의 나라 ✋言(말)을 잘 🧍罒(살펴서) 자기 나라 말로 바꾸는 '번역할 역'

翻譯번역 通譯통역 譯者역자 譯官역관 完譯완역 直譯직역 同時通譯동시통역 : 국제회의에서 말하는 사람과 거의 동시에 통역하는 일.

🐎馬(말)을 🧍罒(살피고) 관리해서 갈아탈 수 있게 만든 '역 역'

終着驛종착역 驛長역장 簡易驛간이역

짐승의 🐾釆(발자국)을 잘 🧍罒(살피고, 역→석) 조사해서 의문을 푸는 '풀 석'

解釋해석 釋放석방 稀釋희석

죄수들을 잘 🧍罒(살펴보고, 역→택) ✋扌(손)으로 뽑아내는 '가릴 택'

選擇선택 採擇채택 擇日택일 兩者擇一양자택일 : 둘 중에서 하나를 고름.

澤 ⑯ 못 택

氵(물)에 젖어 윤기가 나서 반짝거린다는 뜻에서 뒤에 수초가 자란 연못으로도 나와 '못 택'

光澤광택 潤澤윤택 德澤덕택 惠澤혜택

士 ③ 선비 사

땅속에 꽂힌 士(무기)를 소유한 남자에서 무사와 선비로 발전한 '선비 사'

武士무사 技士기사 辯護士변호사 士農工商사농공상 : 예전에, 백성을 나누던 네 가지 계급. 선비, 농부, 공장(工匠), 상인을 이르던 말이다.

仕 ⑤ 섬길 사

亻(윗사람)을 섬기는 士(무사)에서 '섬길 사'

奉仕봉사

吉 ⑥ 길할 길

오랜 시간 口(땅) 위에 士(무기)가 꽂혀 있는 평화로운 시내에서 나온 '길할 길'

吉夢길몽 吉凶길흉 不吉불길 吉兆길조 立春大吉입춘대길 : 입춘을 맞이하여 길운을 기원하며 벽이나 문짝 따위에 써 붙이는 글귀.

結 ⑫ 맺을 결

糸(실)로 단단히 묶은 '맺을 결'

結婚결혼 結果결과 結氷결빙 結束결속 結實결실 結義결의 妥結타결

전쟁터에서 살상용 무기인 戈(창)을 그려 '창 과'

干戈간과 : ① 창과 방패 ② 무기(武器)의 총칭 ③ 싸움 또는 전쟁

戈 창 과

亻(사람)이 戈(창)을 들고 적을 무찌르는 '칠 벌'

征伐정벌 伐木벌목 採伐채벌 伐草벌초 討伐토벌 殺伐살벌 濫伐남벌

伐 칠 벌

廾(양손)으로 戈(창)을 잡고 보초를 서고 있는 '경계할 계'

警戒경계 懲戒징계 戒嚴계엄 十戒십계
戒律계율 訓戒훈계

戒 경계할 계

죄인의 손과 발을 木(수갑, 차꼬)로 묶어 (경계)했는데 뒤에 주로 기계라는 뜻으로 나와 '기계 계'

器械기계 機械기계

械 기계 계

戈(창)을 든 병사가 口(나라)를 지키느라 一(발)을 왔다 갔다 움직이다 낯선 사람을 보면 '혹시?' 하며 살피는 '혹시 혹'

或是혹시 或者혹자

或 혹시 혹

惑 미혹할 혹

 或 (혹시) 하는 눈초리로 쳐다보며 순간 중심을 잃고 헤매는 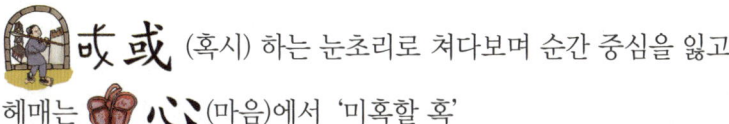 心 (마음)에서 '미혹할 혹'

迷惑미혹 不惑불혹 誘惑유혹 困惑곤혹
惑世誣民혹세무민 : 세상을 어지럽히고 백성을 미혹하게 하여 속임.

域 지경 역

 或 (나라) 안의 구역을 나눈 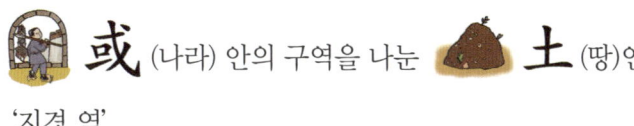 土 (땅)인 '지경 역'

區域구역 地域지역 全域전역 領域영역 墓域묘역 異域이역 聖域성역

國 나라 국

둘레에 囗 (국경선)을 다시 넣은  或 (나라)에서 목숨같이 귀한 '나라 국'

國家국가 愛國歌애국가 國土국토 國史국사 國際국제

武 호반 무

 戈→弋 (창)을 들고 있는 병사의  止 (발바닥)을 그려 용감한 무관을 뜻하는 '호반 무'

※ 호반(虎班)인 무관과 학반(鶴班)인 문관을 합쳐 양반(兩班)이라 부른다.

武器무기 武士무사

賦 부세 부

 武 (병사)들이 무력으로 貝 (재물)을 거둬들인다는 뜻에서 세금을 부과한다는 '부세 부'

賦稅부세 賦課부과 割賦할부 賦與부여

천간 무

원래는  戉 (창)을 그렸는데 십간의 다섯째를 가리켜 '천간 무' | 주의~! 戌 (개 술)과 다르다.

戊午士禍무오사화 : 조선 연산군 4년(1498)에 유자광 중심의 훈구파가 김종직 중심의 사림파에 대해서 일으킨 사화.

무성할 무

무성하게 자란  艹 (풀)에다 음으로 戊 (천간 무)를 넣어 '무성할 무'

茂盛무성

이룰 성

丁→丂 (고무래 정→성)에서 음을 취하고 戊 (무기)를 이용해서 일을 완성하는 데서 '이룰 성'

完成완성 成功성공 成事성사 成形성형 大器晚成대기만성 : 큰 그릇을 만드는 데는 시간이 오래 걸린다는 뜻으로, 크게 될 사람은 늦게 이루어짐을 이르는 말.

성 성

 土 (흙)으로 담을 쌓아서 적의 침입을 막기 위해 지은 성곽을 가리켜 '성 성'

城郭성곽 鐵甕城철옹성 不夜城불야성 城主성주

정성 성

 言 (말)은 정성을 다해 표현해야 한다는 '정성 성'

忠誠충성 誠意성의 誠實성실 孝誠효성 精誠정성 誠金성금

 성할 성

🥣 皿(그릇)에 햇곡식과 과일을 수북하게 담아 신에게 바치는 모습에서 풍성과 절정을 뜻하는 '성할 성'

豊盛풍성 盛業성업 全盛期전성기 盛需期성수기 盛況성황

 개 술

원래 🪓 戌(도끼) 모양을 그렸는데 十二支(십이지) 중 열한 번째인 '개'를 뜻하게 되어 '개 술'

| 주의~! 戊(천간 무), 戍(지킬 수), 成(이룰 성)과 다르다.

 위엄 위

약한 👩 女(여자)를 🪓 戌(무기)로 위협하는 데서 '위엄 위'

威力위력 威嚴위엄 權威권위 威勢위세 威脅위협 示威시위

 멸할 멸

🌊 氵(홍수)와 🔥 火(화재)로 집을 잃고 연이어 🪓 戌(전쟁)까지 나면 나라가 멸망한다는 '멸할 멸'

滅亡멸망 滅種멸종 滅菌멸균 破滅파멸 不滅불멸
滅私奉公멸사봉공 : 사욕을 버리고 공익을 위하여 힘씀.

 해 세

👣 步(걸음)을 바삐 움직이며 🪓 戌(도끼)로 수확을 하면서 한 해를 마무리 한다는 데서 1년을 뜻하는 '해 세'

年歲연세 歲月세월 萬歲만세 歲拜세배

다 함

살상용  戌 (무기)를 들고 👄 口 (입)으로 소리 지르며 온 힘을 다해 내리치는 모습에서 '다 함'

咸興差使함흥차사 : 심부름을 가서 오지 아니하거나 늦게 온 사람을 이르는 말.

느낄 감

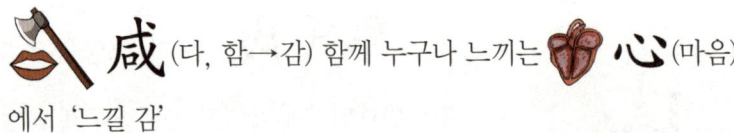 咸 (다, 함→감) 함께 누구나 느끼는 ❤ 心 (마음)에서 '느낄 감'

感想감상 感動감동 感銘감명 感懷감회 感性감성

減
덜 감

💧 氵 (물)이 빠져나가 줄어든다는 '덜 감'

加減가감 輕減경감 蕩減탕감 減縮감축 減員감원 減量감량 節減절감

나 아

톱날 모양을 하고 있는 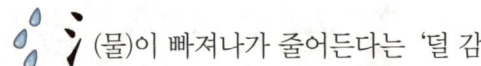 我 (창)이 나를 보호해주어 '나 아'

我軍아군 自我자아 彼我피아 無我무아
唯我獨尊유아독존 : 세상에서 자기 혼자 잘났다고 뽐내는 태도.

주릴 아

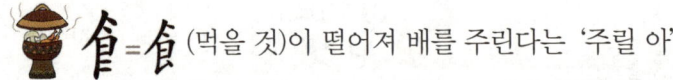 食=食 (먹을 것)이 떨어져 배를 주린다는 '주릴 아'

餓死아사 餓鬼아귀 飢餓기아

벨 재

(창) 끝에 (적군의 머리)를 매달아 놓고 승리를 과시하는 '벨 재.' 주로 음으로 나온다.

심을 재

木 (나무)를 심는 '심을 재'

栽培재배

옷마를 재

衣 (옷)을 가위질해서 마름질하듯이 일을 결정하는 '옷마를 재'

裁斷재단 裁決재결 裁判재판 裁定재정 仲裁중재 裁可재가

실을 재

車 (수레)에 물건을 잔뜩 실은 '① 실을 재', 일년을 뜻하는 '② 해 재'

① 積載적재 記載기재 全載전재 連載연재 ② 千載一遇천재일우 : 천 년 동안 단 한번 만난다는 뜻으로, 좀처럼 만나기 어려운 좋은 기회를 이르는 말.

어조사 재

口 (입)에서 나오는 의문이나 감탄을 나타내는 '어조사 재'

嗚呼痛哉오호통재 : '아, 비통하다'라는 뜻으로, 슬플 때나 탄식할 때 하는 말.

戈 (전쟁)이 일어나면 북이나 징 따위로 音 (소리)를 내서 진퇴를 알리는 데서 '알 직.'
주로 음으로 나온다.

言 (말)로 깨닫게 하는 '① 알 식', 기호를 뜻하는 '② 기록할 지'

① 知識지식　常識상식　有識유식　博學多識박학다식 : 배움이 넓고 지식이 많음.
② 標識표지

耳 (귀)를 열어 잘 듣고 기록하는 벼슬아치의 모습에서 '직분 직'

職業직업　就職취직　職分직분　職責직책　職務직무　免職면직　殉職순직

糸 (실)로 직물을 짜는 '짤 직'

織物직물　織造직조　組織조직　紡織방직　毛織모직

戔 (창을 서로 맞대고) 죽이는 '해칠 잔', 해치고 난 뒤 남은 시체의 자잘한 조각에서 '작을 전'

남을 잔

적군을 잔인하게  (해친) 뒤 널려 있는 (시체)에서 '① 남을 잔' '② 잔인할 잔'

① 殘額잔액　殘黨잔당　殘留잔류　敗殘兵패잔병
② 殘惡잔악　殘酷잔혹　殘忍잔인

돈 전

(해칠 잔→전)에서 음을 취하고 金(쇠)붙이로 만들어진 '돈 전'

銅錢동전　金錢금전　急錢급전　本錢본전
有錢無罪유전무죄 : 돈이 있으면 지은 죄도 없는 것으로 할 수 있음.

천할 천

쇠로 만든 錢(돈 전)이 나오자 화폐가치가 떨어진 貝(조개)에서 '천할 천'

貴賤귀천　賤民천민　微賤미천　賤視천시　卑賤비천

밟을 천

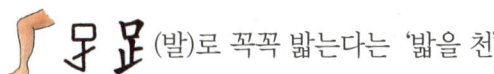(발)로 꼭꼭 밟는다는 '밟을 천'

實踐실천　踐行천행

얕을 천

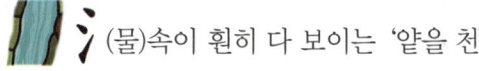(물)속이 훤히 다 보이는 '얕을 천'

淺薄천박　日淺일천 : 어떤 일을 시작한 지 얼마 안 되어 경험이 쌓이지 않거나 성숙하지 않은 상태.

주살 익

(오늬에 줄)을 매어 쏘는 화살에서 '주살 익'

법 식

(공구)를 사용해 물건을 만들 때 엄격한 절차에 따른다는 '법 식'

形式형식 法式법식 樣式양식 格式격식 結婚式결혼식 公式공식

시험 시

(말)이나 글로 (형식)을 갖춰서 떠보는 '시험 시'

試驗시험 試食시식 試寫會시사회 考試고시 試金石시금석

대신 대

(주살 익→대)에서 음을 취하고 (다른 사람)으로 대신 교체한다는 '대신 대' | 주의~! 伐(칠 벌)과 다르다.

代打대타 代身대신 交代교대 代理人대리인 時代시대 代辯人대변인

빌릴 대

(돈)을 주고 물건을 (대신) 사용할 수 있게 빌려주는 '빌릴 대'

賃貸임대 貸與대여 貸付대부 貸物대물 賃貸借임대차

창 모

뾰족한 ↑ 㐬 矛(창)을 그려 '창 모'

| 주의~! 予(나 여)와 다르다.

矛盾모순 : 창과 방패. 말과 행동의 앞뒤가 맞지 않음.

부드러울 유

木(나무)를 불에 쬐어 부드럽게 구부러지게 만든다는 뜻에 矛(창 모→유)에서 음을 취해 '부드러울 유'

柔軟유연   柔道유도   溫柔온유   柔弱유약
外柔內剛외유내강 : 겉으로는 부드럽고 순하게 보이나 속은 곧고 굳셈.

힘쓸 무

무사가 矛(창)을 들고 力(힘껏) 攵(내리치는) 모습에서 맡은 바 임무를 다하는 '힘쓸 무'

義務의무   業務업무   勤務근무   雜務잡무
務實力行무실역행 : 참되고 실속 있도록 힘써 실행함.

안개 무

안개를 뜻하는 雨(비 우) 아래에다 음으로 務(힘쓸 무)를 넣어 '안개 무'

霧散무산   雲霧운무   五里霧中오리무중 : 오리나 되는 짙은 안개 속에 있다는 뜻으로, 무슨 일에 대하여 방향이나 갈피를 잡을 수 없음을 이르는 말.

활 궁

弓(활)을 그린 '활 궁'

洋弓양궁   弓道궁도   名弓명궁   弓術궁술

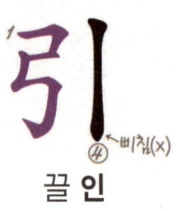
끌 인

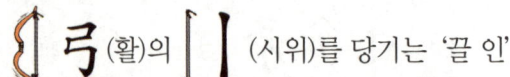 弓(활)의 ∥(시위)를 당기는 '끌 인'

引上인상　割引할인　引出인출　引率인솔

조상할 조

∥(사람)이 弓(활)을 들고 시신을 짐승으로부터 보호한 데서 망자와 유족을 위로하는 '조상할 조'

弔問조문　弔旗조기　弔意조의　謹弔근조

오랑캐 이

몸집이 大(큰 사람)이 弓(활)을 들고 있는 중국 동쪽의 오랑캐 모습에서 '오랑캐 이'

東夷동이　洋夷양이　以夷制夷이이제이 : 오랑캐로 오랑캐를 무찌른다는 뜻으로, 한 세력을 이용하여 다른 세력을 제어함을 이르는 말.

약할 약

두 개의 弓(활)이 오래되고 닳아서 활줄이 ㇅㇅(너덜)거리는 모양이 '약할 약'

弱冠약관　弱骨약골　貧弱빈약　弱肉强食약육강식 : 강한 자가 약한 자를 희생시켜서 번영하거나 약한 자가 강한 자에게 끝내는 멸망됨을 이르는 말.

넓을 홍

弓(활)을 굵은 (팔)로 힘껏 쫙~ 넓게 당기는 모양이 '넓을 홍'

弘報홍보
弘益人間홍익인간 : 널리 인간을 이롭게 함.

강할 강

등이 弘 (넓고 딱딱한) 껍질로 된 벌레  虫 (바구미)였는데 뒤에 '① 강할 강' '② 억지로 강'

① 强力강력 補强보강 ② 强盜강도 强買강매

방패 간

Y干 (사냥도구)를 그렸는데 뒤에 ⬛ Y干 (방패)를 뜻하게 되어 '방패 간' | 주의~! 于(어조사 우)와 다르다.

干戈간과 干支간지 : 천간(天干)과 지지(地支). 십간과 십이지.

간 간

몸 안의 🫁 月 (장기) 중에 가장 중심이 되는 '간 간'

肝炎간염 肝膽간담 : ① 간과 쓸개 ② 속마음 肝膽相照간담상조 : '간과 쓸개를 내놓고 서로에게 내보인다' 라는 뜻으로, 서로 마음을 터놓고 친밀히 사귐.

새길 간

🔪 刂 (칼)로 나무에 글자를 파서 인쇄하는 '새길 간'

刊行간행 發刊발간 廢刊폐간 出刊출간

땀 한

흐르는 💧 氵 (땀)을 뜻하는 '땀 한'

多汗症다한증 發汗발한 汗馬之勞한마지로 : 말이 땀투성이가 되는 노고라는 뜻으로 혁혁한 전공을 세우는 데 겪는 수고를 이름.

가물 한

 日(해)가 쨍쨍 내리쬐는 무더운 날씨에서 '가물 한'

| 주의~! 早(일찍 조)와 다르다.

언덕 안

山(산)의 厂(벼랑)을 뜻하는 '언덕 안'

海岸해안 沿岸연안 : 강이나 호수 또는 바닷가를 따라서 잇닿아 있는 땅. 강물이나 바닷가의 일대.

집 헌

관료가 타던 車(수레)였는데 뒤에 가옥을 가리켜 '집 헌'

東軒동헌 : 지방의 고을 원이나 감사·병사·수사 그밖에 수령들의 공사를 처리하는 대청이나 집.

방패 순

厃(방패든 손) 아래로 目(눈)을 그려 '방패 순'

矛盾모순 : '창과 방패'라는 뜻으로, 말이나 행동의 앞뒤가 서로 일치되지 아니함.

돌 순

盾(방패)로 적군의 화살을 막으면서 그 주변을  彳(맴도는) '돌 순'

循行순행 循環순환 因循姑息인순고식 : ① 구습을 고치지 않고 목전의 편안함만을 취함 ② 일을 행함에 있어 결단력 없이 우물쭈물함.

矢 화살 시

 矢(화살)을 그려 '화살 시'

疾 병 질

 矢(화살) 맞은 상처가 빠르게 온몸으로 퍼져 (침상에 누워) 있는 모습에서 '① 빠를 질' '② 병 질'

① 疾走질주 疾風질풍 ② 疾病질병 疾患질환

短 짧을 단

 矢(화살)과  豆(제기)의 짧은 모습에서 '짧을 단'

短刀단도 短身단신 短篇단편 短期단기
一長一短일장일단

知 알 지

아는 지식을 矢(화살)처럼 빨리 口(말)하는 데서 '알 지'

知識지식 知能지능 知性지성 未知미지 沒知覺몰지각
溫故知新온고지신 : 옛것을 익히고 그것을 미루어서 새것을 앎.

智 지혜 지

 知(지식)이 풍부한 사람은 日(태양)처럼 밝고 슬기롭다 하여 '지혜 지'

智慧지혜 智德體지덕체 智謀지모 仁義禮智인의예지 : 사람으로서 갖추어야 할 네 가지 마음가짐, 곧 어짊과 의로움과 예의와 지혜.

어조사 의

矢(화살)이 날아가 厶(일정한 곳)에 멈춘 모습으로 문장 맨 끝에서 단정 종결사(~이다)로 나와 '어조사 의'

제후 후

亻(사람)이 矦(과녁에 화살)을 적중시키는 명사수의 모습에서 '제후 후'

諸侯제후 王侯將相왕후장상 : 제왕(帝王)과 제후(諸侯)와 대장(大將)과 재상(宰相)을 통틀어 일컫는 말.

기후 후

侯→矦(제후 후)에서 음을 취하고 亻(사람)에게 안부와 기후를 묻는 데서 '기후 후' '물을 후'

氣候기후 候補후보 徵候징후 問候문후

이를 지

至(화살이 땅에 꽂히는) 모습에서 '① 이를 지', 최상급인 '② 지극히 지' '③ 까지 지'

② 至極지극 至尊지존 至大지대 至當지당 至嚴지엄 至毒지독
至誠感天지성감천 ③ 自初至終자초지종

이를 치

천천히 夂→攵(걸어서, 치) 목표에 至(이르렀다)는 '이를 치' '다할 치'

致謝치사 韻致운치 致賀치하 理致이치 才致재치
合致합치 言行一致언행일치

姪 조카 질

원래는 형의 女(딸)을 뜻하다가 뒤에 형제자매의 딸과 아들을 지칭하게 되어 '조카 질'

姪婦질부 甥姪생질 姪女질녀

室 집 실

식구들이 하나 둘 宀(집)에 至(이르러서) 쉬는 편안한 방을 포함한 '집 실'

內室내실 娛樂室오락실 居室거실 敎室교실 室長실장 病室병실 寢室침실

屋 집 옥

집에 至(이르러) 편히 尸(앉아서) 쉬는 '집 옥'

家屋가옥 屋上옥상 韓屋한옥 社屋사옥 屋上架屋옥상가옥 : 지붕 위에 거듭 집을 세움. 물건이나 일을 부질없이 거듭하는 것의 비유.

臺 누대 대

흙을 높이 쌓아 사방을 바라볼 수 있게 만든 (돈대)에다 사람이 至(머무는 곳)인 '누대 대'

樓臺누대 展望臺전망대 鏡臺경대 燈臺등대 舞臺무대 寢臺침대 天文臺천문대

到 이를 도

刂(칼 도)에서 음을 취해 장소에 至(도착한다)는 '이를 도'

到着도착 到達도달 到來도래 當到당도 到處도처 用意周到용의주도

致 → 到

倒 넘어질 도

亻(사람)의 머리가 땅으로 到(고꾸라져, 도) 넘어지는 '넘어질 도'

倒産도산 打倒타도 卒倒졸도

寅 범 인

寅(양손으로 화살)을 잡아당기는 모습인데 뒤에 십이지 중 세 번째로 띠로는 범에 해당되어 '범 인'

子丑寅卯자축인묘

演 펼 연

寅(범 인→연)에서 음을 취하고 氵(물) 흐르듯 자연스럽게 연기를 펼친다는 '펼 연'

演技연기 公演공연 演說연설 演出연출 演劇연극 協演협연
熱演열연 主演주연

㫃 깃발 언

㫃(펄럭이는 깃발)을 그려 '깃발 언'

旗 기 기

其(그 기)를 음으로 취해 깃발을 뜻하는 '기 기'

國旗국기 校旗교기 白旗백기 旗手기수 太極旗태극기
萬國旗만국기 五輪旗오륜기

겨레 족

민족을 지키기 위해  方 (깃발) 아래로 矢 (화살)을 들고 전투 태세를 갖춘 '겨레 족'

民族민족　家族가족　種族종족　血族혈족　族譜족보
氏族씨족　遺族유족　親族친족

나그네 려

 方 (깃발) 아래 从民 (두 사람을 그린 모양 : 병사들)이 모여 있는 '① 군사 려' 였다가 뒤에 여행하는 '② 나그네 려'

① 旅團여단
② 旅行여행　旅館여관　旅費여비　旅程여정　旅券여권

돌 선

 方 (깃발)을 들고 足 (개선행진)하는 '돌 선'

周旋주선　旋風的선풍적　旋回선회　凱旋개선

놀 유

方 (깃발) 아래 子 (아이들)이 之 (왔다갔다)하며 노는 '놀 유'

遊覽船유람선　遊說유세　遊牧民유목민
遊戲유희　外遊외유

베풀 시

方 (깃발) 꼭대기에 패한 적군의 也 (시체, 야→시)를 매달아 놓거나 포로들을 잡아 진열해 놓은 '베풀 시'

施設시설　施行시행　實施실시　施術시술
施策시책　施工시공

於 어조사 어

(까마귀)를 그린 모습이었다가 뒤에 전후 자구의 관계를 나타내는 말로 ~에서, ~에게, ~보다로 해석하는 '어조사 어'

青出於藍청출어람 : 스승보다 제자가 더 뛰어나거나 훌륭함을 이르는 말.

囗 에울 위

사방의 (둘레)를 에워싸고 외부의 침입을 막기 위한 장벽으로 '에울 위'

困 곤할 곤

(나무) 주변을 (에워싸고) 있어 나무가 제대로 자라지 못하는 '곤할 곤'

| 주의~! 因 (인할 인), 囚 (가둘 수)와 다르다.

貧困빈곤 困難곤란 食困症식곤증 春困症춘곤증 勞困노곤 疲困피곤 困惑곤혹

菌 버섯 균

困(곡식을 보관한 창고)가 습하면 번식하는 (곰팡이, 세균)을 가리키는 '버섯 균'

細菌세균 大腸菌대장균 病菌병균 保菌者보균자 殺菌살균 滅菌멸균

墻 담 장

남들이 넘보지 못하게 土(흙)을 쌓아서 嗇(인색할 색 : 인색)함을 드러낸 '담 장'

越墻월장 路柳墻花노류장화 : 길가의 버들과 담 밑의 꽃은 누구든지 쉽게 만지고 꺾을 수 있다는 뜻으로, 기생을 의미함.

그림 도

 (마을의 풍경)에다가 口 (경계선)을 그려넣은 '그림 도'

地圖지도 圖畫도화 圖書도서 圖鑑도감 圖書館도서관 意圖의도
試圖시도 圖面도면

가죽 위

韋 (성을 순찰하는 발)을 그려 순찰을 뜻하다가 뒤에 韋 (무두질한 가죽)을 뜻하게 되어 '가죽 위'. 주로 음으로 나온다.

에워쌀 위

에워싸고 있는 口 (도성)을 강조해 '에워쌀 위'

周圍주위 包圍포위 範圍범위 四圍사위 記憶範圍기억범위 : 한 번 보거나 들은 것을 그대로 재현할 수 있는 최대의 양.

어긋날 위

十 辶 (순시)할 때 불규칙하게 움직이는 데서 '어긋날 위'

違法위법 違反위반 違和感위화감 違背위배

지킬 위

도성의 十 行 (네거리)를 돌면서 순시하는 '지킬 위'

守衛수위 護衛호위 衛星위성 正當防衛정당방위 自衛자위 衛生위생

클 위

보통사람 이상의 능력을 지닌 뛰어난 亻(사람)을 뜻하는 '클 위'

偉大위대　偉人위인　偉力위력　偉業위업

씨 위

세로로 세워놓은 날실에 반대되는 糸(씨실)을 뜻하는 '씨 위'

經緯경위　緯度위도　北緯북위

가죽 혁

짐승의 털을 제거해 펴놓은 革(날가죽)에서 '① 가죽 혁', 말리면 전혀 다른 모양으로 바뀐다 하여 '② 바꿀 혁'

① 皮革피혁　革帶혁대　② 革命혁명　革新혁신　改革개혁　變革변혁

홑 단

짐승을 잡는 Y자형 單(무기)로 새총처럼 생겼는데 뒤에 하나라는 뜻인 '홑 단'

單一단일　單純단순　單數단수　食單식단

싸움 전

새총 같은 單(무기)와 戈(창)이 난무하는 전투에서 '싸움 전'

戰鬪전투　戰爭전쟁　休戰휴전　戰友전우　猛追擊戰맹추격전 : 운동경기 등에서 뒤지고 있는 편이 이기고 있는 편을 따라잡기 위한 세찬 활동.

탄알 탄

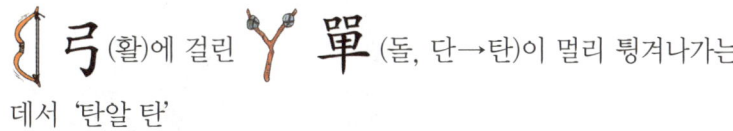 弓(활)에 걸린 單(돌, 단→탄)이 멀리 튕겨나가는 데서 '탄알 탄'

彈丸탄환 彈力탄력 彈壓탄압 糾彈규탄

참선 선

示=礻(제단)을 차려놓고 신에게 제사지낸다는 뜻인데 뒤에 불교에서 마음을 한 곳으로 모아 진리를 직관하는 수련 방법이나 교파를 뜻하는 '참선 선'

參禪참선 坐禪좌선 禪家선가

칠 격

전차의 車車(굴대)가 서로 부딪치면서 병사들이 서로 엉켜 殳(공격)하고 싸우는 '칠 격'

칠 격

공격하고 때리는 手(손)을 강조해 '칠 격'

攻擊공격 擊退격퇴 爆擊폭격 反擊반격 襲擊습격 追擊추격
衝擊충격 銃擊총격

맬 계

糸(실)이나 밧줄로 잡아매는 '맬 계'

連繫연계 繫留계류 : ① 붙잡아 매어 놓음 ② 사건이나 의안들이 미결 상태로 걸려 있음.

漢字 16

숫자

한 일

숫자인 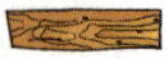 一 (하나)에서 '하나' '한결같이' 란 뜻으로 '한 일'

紅一點홍일점 一石二鳥일석이조 : 돌 한 개를 던져 새 두 마리를 잡는다는 뜻으로, 동시에 두 가지 이득을 봄을 이르는 말.

두 이

숫자 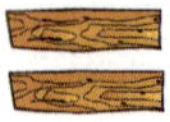 二 (둘)에서 '둘' '둘째' 란 뜻으로 '두 이'

忠臣不事二君충신불사이군 二律背反이율배반 十二支십이지
二八靑春이팔청춘 : 16세 무렵의 꽃다운 청춘. 또는 혈기 왕성한 젊은 시절.

석 삼

숫자 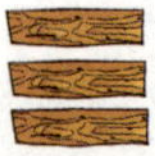 三 (셋)을 뜻하는 '석 삼'

三伏삼복 君子三樂군자삼락 三旬九食삼순구식
三人成虎삼인성호 : 세 사람이 짜면 거리에 범이 나왔다는 거짓말도 꾸밀 수 있다는 뜻으로, 근거 없는 말이라도 여러 사람이 말하면 곧이 듣게 됨을 이르는 말.

넉 사

처음엔 ☰(네 가닥)으로 표시했는데 三(석 삼)과 혼동되자 뒤에 입김 모양으로 바꿔 만든 '넉 사'

四方사방 四季사계 四海사해 四寸사촌 四面楚歌사면초가 : 아무에게도 도움을 받지 못하는, 외롭고 곤란한 지경에 빠진 형편을 이르는 말.

서로 호

互(고리)가 서로 맞물려 있는 모양을 그려 '서로 호'

| 주의~! 瓦(기와 와)와 다르다.

相互상호 互惠호혜 互換호환

기와 와

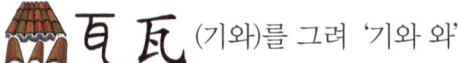瓦(기와)를 그려 '기와 와'

瓦解와해 瓦堂와당 弄瓦之慶농와지경 : 딸을 낳은 즐거움, 중국에서 딸을 낳으면 흙으로 만든 실패를 장난감으로 주었다는 데서 유래.

소 축

뭔가를 잡으려는 丑(손)의 모습인데 뒤에 십이지의 두 번째인 소띠에 해당하여 '소 축'

癸丑日記계축일기 : 조선 광해군 때에, 어느 궁녀가 쓴 한글 수필.

두번 재

冉(물고기)가 갔다가 다시 되돌아온다는 뜻으로 위에 一(한 획)을 그어 '두번 재'

再開재개 再現재현 再起재기 再次재차
再版재판 再生재생

다섯 오

ㄨ 五 五 (X)모양으로 다섯을 나타내어 '다섯 오'

五感오감　五福오복　五行오행

나 오

👄 口 (나의 입)을 넣어 '나 오'

吾等오등　吾鼻三尺오비삼척 : 내 코가 석자라는 뜻으로, 자기 사정이 급하여 남을 돌볼 겨를이 없음을 이르는 말.

깨달을 오

吾(나)부터 🫀 忄(마음) 속으로 느끼고 깨달아야 한다는 '깨달을 오'

覺悟각오　大悟覺醒대오각성 : 크게 깨달음.

일곱 칠

물건을 칼로 🔪 十 七 (두 조각)내는 모습에서 '일곱 칠'

| 주의~! 匕(비수 비)와 다르다

七步之詩칠보지시　七月七夕칠월칠석　七去之惡칠거지악 : 예전에 아내를 내쫓을 수 있는 이유가 되었던 일곱 가지 허물.

끊을 절

🔪 十 七 (일곱 칠)에다 🔪 刀 (칼)로 끊는 것을 강조해 '① 끊을 절' '② 온통 체'

① 切斷절단　切實절실　切開절개　半切반절　親切친절　切上절상　② 一切일체

여덟 팔

물건이 ◿ ◺ 八 (둘로 나누어지는) 모습에서 '여덟 팔'

八方美人팔방미인 八等身팔등신 十中八九십중팔구 : 열 가운데 여덟이나 아홉 정도로 거의 대부분이거나 거의 틀림없음.

여섯 륙

🏠 六 (초가집)의 골격을 그렸는데 뒤에 숫자로 나와 '여섯 륙'

六旬육순 死六臣사육신 六禮육례 三十六計삼십육계 : 서른 여섯 가지의 꾀.

어두울 명

어두운 🥚 (자궁 속 태아)를 꺼내기 위하여서 🤲 六 (양손)으로 산모의 다리를 누르고 있는 모습에서 '어두울 명' '저승 명'

冥福명복 冥想명상

어조사 혜

입에서 갈라져서 구부러지는 소리로 어조를 고르게 하는 '어조사 혜'

아홉 구

불끈 힘이 들어간 💪 九 (팔뚝)을 그려 마지막 숫자이면서 많은 수를 의미하는 '아홉 구'

九死一生구사일생 九折羊腸구절양장 : 아홉 번 꼬부라진 양의 창자라는 뜻으로, 꼬불꼬불하며 험한 산길을 이르는 말.

究 연구할 구

구절양장(九折羊腸)같은 穴(동굴) 속을 깊숙이 더듬어 들어가서 '연구할 구'

研究연구 講究강구 究明구명 窮究궁구 學究熱학구열

軌 바퀴자국 궤

車(수레)가 같은 길을 九(아홉, 구→궤) 번 넘게 지나가서 생긴 자국에서 '바퀴자국 궤'

軌道궤도 同軌동궤

染 물들 염

옷감을 염색하기 위해 木(나무)의 氵(즙)에다 九(아홉) 번 정도 넣다 뺐다 하면서 염색하는 '물들 염'

染色염색 感染감염 傳染전염 汚染오염

丸 둥글 환

바위 아래 알처럼 凡丸(웅크린 사람) 모습에서 '둥글 환'

彈丸탄환 丸藥환약 砲丸포환

十 열 십

十(매듭을 한 노끈)에서 '열 십' ※ 계약서 같이 중요한 문서에 이런 숫자는 변조할 가능성이 많아 획수가 많은 같은 숫자를 다시 만들었다. 예를 들면 壹(일) 貳(이) 參(삼) 伍(오) 拾(십) 佰(백) 阡(천)이 있다.

十長生십장생 十字架십자가 十匙一飯십시일반

千 일천 천

무수히 많은 (사람들)이 줄지어 있는 앞에 ━ (한 일)을 합쳐 '일천 천' | 주의~! 干(방패 간)과 다르다.

千里眼천리안 千里馬천리마
千萬多幸천만다행 : 아주 다행함.

針 바늘 침

金(쇠붙이)로 만든 뾰족한 十 (바늘귀)를 그린 '바늘 침' | 주의~! 鍼(바늘 침)과 같은 한자.

鍼術師침술사 方針방침 指針書지침서
毒針독침 分針분침

計 셀 계

숫자 十 (열 십) 따위를 言(소리) 내며 계산하는 '셀 계'

合計합계 家計簿가계부 統計통계 時計시계 計算器계산기

世 인간 세

인간세상에서 한 세대인 卅→世(삼십 년)이란 뜻으로 十 (열 십)자 세 개를 그려 '인간 세' '세대 세'

世代세대 世上세상 世界세계 末世말세
別世별세 俗世속세

葉 잎 엽

무성한 잎을 그린 枼 (모진나무 엽) 위에 艹 (풀 초)를 넣어 강조한 '잎 엽'

枯葉고엽 枝葉지엽 中葉중엽 葉綠素엽록소
金枝玉葉금지옥엽 : 귀한 자손을 이르는 말.

나비 접

葉(나뭇잎)에 앉은 虫(벌레)는 '나비 접'

胡蝶호접 蝶泳접영 胡蝶夢호접몽

胡蝶

17
기타

更 ⑦
다시 갱

구부러진 ⊠→曰 (두 조각)을 ✎ 攴=又 (두드려서) 고치고 또 다시 고친다는 데서 '① 다시 갱'과 '② 고칠 경'

① 更生갱생 更年期갱년기 更新갱신 ② 更張경장

便 ⑨
편할 편

亻(사람)은 잘못된 것은 更 (고쳐야) 편하다는 데서 '① 편할 편', 몸속의 음식물이 비낀 것을 가리켜 '② 똥오줌 변'

① 便利편리 便安편안 ② 便器변기 用便용변 大便대변

硬 ⑫
굳을 경

 石 (돌)처럼 딱딱하게 更 (바뀌었다)는 데서 '굳을 경'

硬直경직 强硬강경

이제 금

A 厶 (종)의 🔔 ㄱ 방울) 소리를 울려퍼지게 해서 현재 시간을 알리는 모습에서 '이제 금'

| 주의~! 슈(하여금 령)과 다르다.

今年금년 今明間금명간 昨今작금 今週금주

생각 념

今(지금, 금→념) 계속  心(마음) 속으로 생각한다는 데서 '생각 념'

信念신념 雜念잡념 執念집념
無念無想무념무상 : 무아의 경지에 이르러 일체의 상념을 떠남.

탐낼 탐

今(지금) 눈앞에 보이는 貝재물)을 갖고 싶어하는 마음에서 '탐낼 탐' | 주의~! 貧(가난할 빈)과 다르다.

貪慾탐욕 食貪식탐
貪官汚吏탐관오리 : 백성의 재물을 탐내어 빼앗는, 행실이 깨끗하지 못한 관리.

거문고 금

고대 현악기인  (줄)을 그린 아래 今 (이제 금)에서 음을 취해 '거문고 금'

琴瑟금슬 風琴풍금 心琴심금

머금을 함

今(지금, 금→함)  口(입) 속에 음식물을 넣어 삼키는 데서 '머금을 함'

含有함유 包含포함

吟
읊을 음

 口(입)을 벌려 今(금→음~~~) 소리를 낸다는 데서 '읊을 음'

吟味음미 吟遊음유 吟風弄月음풍농월 : 맑은 바람과 밝은 달을 대상으로 시를 짓고 흥취를 자아내어 즐겁게 놂.

票
표 표

西 (손에 뭔가를 들고) 火→示 불)에 태워 날리는 불똥의 모습에서 쪽지를 뜻하는 '표 표'

投票투표 浮動票부동표 暗票암표 郵票우표
賣票所매표소 票決표결

標
표할 표

木(나무)의 끝에 票쪽지)를 매달아 목표를 표시한다는 '표할 표'

目標목표 標的표적 標語표어 標本표본 標準표준
指標지표

漂
떠다닐 표

氵(물)에 둥둥 떠다니는 票 (쪽지)에서
'① 떠다닐 표' '② 빨래할 표'

① 漂流표류 浮漂부표 ② 漂白표백

乎
어조사 호

목소리를 길게 내어 올라가는 기운을 그려 문장 맨 뒤에 놓아 의문사(~가?)로 해석하거나, 문장 가운데에 놓아 어조사(~에, 보다)로 해석하는 '어조사 호'

부를 호

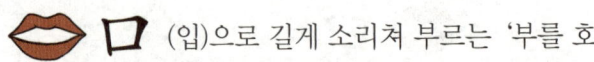 (입)으로 길게 소리쳐 부르는 '부를 호'

呼名호명 呼出호출 呼吸호흡 點呼점호 呼應호응 呼訴호소 呼價호가

남녘 병

희생물을 얹은 큰 제사상을 그렸다고 하나 지금은 십간 중 세 번째 글자로 나오는 '남녘 병'

丙子胡亂병자호란 : 조선 인조 14년(1636) 병자년(丙子年)에 청(淸)나라가 우리나라를 침략한 난리.

병 병

음으로 취한 丙 (병)에다 疒 (침상에 누운 환자)를 넣어 '병 병'

疾病질병 病院병원 病看護병간호 同病相憐동병상련 : 어려운 처지에 있는 사람끼리 서로 가엾게 여김을 이르는 말

침 부

입에서 침이 나올 정도로 서로 거절하는 데서 '침 부'
주로 음으로 나온다.

곱 배

亻(사람)과 사람이 서로 등진 모습에서 갑절을 뜻하는 '곱 배'

倍加배가 倍數배수 勇氣百倍용기백배 : 격려나 응원 따위에 자극을 받아 힘이나 용기를 더 냄.

초목의 뿌리를 土(흙)으로 덮고 가꾸는 '북돋을 배'

培養배양 栽培재배 促成栽培촉성재배 : 자연 상태에서는 성숙하지 않는 시기에 빨리 성숙시키는 재배 방법.

북돋을 배

阝(고을)의 사람들을 모아 군대로 배치하고 통솔하는 데서 '떼 부'

部隊부대 部署부서 部類부류 部分부분 部下부하 部長부장

떼 부

과실의 꼭지라는 설과 나무의 뿌리라는 설 등 분명치 않은 '밑동 적.' 주로 음으로 나온다.

밑동 적

여러 길 중에 적당한 곳을 辶(찾아가는) '맞을 적'

適格적격 適用적용 適應적응 適任적임 適合적합 快適쾌적

맞을 적

扌(손)으로 밑동을 잡아떼는 '딸 적'

摘發적발 摘要적요 指摘지적

딸 적

물방울 **적**

(물방울)이 방울방울 맺힌 '물방울 적'

硯滴연적 餘滴여적 大海一滴대해일적 : 넓고 큰 바다에 물방울 하나라는 뜻으로, 많은 것 가운데 아주 작은 것이라는 뜻.

대적할 **적**

(손에 몽둥이)를 들고 상대방과 맞서는 '대적할 적'

對敵대적 敵軍적군 敵手적수 天敵천적 敵陣적진
天下無敵천하무적 : 세상에 겨룰 만한 적수가 없음.

도깨비불 **린**

炎→米 (횃불)을 들고 舛 (발)을 구르며 춤을 추는 것이 도깨비 불 같다 하여 '도깨비불 린'

주로 음으로 나온다.

이웃 **린**

阝(언덕) 쪽에서 粦(도깨비불)이 어른거리는 곳이 바로 '이웃 린'

善隣선린 隣近인근 隣接인접

불쌍히여길 **련**

어려운 이웃을 보면 忄(마음) 깊은 곳에서 생기는 '불쌍히여길 련'

可憐가련 憐憫연민 同病相憐동병상련

부를 징

攴(징)에서 음을 十 彳(걸어가는) 사람을 부르는 데서 '부를 징'

徵集징집　徵兵징병　象徵상징　徵用징용　追徵추징　特徵특징　徵表징표

징계할 징

徵(불러서, 징) 벌로 때려주고 싶은 心(마음)에서 '징계할 징'

懲戒징계　懲役징역　懲求징구 : 금품·양곡 등을 요구함.

작을 미

몰래 十 彳(가는데) 보일 듯 말 듯하다는 뜻을 가진 攴(미)를 넣어 '작을 미'

微細미세　微笑미소　微風미풍　微動미동　微力미력　微熱미열　稀微희미

끝 단

바르게 立(서 있는) 모습에다 耑(끝 단)을 음으로 넣어 '끝 단'

端緒단서　末端말단　端末機단말기　異端이단　發端발단　南端남단　端正단정

수나라 수

손에 고기를 들고 있는 모습에서 뒤에 나라이름으로 나와 '수나라 수'

따를 수

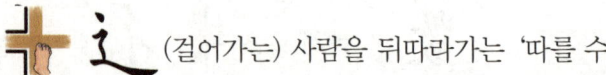 (걸어가는) 사람을 뒤따라가는 '따를 수'

隨筆수필　隨行수행　附隨的부수적　夫唱婦隨부창부수 : 남편이 주장하고 아내가 이에 잘 따름. 또는 부부 사이의 그런 도리.

떨어질 타

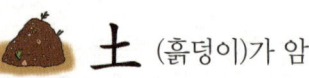 (흙덩이)가 암벽 아래로 떨어져나가는 '떨어질 타'

墮落타락　墮淚타루 : 떨어지는 눈물.

1800자 외 한국어문회 3급용 추가 17자

빛날 요

翟(꿩 적 → 요)에서 음을 취하고 밝게 비추는 日(해)에서 뜻을 취함.

曜日 요일　月曜日 월요일

밝을 랑

良(량 → 랑)에서 음을 취하고 月(달)처럼 밝게 빛나다는 뜻을 취함.

朗讀 낭독　朗誦 낭송　朗報 낭보　明朗 명랑　朗朗 낭낭

森 빽빽할 삼

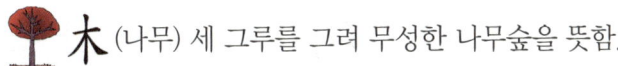 木(나무) 세 그루를 그려 무성한 나무숲을 뜻함.

森林 삼림   森嚴 삼엄   森羅萬象 삼라만상

楓 단풍 풍

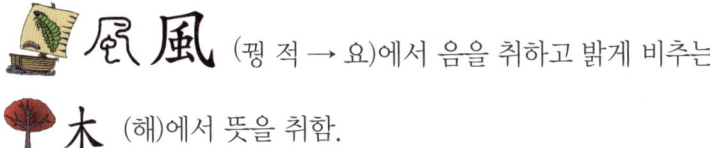 風(꿩 적 → 요)에서 음을 취하고 밝게 비추는 木(해)에서 뜻을 취함.

丹楓 단풍   楓葉 풍엽

汽 김 기

수증기를 그린 气(기운 기)에서 음과 뜻을 취하고 앞에 氵(물)을 넣어 수증기를 뜻함.

汽笛 기적   汽管 기관   汽車 기차   汽船 기선

液 진 액

夜(밤 야 → 액)에서 음을 취하고 氵(물)에서 끈적끈적한 진액을 뜻함.

液體 액체   液化 액화   樹液 수액   血液 혈액   不凍液 부동액

灰 재 회

ナ(손)으로 타다 남은 火(불 찌꺼기)를 모으는 모양에서 잿더미를 뜻함.

灰壁 회벽   石灰 석회   灰色 회색

砲
대포 포

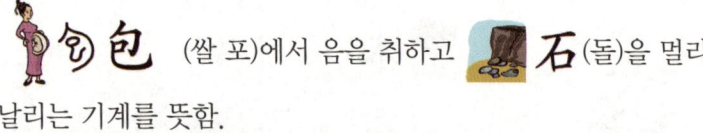包 (쌀 포)에서 음을 취하고 石(돌)을 멀리 날리는 기계를 뜻함.

砲彈 포탄　砲擊 포격　砲火 포화　大砲 대포　發砲 발포　投砲丸 투포환

稚
어릴 치

隹(새 추 → 치)에서 음을 취하고 禾(어린 벼)에서 뜻을 취함.

幼稚 유치　稚拙 치졸　稚魚 치어　稚氣 치기　幼稚園 유치원

筋
힘줄 근

肋 (살이 붙어 힘)이 세다는 뜻에다 섬유가 많은 竹(대나무)를 더해 몸속의 힘줄을 뜻함.

筋力 근력　鐵筋 철근　筋肉質 근육질

笛
피리 적

由 (말미암을 유 → 적)에서 음을 취하고 竹(대 죽)에서 뜻을 취해 대나무에 구멍을 뚫어 만든 악기를 뜻함.

警笛 경적　鼓笛隊 고적대　汽笛 기적　萬波息笛 만파식적

紋
무늬 문

文 (문)에서 음을 취하고 糸(실 사)를 넣어 실로 짜서 만든 무늬를 뜻함.

紋樣 문양　紋章 문장　指紋 지문　波紋 파문

訣
이별할 결

夬(각지 결)에서 음을 취하고 言(말씀 언)을 넣어 마지막 말로 이별을 고한다는 뜻.

訣別 결별　口訣 구결　要訣 요결　永訣 영결　永訣式 영결식

蹟
자취 적

責(꾸짖을 책)에서 음을 취하고 足(발 족)을 넣어 행적이나 발자취를 뜻함.

古蹟 고적　遺蹟 유적　奇蹟 기적　史蹟 사적

週
주일 주

周(두루 주)에서 음을 취하고 천천히 (걸어서) 한 바퀴 돈다는 뜻으로 주기를 뜻함.

週刊 주간　週日 주일　週年 주년　每週 매주　來週 내주

阿
언덕 아

阝(가 → 아)에서 음을 취하고, 언덕을 뜻하는 변형 부수인 阝(좌부변)에서 뜻을 취함.

阿片 아편　阿附 아부　阿膠 아교　阿修羅 아수라

兎
토끼 토

兎(토끼)의 귀와 입과 다리와 꼬리를 그린 '토끼 토' 兎(토)는 속자. | 주의 ~! 免(면할 면)과 다르다.

兎死狗烹 토사구팽 : 토끼를 다 잡으면 사냥개는 삶아지게 됨. 필요할 때는 쓰고 필요 없어지면 야박하게 버림.

부록

- 3~8급 배정한자 1817
- 3~8급 기출 중심 사자성어
- 3~8급 기출 중심 반대어

3~8급 배정한자 1817
교육용 1800자 + 한국어문회 추가 17자(밑줄)

8급 50자

한자	훈음	쪽
教	가르칠 교	139
校	학교 교	160
九	아홉 구	425
國	나라 국	401
軍	군사 군	367
金	쇠 금	339
南	남녘 남	89
女	계집 녀	177
年	해 년	128
大	큰 대	145
東	동녘 동	374
六	여섯 륙	425
萬	일만 만	117
母	어미 모	180
木	나무 목	118
門	문 문	345
民	백성 민	206
白	흰 백	235
父	아비 부	238
北	북녘 북	161
四	넉 사	423
山	메 산	59
三	석 삼	422
生	날 생	132
西	서녘 서	100
先	먼저 선	273
小	작을 소	65
水	물 수	50
室	집 실	415
十	열 십	241
五	다섯 오	424
王	임금 왕	197
外	바깥 외	45
月	달 월	45
二	두 이	422
人	사람 인	144
一	한 일	422
日	해 일	37
長	길 장	182
弟	아우 제	142
中	가운데 중	67
青	푸를 청	325
寸	마디 촌	244
七	일곱 칠	424
土	흙 토	68
八	여덟 팔	425
學	배울 학	139
韓	나라 한	40
兄	형 형	184
火	불 화	56

7급(7Ⅱ) 100자

한자	훈음	쪽
家	집 가	85
歌	노래 가	217
間	사이 간	346
江	강 강	320
車	수레 거	366
工	장인 공	318
空	빌 공	319
口	입 구	213
記	기록할 기	156
旗	기 기	416
氣	기운 기	47
男	사내 남	241
內	안 내	155
農	농사 농	112
答	대답할 답	279
道	길 도	227
同	같을 동	368
洞	골 동	368
動	움직일 동	375
冬	겨울 동	52

登 오를 등 308	事 일 사 255	然 그럴 연 83	主 주인 주 58	漢 한나라 한 72
來 올 래 131	算 셈할 산 126	午 낮 오 299	住 살 주 59	海 바다 해 181
力 힘 력 241	上 위 상 66	右 오른쪽 우 243	重 무거울 중 374	花 꽃 화 148
老 늙을 로 183	色 빛 색 193	有 있을 유 75	紙 종이 지 153	話 말씀 화 219
里 마을 리 61	夕 저녁 석 45	育 기를 육 174	地 땅 지 182	活 살 활 220
林 수풀 림 121	姓 성씨 성 132	邑 고을 읍 193	直 곧을 직 209	孝 효도 효 183
立 설 립 151	世 인간 세 427	入 들 입 154	天 하늘 천 146	後 뒤 후 380
每 매양 매 180	所 바 소 347	子 아들 자 170	千 일천 천 427	休 쉴 휴 119
面 얼굴 면 228	少 적을 소 65	字 글자 자 170	川 내 천 52	
命 명령할 명 191	數 셈 수 180	自 스스로 자 226	草 풀 초 38	**6급 (6II) 150자**
名 이름 명 46	手 손 수 234	場 마당 장 43	村 마을 촌 244	
文 글월 문 165	時 때 시 246	全 온전할 전 155	秋 가을 추 128	各 각각 각 271
問 물을 문 345	市 시장 시 376	前 앞 전 369	春 봄 춘 38	角 뿔 각 78
物 물건 물 314	植 심을 식 209	電 번개 전 47	出 날 출 271	感 느낄 감 404
方 모 방 321	食 밥 식 281	正 바를 정 269	便 편할 편 429	強 강할 강 411
百 일백 백 236	心 마음 심 164	祖 조상 조 309	平 평평할 평 339	開 열 개 346
夫 지아비 부 152	安 편안할 안 179	足 발 족 266	夏 여름 하 229	京 서울 경 351
不 아닐 불 138	語 말씀 어 219	左 왼쪽 좌 243	下 아래 하 67	界 경계 계 201

計 셀 계	427	級 등급 급	238	利 이로울 리	127	本 근본 본	118	習 익힐 습	99
古 예 고	214	多 많을 다	76	李 오얏 리	171	部 떼 부	433	勝 이길 승	370
苦 쓸 고	214	短 짧을 단	413	理 다스릴 리	61	分 나눌 분	312	始 비로소 시	187
高 높을 고	349	堂 집 당	357	明 밝을 명	45	使 하여금 사	255	式 법 식	408
共 함께 공	256	待 기다릴 대	247	目 눈 목	204	社 모일 사	303	身 몸 신	162
公 공평할 공	280	代 대신할 대	408	聞 들을 문	345	死 죽을 사	167	信 믿을 신	219
功 공 공	319	對 대할 대	344	米 쌀 미	129	書 글 서	252	新 새 신	394
果 열매 과	120	度 법도 도	358	美 아름다울 미	87	席 자리 석	358	神 귀신 신	49
科 과목 과	296	圖 그림 도	419	朴 성 박	305	石 돌 석	64	失 잃을 실	235
光 빛 광	57	讀 읽을 독	333	班 나눌 반	198	線 줄 선	54	愛 사랑 애	165
交 사귈 교	159	童 아이 동	395	反 돌이킬 반	239	雪 눈 설	47	野 들 야	383
區 구분할 구	277	頭 머리 두	307	半 반 반	80	成 이룰 성	402	夜 밤 야	46
球 공 구	373	等 무리 등	247	發 쏠 발	308	省 살필 성	65	藥 약 약	342
郡 고을 군	253	樂 즐길 락	342	放 놓을 방	323	消 사라질 소	77	弱 약할 약	410
根 뿌리 근	210	例 법식 례	168	番 차례 번	98	速 빠를 속	123	陽 볕 양	43
近 가까울 근	316	禮 예도 례	307	別 나눌 별	163	孫 손자 손	379	洋 바다 양	88
今 이제 금	430	路 길 로	273	病 병 병	432	樹 나무 수	343	言 말씀 언	219
急 급할 급	191	綠 푸를 록	315	服 옷 복	397	術 재주 술	132	業 일 업	344

배정한자 1817 ● 445

英	꽃부리 영 169	昨	어제 작 388	太	클 태 146	5급 (511) 200자		輕	가벼울 경 381
永	길 영 51	章	글 장 395	通	통할 통 335			競	다툴 경 152
溫	따뜻할 온 145	才	재주 재 133	特	특별할 특 247	可	옳을 가 217	固	굳을 고 215
用	쓸 용 334	在	있을 재 134	表	겉 표 373	加	더할 가 242	告	고할 고 81
勇	날랠 용 335	戰	싸움 전 420	風	바람 풍 368	價	값 가 333	考	생각할 고 183
運	옮길 운 367	庭	뜰 정 200	合	합할 합 279	改	고칠 개 157	曲	굽을 곡 292
園	동산 원 388	定	정할 정 269	行	다닐 행 365	客	손 객 272	課	과정 과 120
遠	멀 원 388	第	차례 제 143	幸	다행 행 397	去	갈 거 155	過	지날 과 163
油	기름 유 291	題	제목 제 270	向	향할 향 355	擧	들 거 260	觀	볼 관 107
由	말미암을 유 291	朝	아침 조 39	現	나타날 현 206	件	물건 건 80	關	빗장 관 347
銀	은 은 211	族	겨레 족 417	形	모양 형 312	建	세울 건 253	廣	넓을 광 196
音	소리 음 224	晝	낮 주 252	號	부르짖을 호 95	健	건강할 건 253	橋	다리 교 350
飮	마실 음 281	注	물댈 주 59	和	화할 화 127	格	격식 격 271	具	갖출 구 258
意	뜻 의 225	集	모일 집 105	畫	그림 화 252	見	볼 견 205	救	구원할 구 374
醫	의원 의 288	窓	창 창 354	黃	누를 황 195	決	정할 결 170	舊	예 구 299
衣	옷 의 372	淸	맑을 청 325	會	모일 회 283	結	맺을 결 399	局	판 국 166
者	놈 자 294	體	몸 체 307	訓	가르칠 훈 53	景	경치 경 351	貴	귀할 귀 333
作	지을 작 387	親	친할 친 394			敬	공경 경 338	規	법 규 206

給 줄 급 279	落 떨어질 락 272	望 바랄 망 159	思 생각 사 176	宿 잘 숙 237
基 터 기 258	朗 밝을 랑 436	買 살 매 332	査 조사할 사 310	順 순할 순 52
期 기약할 기 258	冷 찰 랭 191	賣 팔 매 332	産 낳을 산 133	示 보일 시 302
技 재주 기 262	量 헤아릴 량 298	無 없을 무 276	賞 상줄 상 357	識 알 식 406
己 몸 기 156	良 어질 량 353	倍 곱 배 432	商 장사 상 350	臣 신하 신 206
汽 김 기 437	旅 나그네 려 417	法 법 법 155	相 서로 상 205	實 열매 실 334
吉 길할 길 399	歷 날 력 129	變 변할 변 385	序 차례 서 383	兒 아이 아 176
念 생각 념 430	練 익힐 련 123	兵 군사 병 317	仙 신선 선 60	惡 악할 악 168
能 능할 능 94	令 명령할 령 191	福 복 복 290	善 착할 선 88	案 책상 안 179
團 모을 단 384	領 거느릴 령 192	奉 받들 봉 259	選 가릴 선 116	約 맺을 약 296
壇 단 단 359	勞 일할 로 58	比 나란할 비 160	船 배 선 55	養 기를 양 88
談 말씀 담 58	料 헤아릴 료 297	費 쓸 비 143	鮮 고울 선 111	漁 고기잡을 어 111
當 마땅 당 356	流 흐를 류 173	鼻 코 비 226	說 말씀 설 186	魚 물고기 어 111
德 덕 덕 210	類 무리 류 228	氷 얼음 빙 50	性 성품 성 132	億 억 억 225
到 이를 도 415	陸 뭍 륙 73	士 선비 사 399	洗 씻을 세 273	熱 더울 열 194
島 섬 도 100	馬 말 마 93	仕 섬길 사 399	歲 해 세 403	葉 잎 엽 427
都 도읍 도 294	末 끝 말 118	史 역사 사 254	束 묶을 속 122	屋 집 옥 415
獨 홀로 독 114	亡 망할 망 158	寫 베낄 사 101	首 머리 수 227	完 완전할 완 230

배정한자 1817

曜 빛날 요 436	再 두 재 423	卒 군사 졸 373	致 이룰 치 414	患 근심 환 67
要 중요할 요 164	材 재목 재 133	種 씨 종 375	則 법칙 칙 285	效 본받을 효 160
浴 목욕할 욕 70	財 재물 재 133	終 마칠 종 52	他 다를 타 182	凶 흉할 흉 60
友 벗 우 237	災 재앙 재 53	罪 허물 죄 331	打 칠 타 336	黑 검을 흑 195
牛 소 우 79	爭 다툴 쟁 249	週 주일 주 439	卓 높을 탁 39	
雨 비 우 47	貯 쌓을 저 337	州 고을 주 53	炭 숯 탄 57	
雲 구름 운 48	的 과녁 적 296	止 그칠 지 267	宅 집 택 135	**준4급 250자**
雄 수컷 웅 103	赤 붉을 적 201	知 알 지 413	板 널 판 240	街 거리 가 341
元 으뜸 원 230	傳 전할 전 383	質 바탕 질 317	敗 패할 패 286	假 거짓 가 262
院 집 원 230	典 법 전 326	着 붙을 착 295	品 물건 품 277	減 덜 감 404
原 근원 원 54	展 펼 전 166	參 참여할 참 233	必 반드시 필 297	監 살필 감 207
願 원할 원 54	切 끊을 절 424	唱 부를 창 38	筆 붓 필 251	康 편안할 강 300
位 자리 위 151	節 마디 절 286	責 꾸짖을 책 125	河 물 하 217	講 강론할 강 364
偉 클 위 420	店 가게 점 304	鐵 쇠 철 340	寒 찰 한 355	個 낱 개 215
以 써 이 324	停 머무를 정 349	初 처음 초 311	害 해할 해 220	檢 검사할 검 150
耳 귀 이 202	情 뜻 정 325	最 가장 최 203	許 허락할 허 299	缺 이지러질 결 170
因 인할 인 146	調 고를 조 64	祝 빌 축 184	湖 호수 호 215	潔 깨끗할 결 315
任 맡길 임 382	操 잡을 조 105	充 가득할 충 134	化 될 화 148	警 경계할 경 338

境	지경 경 225	怒	성낼 노 178	羅	벌일 라 104	博	넓을 박 63	富	부자 부 291
經	지날 경 381	單	홑 단 420	兩	두 량 338	防	막을 방 322	婦	아내 부 329
慶	경사 경 94	檀	박달나무 단 359	麗	고울 려 94	訪	찾을 방 322	佛	부처 불 143
係	맬 계 379	端	끝 단 435	連	이을 련 366	房	방 방 322	備	갖출 비 335
故	연고 고 214	斷	끊을 단 381	列	벌일 렬 167	拜	절 배 234	非	아닐 비 99
官	벼슬 관 69	達	이를 달 89	錄	기록할 록 315	背	등질 배 162	悲	슬플 비 99
究	연구할 구 426	擔	멜 담 235	論	논할 론 327	配	짝 배 158	飛	날 비 98
句	글귀 구 337	黨	무리 당 357	留	머무를 류 92	伐	칠 벌 400	貧	가난할 빈 312
求	구할 구 373	帶	띠 대 391	律	법칙 률 251	罰	벌할 벌 331	謝	사례할 사 162
宮	집 궁 164	隊	무리 대 86	滿	찰 만 339	壁	벽 벽 396	寺	절 사 246
權	권세 권 107	導	인도할 도 227	脈	줄기 맥 52	邊	가 변 227	舍	집 사 359
極	다할 극 200	毒	독 독 326	毛	털 모 77	保	지킬 보 171	師	스승 사 69
禁	금할 금 121	督	감독할 독 240	牧	칠 목 80	報	알릴 보 397	殺	죽일 살 264
器	그릇 기 213	銅	구리 동 369	務	힘쓸 무 409	寶	보배 보 293	床	평상 상 119
起	일어날 기 157	斗	말 두 296	武	굳셀 무 401	步	걸음 보 268	狀	형상 상 141
暖	따뜻할 난 250	豆	콩 두 307	未	아닐 미 120	復	회복할 복 363	想	생각 상 205
難	어려울 난 72	得	얻을 득 365	味	맛 미 120	府	관청 부 245	常	항상 상 356
努	힘쓸 노 178	燈	등 등 308	密	빽빽할 밀 297	副	버금 부 291	設	베풀 설 263

星	별 성	133	授	줄 수	248	餘	남을 여	360	陰	그늘 음	49	精	깨끗할 정	326
聖	성인 성	199	修	닦을 수	264	逆	거스를 역	147	應	응할 응	106	濟	건널 제	131
聲	소리 성	343	純	순수할 순	136	煙	연기 연	100	義	옳을 의	89	提	끌 제	270
城	성 성	402	承	이을 승	259	演	펼 연	416	議	의논할 의	90	祭	제사 제	302
誠	정성 성	402	視	살필 시	205	硏	갈 연	64	移	옮길 이	76	際	사이 제	303
盛	성할 성	403	試	시험 시	408	榮	영화 영	58	益	더할 익	278	制	절제할 제	314
細	가늘 세	176	詩	시 시	246	藝	재주 예	194	印	도장 인	193	製	지을 제	314
稅	세금 세	186	是	옳을 시	270	誤	그릇칠 오	188	認	알 인	313	除	덜 제	360
勢	형세 세	195	施	베풀 시	417	玉	구슬 옥	197	引	끌 인	410	鳥	새 조	100
笑	웃음 소	188	息	숨쉴 식	226	往	갈 왕	59	將	장수 장	142	助	도울 조	309
掃	쓸 소	329	申	펼 신	49	謠	노래 요	293	障	막을 장	395	早	이를 조	38
素	흴 소	377	深	깊을 심	362	容	얼굴 용	70	低	낮을 저	154	造	지을 조	81
續	이을 속	333	眼	눈 안	211	員	인원 원	284	敵	대적할 적	434	尊	높을 존	289
俗	풍속 속	70	暗	어두울 암	224	圓	둥글 원	284	田	밭 전	60	宗	마루 종	303
送	보낼 송	370	壓	누를 압	84	衛	지킬 위	419	絶	끊을 절	193	走	달릴 주	274
收	거둘 수	140	液	진액	437	爲	할 위	91	接	이을 접	394	竹	대 죽	126
守	지킬 수	244	羊	양 양	87	肉	고기 육	75	程	길 정	199	準	준비할 준	103
受	받을 수	248	如	같을 여	178	恩	은혜 은	147	政	다스릴 정	269	衆	무리 중	279

增 더할 증 282	忠 충성 충 67	豊 풍성할 풍 307	確 굳을 확 109	更 다시 갱 429
支 가를 지 262	取 취할 취 203	限 한정할 한 211	回 돌 회 50	居 살 거 215
志 뜻 지 274	測 헤아릴 측 285	航 배 항 231	吸 마실 흡 239	巨 클 거 321
指 손가락 지 283	治 다스릴 치 187	港 항구 항 257	興 일 흥 261	拒 막을 거 321
至 이를 지 414	置 둘 치 209	解 풀 해 78	希 바랄 희 376	據 의지할 거 96
職 벼슬 직 406	齒 이 치 267	香 향기 향 127		傑 뛰어날 걸 275
進 나아갈 진 102	侵 침노할 침 330	鄕 시골 향 287	**4급**	儉 검소할 검 150
眞 참 진 283	快 시원할 쾌 169	虛 빌 허 96	**250자**	激 심할 격 323
次 버금 차 216	態 모양 태 95	驗 시험 험 151	暇 여가 가 262	擊 칠 격 421
察 살필 찰 303	統 합칠 통 175	賢 어질 현 208	刻 새길 각 87	堅 굳을 견 208
創 비롯할 창 358	退 물러날 퇴 211	血 피 혈 278	覺 깨달을 각 139	犬 개 견 82
處 곳 처 96	波 물결 파 79	協 도울 협 242	干 방패 간 411	傾 기울 경 149
請 청할 청 325	破 깨뜨릴 파 79	惠 은혜 혜 384	看 볼 간 204	鏡 거울 경 226
銃 총 총 175	包 쌀 포 172	護 보호할 호 108	簡 간략할 간 346	驚 놀랄 경 338
總 묶을 총 362	砲 대포 포 437	好 좋을 호 177	甘 달 감 221	季 계절 계 171
築 쌓을 축 321	布 베포 375	戶 집 호 347	敢 용감할 감 86	鷄 닭 계 387
畜 모을 축 386	暴 사나울 폭 261	呼 부를 호 432	甲 갑옷 갑 134	階 계단 계 161
蟲 벌레 충 114	票 표 표 431	貨 재물 화 148	降 내릴 강 276	戒 경계할 계 400

系 이을 계	379	勸 권할 권	107	略 간략할 략	272	犯 범할 범	189	傷 상할 상	44
繼 이을 계	382	歸 돌아갈 귀	329	糧 양식 량	298	範 법 범	190	象 코끼리 상	90
孤 외로울 고	130	均 고를 균	296	慮 염려할 려	95	辯 말잘할 변	393	宣 베풀 선	42
庫 곳집 고	366	劇 연극 극	97	烈 세찰 렬	167	普 넓을 보	153	舌 혀 설	219
穀 곡식 곡	128	勤 부지런할 근	71	龍 용 룡	93	伏 엎드릴 복	82	屬 붙일 속	115
困 곤란할 곤	418	筋 힘줄 근	438	柳 버들 류	92	複 겹칠 복	363	損 덜 손	284
骨 뼈 골	162	奇 기특할 기	218	輪 바퀴 륜	327	否 아닐 부	138	松 소나무 송	280
攻 칠 공	319	寄 붙어살 기	218	離 떠날 리	110	負 질 부	112	頌 칭송할 송	280
孔 구멍 공	171	紀 벼리 기	157	妹 누이 매	120	粉 가루 분	312	秀 빼어날 수	224
管 관리할 관	69	機 베틀 기	380	勉 힘쓸 면	174	憤 성낼 분	138	叔 아재비 숙	240
鑛 쇳돌 광	196	納 바칠 납	155	鳴 울 명	101	碑 비석 비	254	肅 엄숙할 숙	252
構 얽을 구	364	段 층계 단	263	模 본뜰 모	42	批 비평할 비	161	崇 높을 숭	303
君 임금 군	253	徒 무리 도	275	墓 무덤 묘	41	秘 숨길 비	297	氏 뿌리 씨	153
群 무리 군	253	逃 달아날 도	305	妙 묘할 묘	66	射 쏠 사	162	額 이마 액	273
屈 굽힐 굴	271	盜 훔칠 도	217	舞 춤출 무	276	私 사사로울 사	127	樣 모양 양	88
窮 궁할 궁	354	亂 어지러울 란	384	拍 손뼉칠 박	236	絲 실 사	377	嚴 엄할 엄	86
券 문서 권	328	卵 알 란	92	髮 터럭 발	84	辭 말씀 사	384	與 더불 여	260
卷 책 권	328	覽 볼 람	208	妨 방해할 방	322	散 흩을 산	76	域 지경 역	401

易 바꿀 역	116	威 위엄 위	403	壯 장할 장	141	整 가지런할 정	123	陣 진칠 진	366
延 끌 연	268	慰 위로할 위	166	裝 꾸밀 장	141	靜 고요할 정	250	珍 보배 진	232
鉛 납 연	55	乳 젖 유	172	奬 장려할 장	142	帝 임금 제	198	盡 다할 진	251
燃 탈 연	83	儒 선비 유	232	帳 장막 장	183	組 짤 조	309	差 다를 차	243
緣 인연 연	316	遊 놀 유	417	張 베풀 장	183	潮 조수 조	39	讚 기릴 찬	274
映 비칠 영	169	遺 남길 유	333	底 밑 저	154	條 가지 조	265	採 캘 채	249
營 경영할 영	164	隱 숨을 은	248	適 맞을 적	433	存 있을 존	134	册 책 책	326
迎 맞을 영	192	依 의지할 의	372	績 길쌈 적	126	從 좇을 종	149	泉 샘 천	54
豫 미리 예	90	儀 거동 의	90	積 쌓을 적	125	鐘 쇠북 종	395	聽 들을 청	210
遇 만날 우	97	疑 의심할 의	200	籍 문서 적	56	座 자리 좌	149	廳 관청 청	210
優 넉넉할 우	230	異 다를 이	196	賊 도둑 적	112	周 두루 주	64	招 부를 초	289
郵 우편 우	137	仁 어질 인	144	專 오로지 전	383	朱 붉을 주	122	推 밀 추	102
源 근원 원	54	姿 모양 자	216	轉 구를 전	384	酒 술 주	288	縮 줄일 축	237
援 도울 원	250	資 재물 자	216	錢 돈 전	407	證 증거 증	308	趣 재미 취	203
怨 원망할 원	46	姉 손윗누이 자	376	折 꺾을 절	318	持 가질 지	247	就 나아갈 취	265
圍 에워쌀 위	419	殘 잔인할 잔	407	占 점칠 점	304	誌 기록할 지	274	層 층 층	283
危 위태할 위	190	雜 섞일 잡	105	點 점 점	304	智 지혜 지	413	寢 잠잘 침	330
委 맡길 위	128	腸 창자 장	43	丁 장정 정	336	織 짤 직	406	針 바늘 침	427

배정한자 1817

稱	칭찬할 칭 339	疲	피곤할 피 79	況	상황 황 184	剛	굳셀 강 332	契	맺을 계 314
彈	탄알 탄 421	避	피할 피 396	灰	재 회 437	綱	벼리 강 332	桂	계수나무 계 341
歎	탄식할 탄 72	恨	한할 한 211	候	기후 후 414	鋼	강철 강 332	械	기계 계 400
脫	벗을 탈 185	閑	한가할 한 346	厚	두터울 후 171	介	끼일 개 201	溪	시내 계 387
探	찾을 탐 363	抗	겨룰 항 231	揮	지휘할 휘 367	槪	대개 개 286	姑	시어미 고 214
擇	가릴 택 398	核	씨 핵 87	喜	기쁠 희 342	蓋	덮을 개 156	稿	원고 고 349
討	칠 토 244	憲	법 헌 220			距	떨어질 거 321	鼓	북 고 342
痛	아플 통 335	險	험할 험 150	준3급 500자		乾	마를 건 40	哭	울 곡 213
投	던질 투 263	革	가죽 혁 420			劍	칼 검 150	谷	골 곡 70
鬪	싸움 투 343	顯	나타날 현 378	佳	아름다울 가 341	隔	사이뜰 격 301	供	이바지할 공 257
派	갈래 파 51	刑	형벌 형 311	架	시렁 가 242	訣	이별할 결 438	恐	두려울 공 320
判	판단할 판 81	或	혹시 혹 400	脚	다리 각 156	兼	겸할 겸 256	恭	공손할 공 257
篇	책 편 328	婚	혼인할 혼 153	閣	집 각 272	謙	겸손할 겸 256	貢	바칠 공 320
評	평할 평 339	混	섞일 혼 161	刊	새길 간 411	徑	지름길 경 381	寡	적을 과 229
閉	닫을 폐 346	紅	붉을 홍 319	幹	줄기 간 40	硬	굳을 경 429	誇	자랑할 과 223
胞	세포 포 172	華	빛날 화 136	懇	정성 간 212	耕	밭갈 경 324	冠	갓 관 230
爆	터질 폭 261	歡	기쁠 환 107	肝	간 간 411	頃	잠깐 경 148	寬	너그러울 관 89
標	표할 표 431	環	고리 환 389	鑑	거울 감 207	啓	열 계 348	慣	익숙할 관 334

貫 꿸 관 334	錦 비단 금 377	旦 아침 단 37	廊 행랑 랑 354	賴 의뢰할 뢰 123
館 집 관 69	及 미칠 급 238	淡 맑을 담 57	浪 물결 랑 353	雷 우레 뢰 47
狂 미칠 광 197	企 꾀할 기 267	踏 밟을 답 61	郎 사내 랑 354	樓 다락 루 179
壞 무너질 괴 390	其 그 기 258	唐 당황할 당 300	梁 들보 량 313	漏 샐 루 48
怪 괴이할 괴 238	畿 경기 기 380	糖 사탕 당 300	凉 서늘할 량 351	累 포갤 루 378
巧 공교할 교 319	祈 빌 기 316	臺 돈대 대 415	勵 힘쓸 려 117	倫 인륜 륜 327
較 견줄 교 160	騎 말탈 기 218	貸 빌릴 대 408	曆 책력 력 129	栗 밤나무 률 119
丘 언덕 구 69	緊 긴할 긴 209	倒 넘어질 도 416	戀 사모할 련 385	率 헤아릴 률 386
久 오랠 구 145	諾 허락할 낙 244	刀 칼 도 311	聯 연이을 련 347	隆 높을 륭 276
拘 잡을 구 337	娘 아가씨 낭 353	桃 복숭아나무 도 306	蓮 연꽃 련 367	陵 능 릉 73
菊 국화 국 130	耐 견딜 내 231	渡 건널 도 358	鍊 단련할 련 124	吏 관리 리 254
弓 활 궁 409	寧 편안할 녕 337	途 길 도 361	裂 찢을 렬 168	履 밟을 리 364
拳 주먹 권 329	奴 종 노 178	陶 질그릇 도 292	嶺 재 령 192	裏 속 리 62
鬼 귀신 귀 306	腦 뇌 뇌 176	突 갑자기 돌 83	靈 신령 령 48	臨 임할 림 207
菌 버섯 균 418	泥 진흙 니 166	凍 얼 동 374	爐 화로 로 57	磨 갈 마 121
克 이길 극 185	茶 차 다 361	絡 이을 락 272	露 이슬 로 273	麻 삼 마 121
琴 거문고 금 430	丹 붉을 단 324	欄 난간 란 124	祿 복 록 315	幕 장막 막 41
禽 날짐승 금 110	但 다만 단 37	蘭 난초 란 124	弄 희롱할 롱 198	漠 사막 막 40

莫 없을 막	40	睦 화목할 목	73	芳 꽃다울 방	322	扶 도울 부	152	祀 제사 사	302
晚 저물 만	175	沒 빠질 몰	238	培 북돋울 배	433	浮 뜰 부	172	蛇 뱀 사	114
妄 허망할 망	158	夢 꿈 몽	204	排 밀칠 배	99	符 부신 부	245	詞 말씀 사	310
媒 중매 매	222	蒙 어릴 몽	85	輩 무리 배	100	簿 장부 부	63	邪 간사할 사	222
梅 매화나무 매	180	茂 우거질 무	402	伯 맏 백	236	腐 썩을 부	246	削 깎을 삭	77
麥 보리 맥	131	貿 바꿀 무	92	繁 많을 번	181	賦 부세 부	401	森 빽빽할 삼	436
孟 맏 맹	278	墨 먹 묵	195	凡 무릇 범	368	附 붙을 부	245	像 모양 상	90
猛 사나울 맹	278	默 잠잠할 묵	195	碧 푸를 벽	65	奔 달릴 분	146	償 갚을 상	357
盲 소경 맹	159	紋 무늬 문	438	丙 남녘 병	432	奮 떨칠 분	108	喪 죽을 상	213
盟 맹세할 맹	45	勿 말 물	313	補 기울 보	63	紛 어지러울 분	312	尙 숭상할 상	355
免 면할 면	174	尾 꼬리 미	77	譜 계보 보	153	拂 떨칠 불	143	桑 뽕나무 상	237
眠 잠잘 면	206	微 작을 미	435	腹 배 복	363	妃 왕비 비	157	裳 치마 상	356
綿 솜 면	377	薄 엷을 박	63	覆 뒤집을 복	364	卑 낮을 비	254	詳 자세할 상	89
滅 멸망할 멸	403	迫 닥칠 박	236	峯 봉우리 봉	137	婢 여종 비	254	霜 서리 상	205
銘 새길 명	46	盤 소반 반	369	封 봉할 봉	341	肥 살찔 비	116	塞 변방 새	355
慕 사모할 모	41	般 일반 반	369	逢 만날 봉	137	司 맡을 사	310	索 찾을 색	378
謀 꾀할 모	221	飯 밥 반	239	鳳 봉황 봉	368	斜 비낄 사	361	徐 천천히 서	360
貌 얼굴 모	212	拔 뺄 발	84	付 줄 부	245	沙 모래 사	66	恕 용서할 서	178

緒 실마리 서 294	殊 다를 수 122	飾 꾸밀 식 281	壤 흙덩이 양 390	鹽 소금 염 208
署 관청 서 295	獸 짐승 수 82	愼 삼갈 신 284	揚 오를 양 43	影 그림자 영 352
惜 아낄 석 56	輸 보낼 수 371	審 살필 심 98	讓 사양할 양 390	譽 기릴 예 260
釋 풀 석 398	隨 따를 수 436	甚 심할 심 391	御 어거할 어 190	悟 깨달을 오 424
旋 돌 선 417	需 구할 수 232	雙 쌍 쌍 103	憶 생각할 억 225	烏 까마귀 오 101
禪 참선 선 421	淑 맑을 숙 240	亞 버금 아 168	抑 누를 억 193	獄 감옥 옥 82
燒 사를 소 74	熟 익을 숙 353	我 나 아 404	亦 또 역 201	瓦 기와 와 423
疏 소통할 소 173	巡 돌 순 53	牙 어금니 아 222	役 부릴 역 263	緩 느릴 완 251
蘇 되살아날 소 111	旬 열흘 순 44	芽 싹 아 222	疫 전염병 역 264	慾 욕심 욕 71
訴 하소연할 소 317	瞬 눈깜짝할 순 275	阿 언덕 아 439	譯 번역할 역 398	欲 하고자 할 욕 71
訟 송사할 송 280	述 지을 술 132	雅 맑을 아 222	驛 역 역 398	辱 욕되게 할 욕 113
刷 인쇄할 쇄 166	濕 젖을 습 378	岸 언덕 안 412	宴 잔치 연 179	偶 짝 우 97
鎖 쇠사슬 쇄 340	拾 주울 습 279	顔 얼굴 안 228	沿 따를 연 55	宇 집 우 223
衰 쇠할 쇠 373	襲 엄습할 습 93	巖 바위 암 86	燕 제비 연 101	愚 어리석을 우 97
垂 드리울 수 136	乘 탈 승 119	仰 우러를 앙 192	軟 연할 연 366	憂 근심 우 229
壽 목숨 수 184	僧 중 승 282	央 가운데 앙 168	悅 기쁠 열 185	羽 깃 우 99
帥 장수 수 68	昇 오를 승 298	哀 슬플 애 372	染 물들일 염 426	韻 운 운 285
愁 시름 수 128	侍 모실 시 246	若 같을 약 243	炎 불꽃 염 57	越 넘을 월 275

僞 거짓 위	91	壬 북방 임	382	著 분명할 저	294	照 비출 조	290	枝 가지 지	262
胃 밥통 위	76	賃 품삯 임	382	寂 고요할 적	241	租 조세 조	310	池 못 지	182
謂 이를 위	76	刺 찌를 자	125	摘 딸 적	433	縱 세로 종	149	振 떨칠 진	113
幼 어릴 유	379	慈 사랑 자	386	笛 피리 적	438	坐 앉을 좌	149	辰 별 진	112
幽 그윽할 유	380	紫 자줏빛 자	267	跡 발자취 적	201	奏 아뢸 주	260	鎭 진압할 진	284
悠 멀 유	264	暫 잠깐 잠	397	蹟 행적 적	439	宙 집 주	292	陳 베풀 진	374
柔 부드러울 유	409	潛 잠길 잠	51	殿 큰집 전	167	柱 기둥 주	122	震 벼락 진	113
猶 오히려 유	289	丈 어른 장	146	漸 점점 점	396	株 그루 주	59	疾 병 질	413
維 벼리 유	104	掌 손바닥 장	356	井 우물 정	324	洲 물가 주	53	秩 차례 질	235
裕 넉넉할 유	71	粧 단장할 장	130	亭 정자 정	349	珠 구슬 주	122	執 잡을 집	397
誘 꾈 유	224	臟 오장 장	142	廷 조정 정	199	鑄 쇠불릴 주	184	徵 부를 징	435
潤 젖을 윤	199	莊 씩씩할 장	141	征 칠 정	269	仲 버금 중	67	借 빌 차	56
乙 새 을	133	葬 장사지낼 장	167	淨 깨끗할 정	250	卽 곧 즉	286	此 이 차	267
淫 음란할 음	382	藏 감출 장	142	貞 곧을 정	285	憎 미워할 증	282	錯 섞일 착	56
已 이미 이	115	栽 심을 재	405	頂 정수리 정	336	曾 일찍 증	282	贊 도울 찬	274
翼 날개 익	197	裁 마를 재	405	諸 모두 제	294	症 증세 증	269	倉 곳집 창	358
忍 참을 인	313	載 실을 재	405	齊 가지런할 제	131	蒸 찔 증	259	昌 창성할 창	38
逸 뛰어날 일	91	抵 거스를 저	154	兆 조짐 조	305	之 갈 지	268	蒼 푸를 창	359

債 빚 채	125	促 재촉할 촉	266	殆 위태할 태	187	被 입을 피	78	衡 저울대 형	365
彩 무늬 채	249	觸 닿을 촉	115	泰 클 태	259	畢 마칠 필	110	慧 지혜 혜	330
菜 나물 채	249	催 재촉할 최	103	澤 못 택	399	何 어찌 하	218	浩 클 호	82
策 꾀 책	125	追 쫓을 추	68	兔 토끼 토	439	荷 멜 하	218	胡 오랑캐 호	215
妻 아내 처	177	畜 쌓을 축	386	吐 토할 토	68	賀 하례 하	242	虎 범 호	95
尺 자 척	169	衝 부딪칠 충	375	透 통할 투	224	鶴 학 학	109	豪 호걸 호	349
戚 겨레 척	241	吹 불 취	216	版 조각 판	240	汗 땀 한	411	惑 미혹할 혹	401
拓 넓힐 척	64	醉 취할 취	288	偏 치우칠 편	328	割 나눌 할	220	魂 넋 혼	48
淺 얕을 천	407	側 곁 측	285	片 조각 편	141	含 머금을 함	430	忽 갑자기 홀	314
賤 천할 천	407	値 값 치	209	編 엮을 편	327	陷 빠질 함	60	洪 큰물 홍	257
踐 밟을 천	407	恥 부끄러워할 치	202	廢 폐할 폐	308	恒 항상 항	42	禍 재앙 화	163
遷 옮길 천	190	稚 어릴 치	438	弊 폐단 폐	391	項 목 항	320	換 바꿀 환	235
哲 밝을 철	318	漆 옻 칠	119	肺 허파 폐	376	響 울림 향	287	還 돌아올 환	389
徹 통할 철	174	沈 가라앉을 침	189	捕 사로잡을 포	62	獻 바칠 헌	301	皇 임금 황	198
滯 막힐 체	391	浸 잠길 침	330	浦 개 포	62	懸 매달 현	228	荒 거칠 황	159
礎 주춧돌 초	121	奪 빼앗을 탈	109	楓 단풍 풍	437	玄 검을 현	385	悔 뉘우칠 회	181
肖 닮을 초	77	塔 탑 탑	280	彼 저 피	78	穴 구멍 혈	354	懷 품을 회	389
超 넘을 초	290	湯 끓을 탕	44	皮 가죽 피	78	脅 협박할 협	242	劃 그을 획	252

獲 얻을 획	108	竟 다할 경	225	苟 구차할 구	338	乃 이에 내	223	劣 못할 렬	241
橫 가로 횡	196	卿 벼슬 경	287	龜 땅이름 구	91	奈 어찌 내	304	廉 청렴할 렴	256
胸 가슴 흉	60	庚 곡식 경	300	厥 그 궐	148	惱 괴로워할 뇌	176	獵 사냥 렵	83
稀 드물 희	376	癸 열째천간 계	309	軌 길 궤	426	畓 논 답	61	零 떨어질 령	191
戱 놀이 희	96	繫 맬 계	421	叫 부르짖을 규	140	稻 벼 도	299	隸 종 례	255
		枯 마를 고	214	糾 얽힐 규	140	跳 뛸 도	305	鹿 사슴 록	93
		顧 돌아볼 고	348	斤 도끼 근	316	挑 돋을 도	306	僚 동료 료	145
3급 317자		坤 땅 곤	49	僅 겨우 근	72	塗 진흙 도	361	了 마칠 료	170
却 물리칠 각	156	郭 성곽 곽	352	謹 삼갈 근	72	篤 도타울 독	126	屢 여러 루	180
姦 간사할 간	177	掛 걸 괘	341	肯 긍정할 긍	75	敦 도타울 돈	352	淚 눈물 루	348
渴 목마를 갈	221	塊 흙덩이 괴	306	忌 꺼릴 기	157	豚 돼지 돈	85	梨 배나무리	127
皆 다 개	161	愧 부끄러워할 괴	306	棄 버릴 기	174	屯 진칠 둔	135	隣 이웃 린	434
慨 분개할 개	287	郊 성밖 교	160	豈 어찌 기	343	鈍 무딜 둔	136	慢 게으를 만	212
乞 빌 걸	133	矯 바로잡을 교	350	欺 속일 기	258	騰 오를 등	370	漫 질편할 만	212
遣 보낼 견	334	懼 두려워할 구	104	飢 주릴 기	281	濫 퍼질 람	207	忘 잊을 망	158
肩 어깨 견	348	俱 함께 구	259	旣 이미 기	286	掠 노략질할 략	351	忙 바쁠 망	158
絹 명주 견	378	驅 몰 구	277	幾 몇 기	380	諒 믿을 량	351	茫 아득할 망	159
牽 끌 견	80	狗 개 구	337	那 어찌 나	194	憐 불쌍히 여길 련	434	罔 없을 망	331

埋 묻을 매	62	返 돌아올 반	239	賓 손 빈	112	析 가를 석	316	循 좇을 순	412
冥 어두울 명	425	伴 짝 반	81	頻 자주 빈	229	攝 당길 섭	203	殉 따라죽을 순	44
侮 업신여길 모	181	叛 배반할 반	81	聘 찾아갈 빙	203	涉 건널 섭	268	戌 개 술	403
冒 무릅쓸 모	204	邦 나라 방	194	巳 뱀 사	115	蔬 푸성귀 소	173	矢 화살 시	413
某 아무 모	221	倣 본뜰 방	323	賜 줄 사	117	召 부를 소	289	晨 새벽 신	113
募 모을 모	41	傍 곁 방	323	斯 이 사	317	昭 밝을 소	290	辛 매울 신	393
暮 저물 모	41	杯 잔 배	139	似 같을 사	324	騷 떠들 소	93	伸 펼 신	49
廟 사당 묘	39	煩 괴로워할 번	229	捨 버릴 사	360	粟 조 속	130	尋 찾을 심	245
苗 모 묘	61	飜 뒤칠 번	98	詐 속일 사	388	誦 욀 송	336	餓 주릴 아	404
卯 토끼 묘	92	辨 분별할 변	394	朔 초하루 삭	147	誰 누구 수	104	岳 큰산 악	70
戊 다섯째천간 무	402	竝 아우를 병	151	嘗 맛볼 상	356	雖 비록 수	104	雁 기러기 안	106
霧 안개 무	409	屛 병풍 병	348	祥 상서로울 상	88	睡 잘 수	136	謁 아뢸 알	221
迷 미혹할 미	129	卜 점 복	304	暑 더울 서	295	囚 가둘 수	145	押 누를 압	135
眉 눈썹 미	204	蜂 벌 봉	137	誓 맹세할 서	318	須 모름지기 수	232	殃 재앙 앙	169
憫 근심할 민	165	赴 나아갈 부	305	逝 갈 서	318	搜 찾을 수	234	涯 물가 애	342
敏 재빠를 민	181	墳 무덤 분	138	庶 여러 서	357	遂 이를 수	85	厄 액 액	190
蜜 꿀 밀	297	崩 무너질 붕	340	敍 차례 서	361	孰 누구 숙	353	也 어조사 야	182
泊 머무를 박	236	朋 벗 붕	340	昔 예 석	55	脣 입술 순	113	耶 어조사 야	202

躍 뛸 약 106	翁 늙은이 옹 281	閏 윤달 윤 198	竊 훔칠 절 355	慘 참혹할 참 233
楊 버들 양 43	臥 엎드릴 와 207	吟 읊을 음 431	蝶 나비 접 428	慙 부끄러울 참 396
於 어조사 어 418	曰 가로 왈 213	泣 울 읍 151	訂 바로잡을 정 336	暢 화창할 창 44
焉 어찌 언 270	畏 두려워할 외 197	凝 엉길 응 200	堤 둑 제 270	斥 물리칠 척 317
汝 너 여 177	腰 허리 요 164	宜 마땅할 의 310	燥 마를 조 105	薦 천거할 천 94
輿 수레 여 261	搖 흔들릴 요 293	矣 어조사 의 414	弔 조상할 조 410	添 더할 첨 188
余 나 여 360	遙 멀 요 293	而 말이을 이 231	拙 졸할 졸 271	尖 뾰족할 첨 65
予 나 여 383	庸 떳떳할 용 300	夷 오랑캐 이 410	佐 도울 좌 243	妾 첩 첩 394
閱 검열할 열 186	又 또 우 237	姻 혼인 인 147	舟 배 주 369	晴 갤 청 325
泳 헤엄칠 영 51	尤 더욱 우 265	寅 셋째지지 인 416	俊 준걸 준 145	替 바꿀 체 153
詠 읊을 영 51	于 어조사 우 223	恣 방자할 자 217	遵 좇을 준 289	逮 잡을 체 255
銳 날카로울 예 186	云 이를 운 48	茲 이 자 386	贈 보낼 증 282	遞 갈릴 체 95
嗚 탄식소리 오 101	違 어길 위 419	酌 따를 작 295	只 다만 지 185	抄 뽑을 초 66
娛 즐거워할 오 188	緯 씨 위 420	爵 벼슬 작 248	遲 늦을 지 80	秒 초 초 66
汚 더러울 오 223	唯 오직 유 102	墻 담 장 418	姪 조카 질 415	燭 촛불 촉 115
傲 거만할 오 323	惟 생각할 유 102	宰 재상 재 393	懲 혼날 징 435	聰 귀밝을 총 362
吾 나 오 424	酉 닭 유 287	哉 어조사 재 405	且 또 차 309	醜 추할 추 288
擁 안을 옹 110	愈 나을 유 371	滴 물방울 적 434	捉 잡을 착 266	抽 뺄 추 292

丑 소 축 423	遍 두루 편 328	嫌 싫어할 혐 256	携 끌 휴 103
逐 쫓을 축 85	幣 화폐 폐 392	亨 형통할 형 352	
臭 냄새 취 226	蔽 덮을 폐 392	螢 개똥벌레 형 58	
枕 베개 침 189	抱 안을 포 172	兮 어조사 혜 425	
妥 온당할 타 248	飽 배부를 포 173	互 서로 호 423	
墮 떨어질 타 436	幅 폭 폭 291	毫 가는털 호 350	
濯 씻을 탁 106	漂 떠돌 표 431	乎 어조사 호 431	
濁 흐릴 탁 114	匹 짝 필 390	昏 어두울 혼 153	
托 밀 탁 135	旱 가물 한 412	鴻 큰기러기 홍 320	
誕 태어날 탄 268	咸 다 함 404	弘 넓을 홍 410	
貪 탐할 탐 430	巷 거리 항 257	禾 벼 화 126	
怠 게으름 태 187	奚 어찌 해 387	穫 벼 벨 확 108	
把 잡을 파 116	亥 돼지 해 86	擴 넓힐 확 196	
頗 자못 파 79	該 그 해 87	丸 둥글 환 426	
罷 방면할 파 94	享 누릴 향 352	曉 새벽 효 74	
播 뿌릴 파 98	軒 집 헌 412	侯 제후 후 414	
販 팔 판 239	縣 고을 현 227	毀 헐 훼 299	
貝 조개 패 111	絃 악기줄 현 385	輝 빛날 휘 367	

3~8급 기출 중심 사자성어

街談巷說	가담항설	길거리나 항간에 떠도는 소문.
佳人薄命	가인박명	미인은 불행하거나 병약하여 요절하는 일이 많음.
刻骨難忘	각골난망	남에게 입은 은혜가 뼈에 새길 만큼 커서 잊히지 아니함.
角者無齒	각자무치	한 사람이 여러 가지 재주나 복을 다 가질 수 없다는 말.
刻舟求劍	각주구검	융통성 없이 현실에 맞지 않는 낡은 생각을 고집하는 어리석음.
甘吞苦吐	감탄고토	자신의 비위에 따라서 사리의 옳고 그름을 판단함을 이르는 말.
改過遷善	개과천선	지나간 허물을 고치고 착하게 됨.
居安思危	거안사위	평안할 때에도 위험이 닥칠 것을 생각하며 미리 대비해야 함.
牽強附會	견강부회	말을 억지로 끌어다 붙여 조건이나 이치에 맞도록 함.
見利思義	견리사의	눈앞에 이익이 보일 때, 의리를 생각함.
犬馬之勞	견마지로	임금이나 나라에 충성을 다하는 자신의 노력을 겸손하게 일컫는 말.
結者解之	결자해지	자기가 저지른 일은 자기가 해결해야 한다는 말.
結草報恩	결초보은	죽어 혼령이 되어도 은혜를 잊지 않고 갚음.
經世濟民	경세제민	세상을 다스리고 백성을 구제함. [준말] 경제(經濟).
敬天愛人	경천애인	하늘을 공경하고 사람을 사랑함.

鷄卵有骨	계란유골	달걀에도 뼈가 있다는 뜻으로, 공교롭게 일이 방해됨을 이르는 말.
姑息之計	고식지계	당장에 편한 것만 택하는 계책. 고식책.
苦肉之策	고육지책	적을 속이기 위하여 괴로움을 무릅쓰고 꾸미는 계책. 고육책.
孤掌難鳴	고장난명	한 손으로 소리를 낼 수 없듯이 혼자서는 어떤 일을 이루기 어려움.
苦盡甘來	고진감래	고생 끝에 즐거움이 옴.
曲學阿世	곡학아세	바른 길에서 벗어난 학문으로 세상 사람에게 아첨함.
骨肉相殘	골육상잔	가까운 친족끼리 서로 해치고 죽이고 함.
管鮑之交	관포지교	아주 친한 친구 사이의 다정한 교제를 일컬음.
刮目相對	괄목상대	남의 학식이나 재주가 놀랄 만큼 부쩍 는 것을 일컬음.
矯角殺牛	교각살우	결점이나 흠을 고치려다가 수단이 지나쳐 일을 그르침.
巧言令色	교언영색	남의 환심을 사려고 아첨하는 교묘한 말과 보기 좋게 꾸미는 얼굴빛.
敎學相長	교학상장	가르치는 일과 배우는 일이 서로 자신의 공부를 진보시킴.
口蜜腹劍	구밀복검	겉으로는 친절하나 마음속은 음흉한 것.
口尙乳臭	구상유취	말과 하는 짓이 아직 어림을 일컫는 말.
九牛一毛	구우일모	많은 가운데서 가장 적은 것의 비유.
九折羊腸	구절양장	양의 창자처럼 꼬불꼬불하고 험한 산길.
群鷄一鶴	군계일학	평범한 사람 가운데의 뛰어난 사람을 이름.
勸善懲惡	권선징악	착한 일을 권장하고 악한 일을 징계함.

捲土重來	권토중래	한 번 실패하였으나 힘을 회복하여 다시 쳐들어옴을 이르는 말.
近墨者黑	근묵자흑	나쁜 사람과 사귀면 물들기 쉽다는 말.
金科玉條	금과옥조	금이나 옥처럼 귀중히 여기어 꼭 지켜야 하는 법칙이나 규정.
錦上添花	금상첨화	좋은 일 위에 또 좋은 일이 더하여짐을 비유적으로 이르는 말.
錦衣還鄕	금의환향	출세하여 고향에 돌아가거나 돌아옴을 비유적으로 이르는 말.
難攻不落	난공불락	공격하기가 어려워 좀처럼 함락되지 않음.
難兄難弟	난형난제	두 사물의 낫고 못함을 분간하기 어려움의 비유.
南柯一夢	남가일몽	꿈과 같이 헛된 한때의 부귀영화를 이르는 말.
男負女戴	남부여대	가난한 사람이 살 곳을 찾아 떠돌아다니는 것을 이르는 말.
內柔外剛	내유외강	실은 마음이 부드러운데도 겉으로 보기에는 강하게 보임.
累卵之勢	누란지세	몹시 위태로운 형세를 비유적으로 이르는 말.
多多益善	다다익선	많을수록 더욱 좋음.
斷機之敎	단기지교	배움을 중도 포기함은 짜던 베를 끊는 것처럼 실익이 없다는 뜻.
丹脣皓齒	단순호치	붉은 입술과 흰 이의 뜻으로, 아름다운 여자의 비유.
堂狗風月	당구풍월	한 분야에 오래 매달리면 어느 정도 성과를 낼 수 있음을 뜻함.
大器晚成	대기만성	크게 될 사람은 늦게 이루어진다는 말.
徒勞無益	도로무익	한갓 수고만 하고 아무 이로움이 없음.
塗炭之苦	도탄지고	진구렁에 빠지고 숯불에 타는 괴로움을 이르는 말.

同價紅裳	동가홍상	같은 값이면 품질이 좋은 것을 택한다는 말.
東問西答	동문서답	묻는 말에 당치도 않은 대답을 함.
同病相憐	동병상련	어려운 처지에 있는 사람끼리 동정하고 도움.
同床異夢	동상이몽	겉으로는 같이 행동하면서도 속으로는 각각 다른 생각을 하고 있음..
登高自卑	등고자비	높은 곳에 오르려면 낮은 곳에서부터 오른다는 뜻.
燈下不明	등하불명	가까이 있는 것이 도리어 알아내기 어려움을 이르는 말.
燈火可親	등화가친	'가을 밤은 등불을 가까이 하여 글 읽기에 심기가 좋다' 는 뜻.
馬耳東風	마이동풍	남의 말을 귀담아듣지 않고 곧 흘려 버림을 이르는 말.
亡羊之歎	망양지탄	학문의 길이 여러 갈래라 길을 잡기 어렵다는 말.
望雲之情	망운지정	부모를 그리워하는 마음. 망운지회
面從腹背	면종복배	겉으로는 복종하는 체하면서 내심으로는 배반함.
明鏡止水	명경지수	맑은 거울과 조용한 물이란 뜻으로, 맑고 고요한 심경을 이름.
命在頃刻	명재경각	금방 숨이 끊어질 지경에 이름.
聞一知十	문일지십	한 가지를 들으면 열을 미루어 앎.
門前成市	문전성시	권세가나 부자가 되어 집 앞이 방문객으로 시장을 이루다시피 함.
勿失好機	물실호기	좋은 기회를 놓치지 않음.
拍掌大笑	박장대소	손뼉을 치며 크게 웃음.
拔本塞源	발본색원	폐단의 근원을 아주 뽑아서 없애 버림.

傍若無人	방약무인	곁에 사람이 없는 것처럼 함부로 말하고 행동하여 어렴성이 없음.
百家爭鳴	백가쟁명	많은 학자·지식인 등의 활발한 논쟁.
白骨難忘	백골난망	죽어 백골이 되어도 깊은 은덕을 잊을 수 없음.
百年河淸	백년하청	아무리 기다려도 어떤 일이 이루어지기 어렵다는 뜻.
白衣從軍	백의종군	벼슬이 없는 사람으로 군대를 따라 싸움터로 나아감.
伯仲之勢	백중지세	서로 어금지금하여 우열을 가리기 힘든 형세. 백중세.
夫唱婦隨	부창부수	남편 주장에 아내가 따르는 것이 부부 화합의 도리라는 뜻.
附和雷同	부화뇌동	일정한 견식이 없이 남의 의견에 따라 같이 행동함.
氷炭之間	빙탄지간	얼음과 숯 사이란 뜻으로, 서로 화합할 수 없는 사이.
四顧無親	사고무친	의지할 데가 도무지 없음.
四面楚歌	사면초가	사면이 모두 적에게 포위된 경우와 고립된 경우를 이르는 말.
砂上樓閣	사상누각	기초가 튼튼하지 못하여 오래 견디지 못할 일이나 물건을 이르는 말.
事必歸正	사필귀정	모든 일은 반드시 바른길로 돌아감.
山紫水明	산자수명	산은 자줏빛이고 물은 맑다는 뜻으로, 경치가 아름다움을 이르는 말.
山海珍味	산해진미	산과 바다의 갖가지 진귀한 산물로 잘 차린 맛 좋은 음식.
殺身成仁	살신성인	몸을 죽여 인(仁)을 이룸. 즉, 옳은 일을 위해 목숨을 버림.
桑田碧海	상전벽해	세상일이 덧없이 변천함이 심함을 비유하는 말.
塞翁之馬	새옹지마	모든 것은 변화가 많아서 인생의 길흉화복을 예측할 수 없다는 뜻.

雪上加霜	설상가상	난처한 일이나 불행이 엎친 데 덮쳐 잇따라 일어남.
小貪大失	소탐대실	작은 것을 탐내다가 큰 것을 잃음.
首丘初心	수구초심	고향을 그리워하는 마음을 일컫는 말.
修己治人	수기치인	자신의 몸과 마음을 닦은 후에 남을 다스림.
手不釋卷	수불석권	손에서 책을 놓지 않고 늘 글을 읽음.
修身齊家	수신제가	마음과 몸을 닦고 집안을 다스림.
水魚之交	수어지교	물과 물고기의 관계처럼 아주 친밀하여 떨어질 수 없는 사이.
守株待兎	수주대토	한 가지 일에만 얽매여 발전을 모르는 어리석은 사람을 비유.
脣亡齒寒	순망치한	가까운 한쪽이 망하면 다른 한쪽도 온전하기 어려움의 비유.
識字憂患	식자우환	글자를 아는 것이 도리어 근심을 사게 된다는 말.
信賞必罰	신상필벌	상벌을 공정·엄중히 하는 일.
實事求是	실사구시	사실에 토대를 두어 진리를 탐구하는 일.
我田引水	아전인수	자기 논에 물을 끌어댄다는 뜻으로, 자기에게만 이롭게 함.
安分知足	안분지족	편안한 마음으로 제 분수를 지키며 만족함을 앎.
安貧樂道	안빈낙도	구차한 중에도 편안한 마음으로 도(道)를 즐김.
安心立命	안심입명	안심에 의하여 몸을 천명에 맡기고 생사 이해에 당면하여 태연함.
羊頭狗肉	양두구육	겉으론 훌륭하게 내세우나 속은 변변찮음.
梁上君子	양상군자	들보 위의 군자라는 뜻으로, 도둑을 완곡하게 이르는 말.

良藥苦口	양약고구	효험이 좋은 약은 입에 쓰다는 뜻.
魚頭肉尾	어두육미	물고기는 대가리, 짐승은 꼬리 쪽이 맛이 있다는 말.
漁父之利	어부지리	쌍방이 다투는 틈을 타서 제삼자가 애쓰지 않고 가로챈 이득.
言中有骨	언중유골	예사로운 말 속에 단단한 속뜻이 들어 있음을 이르는 말.
如履薄氷	여리박빙	아슬아슬하고 위험한 일을 비유적으로 이르는 말.
易地思之	역지사지	처지를 바꾸어서 생각함.
緣木求魚	연목구어	나무에 올라가서 물고기를 구하듯 불가능한 일을 하려고 함.
五里霧中	오리무중	무슨 일에 대하여 방향이나 갈피를 잡을 수 없음을 이르는 말.
吾鼻三尺	오비삼척	내 사정이 급해서 남을 돌볼 겨를이 없음을 이르는 말.
烏飛梨落	오비이락	우연한 일치로 남의 의심을 받게 됨을 이르는 말.
吳越同舟	오월동주	서로 반목하면서도 공통의 곤란·이해에 대하여 협력함의 비유.
烏合之卒	오합지졸	까마귀가 모인 것처럼 규율도 통일성도 없는 군중.
溫故知新	온고지신	옛것을 연구해서 새 지식이나 견해를 찾아냄.
蝸角之爭	와각지쟁	작은 나라끼리의 싸움이나 하찮은 일로 승강이하는 짓.
樂山樂水	요산요수	산과 물을 좋아함. 곧 자연을 즐기고 좋아함.
龍頭蛇尾	용두사미	처음은 왕성하나 끝이 흐지부지됨의 비유.
愚公移山	우공이산	어떤 일이든 끊임없이 노력하면 반드시 이루어짐을 이르는 말.
牛耳讀經	우이독경	아무리 가르치고 일러주어도 알아듣지 못함을 이르는 말.

遠交近攻	원교근공	먼 나라와 친교를 맺고 이웃 나라를 공략하는 일.
有備無患	유비무환	미리 준비가 되어 있으면 근심할 것이 없음.
以卵擊石	이란격석	약한 것으로 강한 것을 당해 내려는 일의 비유.
以心傳心	이심전심	말·글에 의하지 않고, 마음에서 마음으로 전달됨.
以熱治熱	이열치열	열은 열로써 다스림.
泥田鬪狗	이전투구	자기의 이익을 위하여 비열하게 다툼을 비유적으로 이르는 말.
因果應報	인과응보	사람이 짓는 선악에 따라 그 갚음을 받는 일.
人面獸心	인면수심	얼굴은 사람 꼴을 하고 있으나 마음은 짐승과 같다는 뜻.
人命在天	인명재천	사람의 목숨은 하늘에 달려 있다는 뜻.
一擧兩得	일거양득	한 가지 일을 하여 두 가지 이익을 거둠.
一罰百戒	일벌백계	한 사람이나 한 가지 죄과를 엄하게 벌줌으로써 여러 사람을 경계함.
一石二鳥	일석이조	동시에 두 가지 이득을 봄을 이르는 말.
一魚濁水	일어탁수	한 마리의 고기가 물을 흐림.
日就月將	일취월장	날로 달로 진보함.
一片丹心	일편단심	한 조각 붉은 마음. 곧, 진심에서 우러나오는 변치 않는 마음.
立身揚名	입신양명	출세하여 세상에 이름을 드날림.
自業自得	자업자득	자기가 저지른 일의 과보를 자기가 받음.
自中之亂	자중지란	자기네 패 속에서 일어나는 싸움질.

自暴自棄	자포자기	절망에 빠져 자신을 스스로 포기하고 돌아보지 아니함.
自畵自讚	자화자찬	자기가 한 일을 자기 스스로 자랑함.
作心三日	작심삼일	결심이 사흘을 가지 못함. 결심이 굳지 못함을 이르는 말.
張三李四	장삼이사	성명이나 신분이 뚜렷하지 못한 평범한 사람들.
賊反荷杖	적반하장	잘못한 사람이 도리어 잘한 사람을 나무라는 경우에 쓰는 말.
轉禍爲福	전화위복	재화(災禍)가 바뀌어 오히려 복(福)이 됨.
漸入佳境	점입가경	점차 재미있는 경지로 들어감.
頂門一鍼	정문일침	정수리에 침을 놓는다는 뜻으로, 따끔한 충고를 이르는 말.
朝令暮改	조령모개	법령을 자주 뒤바꿈.
朝三暮四	조삼모사	간사한 꾀로 남을 속여 희롱함을 이르는 말.
鳥足之血	조족지혈	새발의 피. 곧, 극히 적은 분량의 비유.
坐井觀天	좌정관천	견문이 썩 좁음을 이르는 말.
晝耕夜讀	주경야독	어려운 환경 속에서 공부함을 이름.
走馬看山	주마간산	자세히 살피지 아니하고 대충대충 보고 지나감을 이르는 말.
竹馬故友	죽마고우	어렸을 때부터 같이 놀며 친하게 지내 온 벗.
芝蘭之交	지란지교	벗 사이의 고상(高尙)한 교제.
指鹿爲馬	지록위마	윗사람을 농락하여 권세를 마음대로 함을 가리키는 말.
進退兩難	진퇴양난	이러지도 저러지도 못하는 매우 난처한 처지에 놓여 있음.

滄海一粟	창해일속	아주 많거나 넓은 것 속의 극히 하찮고 작은 물건을 이르는 말.
天高馬肥	천고마비	가을이 좋은 절기임을 일컫는 말.
天衣無縫	천의무봉	완전무결해 흠이 없음을 이름.
千紫萬紅	천자만홍	울긋불긋한 여러 가지 꽃의 빛깔.
千載一遇	천재일우	좀처럼 만나기 어려운 기회.
淸廉潔白	청렴결백	마음이 맑고 깨끗하며 욕심이 없음.
靑山流水	청산유수	막힘없이 말을 잘하거나 그렇게 하는 말의 비유.
淸風明月	청풍명월	맑은 바람과 밝은 달.
草綠同色	초록동색	처지가 같은 사람들끼리 한패가 되는 경우를 비유적으로 이름.
寸鐵殺人	촌철살인	간단한 말로도 남을 감동하게 하거나 남의 약점을 찌름.
醉生夢死	취생몽사	한평생을 아무 하는 일도 없이 흐리멍덩하게 살아감.
針小棒大	침소봉대	작은 일을 크게 허풍을 떨어 말함.
他山之石	타산지석	다른 사람의 하찮은 언행도 자기의 지덕을 연마하는 데 도움이 됨.
卓上空論	탁상공론	실천성이 없는 허황한 이론.
破顔大笑	파안대소	얼굴빛을 부드럽게 하여 크게 웃음.
破竹之勢	파죽지세	대적(大敵)을 거침없이 물리치고 쳐들어가는 당당한 기세.
八方美人	팔방미인	어느 모로 보나 아름다운 여인. 여러 방면에 능한 사람.
抱腹絶倒	포복절도	너무 우스워서 배를 안고 몸을 가누지 못할 만큼 웃음.

飽食暖衣	포식난의	배불리 먹고 따뜻이 입음.
表裏不同	표리부동	마음이 음충맞아서 겉과 속이 다름.
風樹之嘆	풍수지탄	부모를 여의고 효행을 다하지 못하는 자식의 슬픔.
風前燈火	풍전등화	매우 위급한 자리에 놓여 있음을 가리키는 말.
鶴首苦待	학수고대	몹시 애타게 기다림.
咸興差使	함흥차사	가서 깜깜무소식이거나 또는 회답이 더딜 때의 비유.
賢母良妻	현모양처	어진 어머니이면서 또한 착한 아내.
螢雪之功	형설지공	고생을 하면서 공부하여 얻은 보람.
好事多魔	호사다마	좋은 일에는 흔히 방해되는 일이 많음.
浩然之氣	호연지기	거침 없이 넓고 큰 기개.
好衣好食	호의호식	좋은 옷을 입고 좋은 음식을 먹음.
昏定晨省	혼정신성	아침저녁으로 부모의 안부를 물어서 살핌.
弘益人間	홍익인간	널리 인간 세계를 이롭게 함.
畵蛇添足	화사첨족	쓸데없는 군일을 하다가 도리어 실패함을 이르는 말.
會者定離	회자정리	만나는 사람은 반드시 헤어질 운명에 있음.
厚顔無恥	후안무치	뻔뻔스러워서 부끄러움이 없음.
興盡悲來	흥진비래	즐거운 일이 다하면 슬픈 일이 닥쳐온다는 뜻.
喜怒哀樂	희로애락	기쁨과 노염과 슬픔과 즐거움.

3~8급 기출 중심 반대어

可決 가결	↔	否決 부결	經度 경도	↔	緯度 위도
架空 가공	↔	實在 실재	故意 고의	↔	過失 과실
加速 가속	↔	低速 저속	高調 고조	↔	低調 저조
加重 가중	↔	輕減 경감	困難 곤란	↔	容易 용이
幹線 간선	↔	支線 지선	供給 공급	↔	需要 수요
干涉 간섭	↔	放任 방임	攻勢 공세	↔	守勢 수세
間接 간접	↔	直接 직접	共用 공용	↔	專用 전용
強大 강대	↔	弱小 약소	公平 공평	↔	偏頗 편파
減産 감산	↔	增産 증산	君子 군자	↔	小人 소인
感性 감성	↔	理性 이성	均等 균등	↔	差等 차등
剛健 강건	↔	柔弱 유약	僅少 근소	↔	過多 과다
開放 개방	↔	閉鎖 폐쇄	權利 권리	↔	義務 의무
拒否 거부	↔	承認 승인	起立 기립	↔	着席 착석
傑作 걸작	↔	拙作 졸작	奇數 기수	↔	偶數 우수
結合 결합	↔	分離 분리	落第 낙제	↔	及第 급제

納稅	납세	↔	徵稅	징세	忘却	망각	↔	記憶	기억
朗讀	낭독	↔	默讀	묵독	滅亡	멸망	↔	隆盛	융성
內容	내용	↔	形式	형식	名目	명목	↔	實質	실질
內憂	내우	↔	外患	외환	明示	명시	↔	暗示	암시
內包	내포	↔	外延	외연	冒頭	모두	↔	末尾	말미
老鍊	노련	↔	未熟	미숙	模倣	모방	↔	創造	창조
弄談	농담	↔	眞談	진담	物質	물질	↔	精神	정신
農繁	농번	↔	農閑	농한	微視	미시	↔	巨視	거시
能動	능동	↔	被動	피동	反目	반목	↔	和睦	화목
多元	다원	↔	一元	일원	反抗	반항	↔	服從	복종
單純	단순	↔	複雜	복잡	發生	발생	↔	消滅	소멸
單式	단식	↔	複式	복식	發信	발신	↔	受信	수신
短縮	단축	↔	延長	연장	放免	방면	↔	拘束	구속
當番	당번	↔	非番	비번	凡人	범인	↔	超人	초인
對話	대화	↔	獨白	독백	富貴	부귀	↔	貧賤	빈천
都心	도심	↔	郊外	교외	不當	부당	↔	妥當	타당
漠然	막연	↔	確然	확연	富裕	부유	↔	貧窮	빈궁
滿潮	만조	↔	干潮	간조	否認	부인	↔	是認	시인

分析	분석	↔	綜合 종합	惡化	악화	↔	好轉 호전
紛爭	분쟁	↔	和解 화해	愛好	애호	↔	嫌惡 혐오
悲哀	비애	↔	歡喜 환희	嚴格	엄격	↔	寬大 관대
死後	사후	↔	生前 생전	逆境	역경	↔	順境 순경
削減	삭감	↔	添加 첨가	豫算	예산	↔	決算 결산
相逢	상봉	↔	離別 이별	溫暖	온난	↔	寒冷 한랭
上昇	상승	↔	下降 하강	往復	왕복	↔	片道 편도
生産	생산	↔	消費 소비	外柔	외유	↔	內剛 내강
先天	선천	↔	後天 후천	容易	용이	↔	難解 난해
洗練	세련	↔	稚拙 치졸	偶然	우연	↔	必然 필연
所得	소득	↔	損失 손실	友好	우호	↔	敵對 적대
消滅	소멸	↔	生成 생성	韻文	운문	↔	散文 산문
送舊	송구	↔	迎新 영신	原告	원고	↔	被告 피고
拾得	습득	↔	遺失 유실	原理	원리	↔	應用 응용
昇天	승천	↔	降臨 강림	原書	원서	↔	譯書 역서
新郞	신랑	↔	新婦 신부	遠心	원심	↔	求心 구심
愼重	신중	↔	輕率 경솔	遠洋	원양	↔	近海 근해
惡用	악용	↔	善用 선용	原因	원인	↔	結果 결과

遺失	유실	↔	拾得	습득	拙劣	졸렬	↔	巧妙	교묘
柔和	유화	↔	強硬	강경	左遷	좌천	↔	榮轉	영전
隆起	융기	↔	沈降	침강	主觀	주관	↔	客觀	객관
異端	이단	↔	正統	정통	重視	중시	↔	輕視	경시
理論	이론	↔	實際	실제	重厚	중후	↔	輕薄	경박
人爲	인위	↔	自然	자연	增進	증진	↔	減退	감퇴
人造	인조	↔	天然	천연	支出	지출	↔	收入	수입
臨時	임시	↔	經常	경상	質疑	질의	↔	應答	응답
任意	임의	↔	強制	강제	集中	집중	↔	分散	분산
自立	자립	↔	依存	의존	借用	차용	↔	返濟	반제
潛在	잠재	↔	顯在	현재	着陸	착륙	↔	離陸	이륙
絶對	절대	↔	相對	상대	贊成	찬성	↔	反對	반대
漸進	점진	↔	急進	급진	聽者	청자	↔	話者	화자
精算	정산	↔	槪算	개산	促進	촉진	↔	抑制	억제
定說	정설	↔	異說	이설	總角	총각	↔	處女	처녀
正午	정오	↔	子正	자정	抽象	추상	↔	具體	구체
定着	정착	↔	漂流	표류	縮小	축소	↔	擴大	확대
弔客	조객	↔	賀客	하객	忠臣	충신	↔	逆臣	역신

就任 취임	↔	辭任 사임	暴騰 폭등	↔	暴落 폭락
治世 치세	↔	亂世 난세	被害 피해	↔	加害 가해
稱讚 칭찬	↔	非難 비난	下待 하대	↔	恭待 공대
快樂 쾌락	↔	苦痛 고통	下落 하락	↔	騰貴 등귀
快勝 쾌승	↔	慘敗 참패	夏至 하지	↔	冬至 동지
脫退 탈퇴	↔	加入 가입	合法 합법	↔	違法 위법
統一 통일	↔	分裂 분열	合成 합성	↔	分解 분해
統合 통합	↔	分析 분석	向上 향상	↔	低下 저하
退步 퇴보	↔	進步 진보	解散 해산	↔	集合 집합
退化 퇴화	↔	進化 진화	許可 허가	↔	禁止 금지
特殊 특수	↔	普遍 보편	虛僞 허위	↔	眞實 진실
破壞 파괴	↔	建設 건설	革新 혁신	↔	保守 보수
敗北 패배	↔	勝利 승리	現象 현상	↔	本質 본질
平等 평등	↔	差別 차별	現實 현실	↔	理想 이상
平凡 평범	↔	非凡 비범	好轉 호전	↔	逆轉 역전
廢業 폐업	↔	開業 개업	紅顏 홍안	↔	白髮 백발
廢止 폐지	↔	存續 존속	活用 활용	↔	死藏 사장
飽食 포식	↔	飢餓 기아	訓讀 훈독	↔	音讀 음독

참고문헌

- 裘錫圭 지음, 《국문자학》, 신아사, 2001.
- 손예철 지음, 《중국문자학》, 아카넷, 2003.
- 오시마 쇼지 지음 · 장원철 옮김, 《한자에 도전한 중국》, 산처럼, 2003.
- 康 殷, 《中國文字源流淺說》, 學海出版社, 1980.
- 桂 馥(撰), 《說文解字義證(上, 下)》, 中華書局, 1998.
- Rick Harbaugh 지음, 《中文字譜》, 翰蘆出版社, 1998.
- 王宏源, 《字裏乾坤》, 文津出版, 1998.
- 王 筠, 《說文釋例》, 中華書局, 1998.
- 謝光輝, 《常用漢字圖解》, 北京大學出版社, 1999.
- Li Leyi, 《漢字演變五百例》, 北京語言文化大學出版社, 2001.
- 吳國璋, 《新說文解字》, 三聯書店(香港)有限公司, 2001.
- 徐中舒, 《甲骨文字學》, 四川辭書出版社, 2003.
- 祝孝先 祝振媛 祝振東, 《漢字溯源》, 中華書籍, 2003.
- 許 愼, 《說文解字》, 中華書局, 2003.
- 王貴元, 《說文解字校箋》, 學林出版社, 2004.
- 冬大汶, 《圖解漢字》, 三秦出版社, 2004.
- 藤枝晃, 《漢字的文化史》, 新星出版社, 2005.
- 林西莉, 《漢字的故事》, 貓頭鷹書房, 2005.
- 林西莉, 《漢字王國》, 山東畫報出版社, 2005.
- 左民安 王盡忠, 《細說 漢字部首》, 九州出版社, 2005.
- 朱葆華, 《圖示漢字書體演變史》, 齊魯書社, 2005.
- 馮國超, 《圖說漢字王國》, 當代世界出版社, 2005.
- 韓鑒堂(編著), 《漢字文化圖說》, 北京語言大學出版社, 2005.
- 沈康年, 《古文字譜》, 雲南人民出版社, 2006.
- 熊國英, 《圖釋古漢字》, 齊魯書社, 2006
- 陳 政, 《字源談趣》, 新華書店, 2006.
- 許 愼(撰), 段玉裁 (注), 《說文解字注》, 上海古籍出版社, 2006.

중앙에듀북스는 폭넓은 지식교양을 함양하고 미래를 선도한다는 신념 아래 설립된 교육·학습서 전문 출판사로서 우리나라와 세계를 이끌고 갈 청소년들에게 꿈과 희망을 주는 책을 발간하고 있습니다.

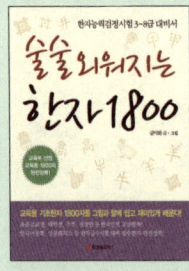

술술 외워지는 한자 1800

초판 1쇄 발행 | 2011년 6월 28일
초판 11쇄 발행 | 2025년 1월 20일

지은이 | 김미화(MiHwa Kim)
펴낸이 | 최점옥(JeomOg Choi)
펴낸곳 | 중앙에듀북스(Joongang Edubooks Publishing Co.)

대　표 | 김용주
편　집 | 백재운
디자인 | 박근영
인터넷 | 김회승

출력 | 영신사　종이 | 에이엔페이퍼　인쇄·제본 | 영신사

잘못된 책은 구입한 서점에서 교환해드립니다.
가격은 표지 뒷면에 있습니다.
ISBN 978-89-94465-08-1(13700)

등록 | 2008년 10월 2일 제2-4993호
주소 | ㉾04590 서울시 중구 다산로20길 5(신당4동 340-128) 중앙빌딩
전화 | (02)2253-4463(代)　팩스 | (02)2253-7988
홈페이지 | http://www.japub.co.kr　블로그 | http://blog.naver.com/japub
네이버 스마트스토어 | https://smartstore.naver.com/jaub　이메일 | japub@naver.com
♣ 중앙에듀북스는 중앙경제평론사·중앙생활사와 자매회사입니다.

Copyright ⓒ 2011 by 김미화

이 책은 중앙에듀북스가 저작권자와의 계약에 따라 발행한 것이므로 본사의 서면 허락 없이는
어떠한 형태나 수단으로도 이 책의 내용을 이용하지 못합니다.
※ 이 책은 《한자 비타민 2000》을 독자들의 요구에 맞춰 수정·보완하여 새롭게 출간한 것입니다.

도서주문 www.japub.co.kr 전화주문: (02) 2253-4463
https://smartstore.naver.com/jaub 네이버 스마트스토어

중앙에듀북스/중앙경제평론사/중앙생활사에서는 여러분의 소중한 원고를 기다리고 있습니다. 원고 투고는 이메일을 이용해주세요. 최선을 다해 독자들에게 사랑받는 양서로 만들어드리겠습니다. 이메일 | japub@naver.com